LES

# COLONIES FRANÇAISES

*NOTICES ILLUSTRÉES*

Publiées

PAR ORDRE DU SOUS-SECRÉTAIRE D'ÉTAT DES COLONIES

SOUS LA DIRECTION DE M. LOUIS HENRIQUE

Commissaire spécial de l'Exposition coloniale.

III

## COLONIES ET PROTECTORATS D'INDO-CHINE

**Cochinchine. — Cambodge. — Annam. — Tonkin**

PARIS

MAISON QUANTIN

COMPAGNIE GÉNÉRALE D'IMPRESSION ET D'ÉDITION

7, rue Saint-Benoît, 7

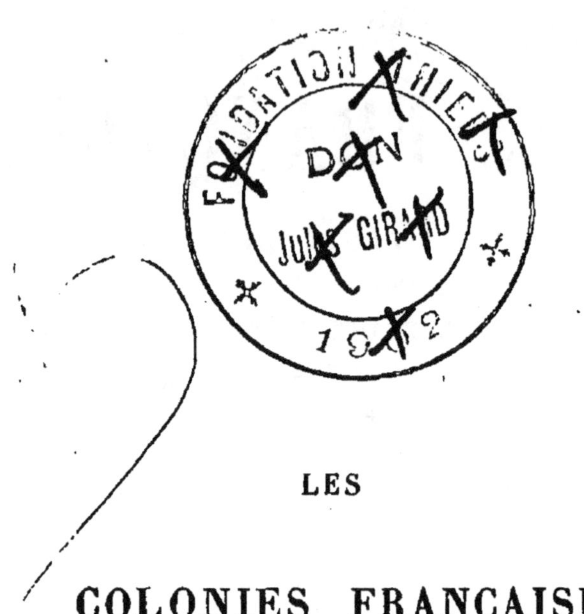

LES

# COLONIES FRANÇAISES

III

## COLONIES ET PROTECTORATS DE L'INDO-CHINE

Cette publication, conçue sur un plan absolument nouveau, est, avant tout, un ouvrage de vulgarisation, qui a pour but de faire connaître au public nos possessions d'outre-mer sous l'aspect le plus réel, le plus vivant et le plus attrayant tout à la fois.

Ce n'est ni une simple description géographique, ni un précis historique écourté, ni une banale énumération de noms et de produits, ni un recueil de chiffres, tableaux et renseignements statistiques, encore moins un plaidoyer en faveur de tel ou tel système de politique coloniale : c'est une œuvre sincère, impartiale.

C'est la description fidèle des pays lointains, mal connus et mal jugés souvent, qui forment notre domaine extérieur, la peinture exacte des habitants qui peuplent ces petites Frances disséminées à travers les Océans, une sorte d'inventaire de notre richesse coloniale.

C'est pour le colon, le commerçant, le voyageur, une source de documents précieux sur le climat, l'alimentation, l'hygiène, les prix des denrées, le taux des salaires, les genres de culture et leur production, les voies et moyens de transport, le coût des voyages : en un mot, sur tout ce qui constitue la vie économique et sociale dans chacune de nos colonies; nous signalons même ce chapitre des notices comme particulièrement nouveau.

L'ouvrage comprend cinq parties, formant chacune un volume, divisé chacun en quatre fascicules :

I. — **Colonies et protectorats de l'océan Indien.** — La Réunion. — Mayotte, les Comores, Nossi-Bé, Diego-Suarez, Sainte-Marie de Madagascar. — L'Inde française. — Suivis d'une notice sur Madagascar.

II. — **Colonies d'Amérique.** — La Martinique. — La Guadeloupe. — Saint-Pierre et Miquelon. — La Guyane.

III. — **Colonies et protectorats d'Indo-Chine.** — Cochinchine. — Cambodge. — Annam. — Tonkin.

IV. — **Colonies et protectorats de l'océan Pacifique.** — La Nouvelle-Calédonie. — Tahiti, les Iles-sous-le-Vent. — Wallis, Futuna, Kerguelen. — Suivis d'une notice sur les Nouvelles-Hébrides.

V. — **Colonies d'Afrique.** — Le Sénégal. — Le Soudan français. — Le Gabon-Congo. — La Guinée. Obock. — Suivis d'une notice sur Cheïk-Saïd.

M. Louis Henrique, commissaire spécial de l'Exposition coloniale, a été officiellement chargé par M. le Sous-Secrétaire d'État des Colonies d'élaborer le plan de l'ouvrage et d'en diriger la publication. Il a eu pour collaborateurs :

| | | | |
|---|---|---|---|
| MM. | Charvein. | MM. | Baron Michel. |
| | Clos. | | Moriceau. |
| | Deloncle (J.-L.). | | Pellegrin. |
| | Duluc (Jean.). | | Raoul. |
| | Ebrard St-Ange. | | Révoil. |
| | de Fonvielle. | | Tréfeu. |
| | François. | | Vérignon. |

Toutes les illustrations ont été dessinées d'après nature spécialement pour cet ouvrage ; une ou plusieurs cartes dressées par M. Paul Pelet, d'après les documents les plus récents et les plus complets, accompagnent chaque monographie.

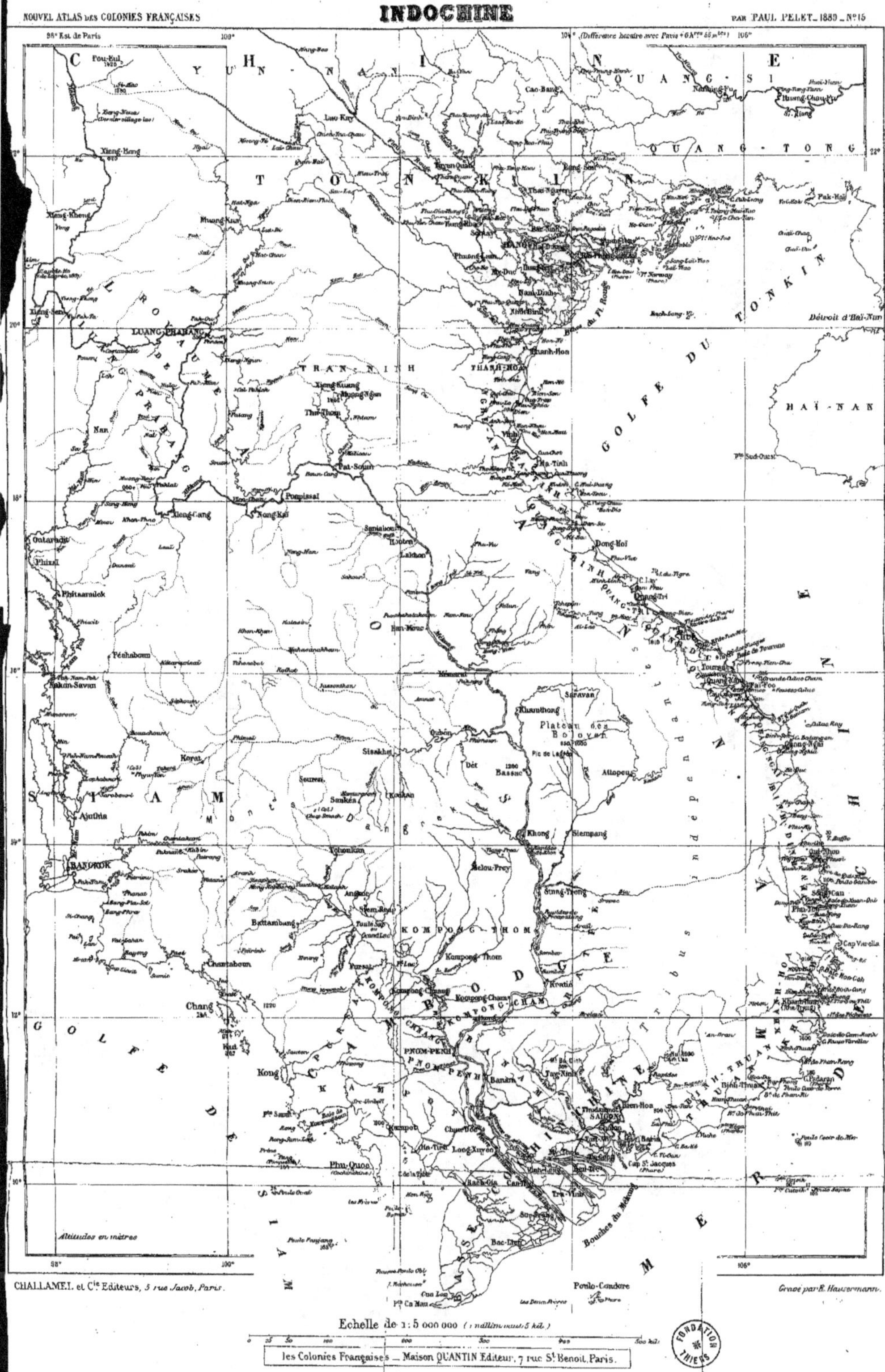

NOUVEL ATLAS DES COLONIES FRANÇAISES
INDOCHINE
PAR PAUL PELET _ 1889 _ N° 15
98° Est de Paris
(Différence horaire avec Paris + 6h.res 55 m.tes)
Y U N - N A N
C H I N E
Q U A N G - S I
Q U A N G - T O N G
T O N K I N
Lao Kay
Cao-Bang
Lang-Son
Thai-Nguyen
HANOI
Nam-Dinh
Ninh-Binh
Pak-Hoi
Détroit d'Haï-Nan
GOLFE DU TONKIN
HAÏ-NAN
Pte Sud-Ouest
Xieng-Hong
Muong-Kua
LUANG-PRABANG
TRAN-NINH
Thanh-Hoa
Vinh
Ha-Tinh
Dong-Hoi
Quang-Tri
Hué
Tourane
Quang-Ngai
Xieng-Sen
Nan
Pak-Lay
Nong-Kai
Pompissai
Lakhon
Ubon
Saravan
Plateau des Bolovens
Attopeu
Bassac
Khong
Siempang
Stung-Treng
Kratié
Korat
S I A M
Ajuthia
BANGKOK
Battambang
Angkor
KOMPONG-THOM
Kompong-Thom
Kompong-Chnang
Kompong-Cham
PNOM-PENH
Chantaboun
Chang
Kong
Kampot
Phu-Quoc
Chau-Doc
Long-Xuyen
Rach-Gia
Can-Tho
Bac-Lieu
Tra-Vinh
Soc-Trang
SAIGON
Bien-Hoa
Baria
Cap St Jacques
Bouches du Mékong
Poulo-Condore
Poulo-Obi
Cap Varella
Phan-Rang
Binh-Thuan
Qui-Nhon
G O L F E   D E   S I A M
M E R   D E   C H I N E
Altitudes en mètres
CHALLAMEL et Cie Editeurs, 5 rue Jacob, Paris.
Gravé par E. Hausermann.
Echelle de 1 : 5 000 000 (1 millimètre : 5 kil.)
Les Colonies Françaises _ Maison QUANTIN Editeur, 7 rue St Benoit, Paris.
FONDATION THIERS

LA COCHINCHINE

SAÏGON. — La rue Charner.

# COCHINCHINE

## CHAPITRE PREMIER

### Précis historique.

Conquête par l'Annam. — Anciennes relations avec la France. — L'évêque d'Adran. — Traité de 1787. — Violation des clauses du traité. — Expédition de 1858. — Prise de Saïgon et conquête des provinces. — Insurrections. — Régime civil. — Réunion de la Cochinchine à l'Indo-Chine.

CONQUÊTE PAR L'ANNAM. — La Basse-Cochinchine faisait autrefois partie du royaume Khmer ou Cambodge; annexée, en 1658, par l'Annam, son histoire ancienne se confond donc avec celle de ces deux pays, et ce n'est guère qu'à partir de 1859, époque de notre prise de possession, qu'elle a, pour ainsi dire, son histoire particulière. Néanmoins il est utile de dire quelques mots de la politique suivie par la cour de Hué, pour établir sa domination sur ces provinces.

Il n'est pas sans intérêt, en effet, de constater que, dès le dix-septième siècle, l'Annam procédait déjà comme la France l'a fait deux siècles plus tard : l'œuvre de la conquête a été commencée par les embouchures des fleuves, pour être continuée par l'annexion du cours du Mé-Kong.

Le mandarin Trang-Hoï-Duc, qui écrivait vers 1830, nous a laissé l'histoire de cette conquête.

Peu confiant dans la soumission de la colonie chinoise et l'obéissance de la population cambodgienne, le gouvernement annamite forma une administration entièrement recrutée parmi les lettrés de Hué; puis il ordonna de ramasser les vagabonds et autres gens sans aveu, et de les transporter dans les nouvelles provinces.

Les terres labourables furent soigneusement cadastrées, et l'on assigna une propriété à chaque colon; on déclara, en outre, que les Chinois seraient entièrement assimilés aux Annamites.

Ce premier élément de colonisation ne se répandit d'abord que dans les trois provinces orientales; ce n'est qu'en 1720, que les Annamites s'emparèrent des trois autres.

En 1800, de nouveaux efforts furent faits pour compléter la colonisation, nécessairement arrêtée par la révolte des Tay-son, par les luttes pour l'établissement de la dynastie des Nguyen, les soulèvements des Cambodgiens et la guerre avec le Siam. Les résultats que nous avons constatés et la résistance dont nous avons eu à triompher sont le meilleur éloge que l'on puisse faire du génie organisateur du souverain annamite, Gia-Long.

Pour faire régner l'ordre parmi une population recrutée dans les bas-fonds et mélangée d'éléments hostiles, on décida les mesures suivantes : chaque colon avait le droit de prendre autant de terres qu'il pouvait en cultiver, et le mandarin le déclarait propriétaire du sol qu'il avait fécondé; l'impôt était proportionné aux produits récoltés et il pouvait être payé, soit en numéraire, soit en nature, au choix du colon. Le Code annamite fut appliqué dans toutes ses parties; le calendrier et les mesures des Chinois furent imposés.

Ces institutions ont si bien pénétré dans les usages des populations, qu'elles subsistent encore à côté des nôtres (Voir les volumes *l'Annam* et *le Tonkin*).

ANCIENNES RELATIONS AVEC LA FRANCE. — Si la conquête de la Cochinchine par les armes françaises ne remonte qu'à trente ans, il y a longtemps déjà que nos missionnaires ont cherché à y porter la civilisation européenne. D'après M. Louvet, le premier missionnaire français qui visita le delta du Mé-Kong fut le Père Georges de La Mothe, de l'ordre de Saint-Dominique; il arriva dans ces régions vers 1585, accompagné du père Fonseca, de nationalité portugaise. Ils furent très bien accueillis par le roi du Cambodge, souverain alors de toute la Cochinchine; malheureusement pour eux, il les fit venir dans sa capitale. Peu de temps après, les Siamois envahirent le pays. Le père Fonseca fut massacré dans l'église même où il disait sa messe; le père de La Mothe, plus heureux, put s'enfuir à bord d'un navire espagnol, mais couvert de blessures, il mourut avant d'arriver à Malacca.

Plus tard, nos missionnaires eurent à lutter, non seulement contre les persécutions des païens, mais encore contre les sentiments de jalousie des autres missionnaires, notamment des Portugais, qui, oubliant trop souvent les principes de la charité chrétienne, mettaient tout en jeu pour favoriser les intérêts politiques et commerciaux de leur nation. C'est cette hostilité qui a fait créer la Société des missions étrangères, dont l'histoire est si curieuse et si intéressante à tous égards.

Toutefois les efforts des Portugais furent, au début, couronnés du plus grand succès; dans la Basse-Cochinchine, dans le Cambodge et dans tout l'Annam, comme dans les îles de la Malaisie, le christianisme n'était connu que sous le nom de « religion des Portugais ». Si cet état de choses s'est modifié et a même fini par changer complètement, on le doit à l'énergie et à la persévérance d'un prélat français qui occupe une place à part, aussi bien dans l'histoire générale de l'Annam que dans celle de la Cochinchine française.

L'ÉVÊQUE D'ADRAN. — Pigneau de Behaine (tel est le nom de cet homme dont nous devons garder le souvenir) était né, en 1741, dans les environs de Laon, d'une famille riche, influente, distinguée par ses alliances. Quoique pouvant aspirer aux grandes charges de l'État, il n'eut qu'un désir, qu'une ambition, porter la parole du Christ et propager la foi chrétienne dans les régions les plus reculées de l'Extrême-Orient. A peine âgé de vingt-quatre ans, il partit et débarqua à Cam-Cao, aujourd'hui Hatien, qui appartenait alors au royaume de Siam. Sa mission fut troublée par la guerre et les persécutions ; les catholiques de Hatien durent se réfugier à Pondichéry. En récompense de son zèle apostolique, il fut sacré, à Madras, évêque d'Adran, titre qu'il a illustré et qu'il porta, pendant un quart de siècle, avec beaucoup d'éclat.

Revenu à Cam-Cao à une époque où toute l'Indo-Chine était ravagée par des guerres sanglantes, il alla fixer sa résidence à l'endroit où est située aujourd'hui la ville de Saïgon.

Nguyen-Anh, devenu empereur d'Annam sous le nom de Gia-Long, luttait toujours avec des alternatives de succès et de revers ; Pigneau de Behaine eut l'occasion de rendre des services importants à ce prince, très populaire en Cochinchine, et qui conçut une amitié aussi profonde que durable pour le prélat qui avait eu la bonne fortune de le soustraire aux poursuites de ses ennemis, dans un moment où son étoile semblait l'avoir abandonné.

Un jour de détresse, il chargea l'évêque d'aller demander le secours de la France, en lui confiant son fils pour le conduire au roi Louis XVI. Pigneau de Behaine ne s'éloigna qu'avec peine de l'Indo-Chine, où les événements les plus graves se passaient. Il crut toutefois qu'il lui suffirait d'aller jusqu'à Pondichéry, avec le jeune prince dont, chemin faisant, il achevait l'éducation. Après avoir attendu inutilement, pendant plusieurs années, une réponse à la demande qu'il avait adressée à Versailles, le vaillant évêque se décida à entreprendre le voyage de France, pour plaider lui-même la cause du monarque héroïque avec l'aide duquel l'influence française pouvait s'établir en Indo-Chine d'une manière durable.

Ce ne fut qu'en 1787, que l'évêque d'Adran arriva à Paris. Déjà la révolution était dans les esprits, et il semblait qu'on ne dût s'occuper que très médiocrement de ce qui se passait dans l'Extrême-Orient; mais le prince Canh-Dzué était joli garçon; il parlait le français avec beaucoup de charme, et il portait, avec une grâce toute particulière, son costume national, qui ressemble beaucoup, surtout par la coiffure, à celui de nos femmes. Les dames de la cour s'engouèrent de lui; elles adoptèrent, suivant l'habitude de cette époque, une mode en l'honneur du héros du jour, et on ne vit plus, pendant un certain temps, que des coiffures *à la chinoise.*

Traité de 1787. — Louis XVI ne pouvait rester insensible aux supplications de ce séduisant jeune homme de race royale, qui lui donnait les assurances d'un dévouement absolu. Le 28 novembre 1787, de Vergennes et de Montmorin signèrent, à Versailles, un traité d'alliance offensive et défensive, par lequel « une escadre de vingt bâtiments de guerre français, cinq régiments européens et deux régiments de troupes coloniales » étaient mis sous les ordres du « roi de Cochinchine ». En outre le roi Louis XVI s'engageait « à fournir, dans quelques mois, la somme d'un million de dollars (*sic*) dont 500,000 en espèces, le reste en salpêtre, canons, mousquets et autres armements militaires. »

Par contre, le roi de Cochinchine s'engageait, entre autres, à « céder, à perpétuité, le port et le territoire de Han-Lan (baie de Tourane et la péninsule), et les îles adjacentes de Faï-Fo, au midi, et de Haï-Wen, au nord..... Toutes les opinions religieuses étaient déclarées libres..... »

De même que pour l'expédition antérieure du comte de Maudave à Madagascar (Voir la notice sur *Madagascar*, le gouvernement français se déchargea sur un gouverneur de colonie du soin d'exécuter les engagements pris par lui, et, cette fois encore, les engagements ne furent pas tenus. Le comte de Conway, gouverneur de l'Inde française, n'opposa que des refus aux demandes que lui adressa l'évêque d'Adran, qui invoquait les ordres formels du roi. Ne pouvant rien obtenir du gouverneur, l'évêque s'adressa aux colons; il leur fit comprendre qu'il était de leur intérêt d'étendre l'influence française en Indo-Chine, et il fit appel à leur patriotisme afin que la signature du roi de France ne fût pas protestée. Sa parole, énergique et persévérante, fut entendue, et, en 1790, il arriva à Saïgon avec deux navires chargés d'armes et de munitions, et montés par des officiers actifs et dévoués (1).

Les événements qui survinrent en France à partir de cette époque détournèrent complètement l'attention de la Cochinchine, où Gia-Long établit définitivement sa puissance. Rem-

(1) Ces officiers qui organisèrent la flotte et l'armée annamites, et qui fortifièrent Hué, Saïgon, Mytho et plusieurs autres places, étaient :

J.-B. Chaigneau, connu en annamite sous le nom de Nguyên-Van-Tang et sous celui de Chua-tau-Long (le commandant Long) ; il commanda le *Dragon volant*.

De Forçant, mort en 1809, qui fut appelé Nguyên-Van-Chan et Chua-tau-Phung (le commandant Phung); il commanda l'*Aigle*.

Philippe Vannier ou Le-Van-Lang; il commanda successivement le navire *Bong-thua*, puis le *Dong-naï*, et ensuite le *Phénix*.

Ces intrépides officiers furent successivement rejoints par des compagnons dignes d'eux :

Jean-Marie Dayot, chef d'une division navale de deux navires annamites, le *Dong-naï* et le *Prince de Cochinchine*.

Victor Ollivier (Ong-Tin), officier du génie, chargé de l'organisation des troupes d'infanterie, de l'artillerie et des fortifications. Il mourut le 22 mars 1799 à Malacca, où il avait été envoyé par Gia-Long pour le besoin de sa santé.

Théodore Le Brun, ingénieur des fortifications.

Laurent Barizy, lieutenant-colonel.

Julien Girard de l'Isle-Sellé, capitaine de vaisseau.

J.-M. Despiaux, médecin du roi Gia-Long.

Louis Guillon, lieutenant de vaisseau.

Jean Guilloux, lieutenant de vaisseau.

(Petrus Ky, *Histoire annamite*.)

SAÏGON. — LA RADE.

plaçant désormais sans conteste la dynastie des Lé, il s'occupa activement des travaux publics, de la modification des lois et de l'organisation administrative de l'Annam; son œuvre peut être comparée à celle des plus grands monarques européens.

Pendant toute la durée de la vie de l'évêque d'Adran, Gia-Long lui prodigua les preuves d'une amitié vive et sincère. Lorsque l'évêque mourut, le 9 octobre 1798, le roi envoya un magnifique cercueil et de riches étoffes de soie pour envelopper le corps. Pendant deux mois entiers, le cercueil resta exposé à la vénération publique, dans la maison épiscopale qui était située non loin de l'endroit où se trouve actuellement la poudrière.

Le roi voulut présider lui-même à la cérémonie des obsèques, qui eurent lieu, avec la plus grande pompe, le 16 décembre.

Le cercueil, enveloppé d'une belle draperie de soie, était placé sur un brancard porté par quatre-vingts hommes que recouvrait un baldaquin brodé d'or. Toute la garde du roi, composée de plus de douze mille hommes, formait la haie. Il y avait dans le cortège, qui s'élevait à plus de quarante mille personnes, cent vingt éléphants, armés en guerre et chargés d'ornements somptueux.

Quand on arriva à l'endroit que l'évêque avait choisi pour sa sépulture, ce fut le roi lui-même qui prononça l'oraison funèbre.

On éleva à la mémoire du défunt un magnifique mausolée, confié à une garde de trente hommes qui devait y être maintenue à perpétuité.

Le tombeau de l'évêque d'Adran existe encore, et, depuis notre prise de possession, il a été déclaré monument historique.

Violation des clauses du traité. — Gia-Long mourut seulement en 1820 ; pendant tout son règne, il s'était montré le protecteur et l'ami des Européens, mais, avant de mourir, effrayé des progrès des Anglais dans l'Inde, il fit à son fils et successeur, Minh-Mang, des recommandations contre les Européens, qui ne furent que trop bien suivies. Les Français, anciens amis de Gia-Long, furent expulsés dès 1824: l'année suivante, Minh-Mang refusa de recevoir le capitaine de vaisseau de Bougainville. En 1847, sous le règne de Tien-Tri, la frégate *Gloire*, commandant Lapierre, et la corvette *Victorieuse*, commandant Rigault de Genouilly, eurent à détruire, dans la baie de Tourane, cinq bâtiments annamites qui voulaient les attaquer.

Sous le règne de Tu-Duc, les persécutions contre les missionnaires prirent une grande intensité; les deux missionnaires français Schœffler et Bonnard furent massacrés par ses ordres, en 1851. En 1852, la France fit entendre des réclamations; celles-ci n'ayant pas été écoutées, la corvette *Catinat* détruisit l'un des forts de Tourane. En 1857, un évêque espagnol, M. Diaz, ayant été arrêté et exécuté au Tonkin, la France et l'Espagne se mirent d'accord pour obtenir réparation des violences commises contre leurs nationaux et contre les chrétiens de l'Annam qu'on estimait alors au chiffre total de six cent mille.

Expédition de 1858. — Le 31 août 1858, une expédition franco-espagnole commandée par l'amiral Rigault de Genouilly et par le colonel espagnol Langerote arriva à Tourane, s'empara des forts, s'établit sur la presqu'île qui limite au Sud l'entrée de la rade, et s'y maintint en dépit des efforts faits par les Annamites pour l'en chasser.

L'évêque de l'Annam, M. Pellerin, pressait l'amiral de marcher sur Hué; mais nos navires ne pouvaient entrer dans la rivière, à cause de la barre qui l'obstrue, et la maladie faisant des ravages dans le corps expéditionnaire, l'amiral se décida à frapper un coup ailleurs.

Le 2 février 1859, laissant à Tourane le capitaine de vaisseau Toyon, il quitta ce port à la tête d'une division navale, et se dirigea vers Saïgon. Le 10, dans la matinée, les deux forts qui défendaient le mouillage intérieur du cap Saint-Jacques furent détruits. Le 11, on remonta le Dong-

Naï, et le fort de Cangio, placé sur la route, fut incendié. Du 11 au 15, on enleva et détruisit successivement les forts de Ong-gia, Cha-la, Tay-ray et Tang-ki. Le 15, dans la soirée, on arriva devant Saïgon.

Prise de Saïgon. — Cette ville était défendue au sud par deux forts construits à l'européenne, et au nord par une citadelle. A peine notre escadre fut-elle en vue, que les deux forts du sud ouvrirent le feu. L'un d'eux fut immédiatement réduit au silence; l'autre, beaucoup mieux armé, ne put être attaqué que le lendemain. Tous les deux furent enlevés, celui de la rive droite démantelé, celui de la rive gauche occupé pour servir d'appui aux bâtiments de transport et de convoi.

Restait la citadelle de forme quadrangulaire, située à 800 mètres des forts. Ses faces présentaient chacune un développement de 475 mètres. Elles étaient bordées d'un fossé large et profond ; quatre bastions défendaient les angles, et au milieu de chaque courtine était une porte qui s'ouvrait sur un pont de pierre. La citadelle était masquée de tous côtés par des bois, des jardins et des maisons. Le 17, à la suite d'une reconnaissance faite par le commandant Jauréguiberry, l'escadre bombarda la place qui riposta vigoureusement d'abord, mais dont le feu se ralentit bientôt par suite de la justesse de notre tir. Le corps de débarquement fut mis à terre et les colonnes d'assaut formées à l'abri des maisons. Le feu des tirailleurs eut un plein succès; l'ennemi, frappé dans tous les sens, abandonna ses pièces, et nos troupes, le sergent d'infanterie de marine Henri des Pallières en tête, s'élancèrent à l'assaut.

La prise de Saïgon nous rendait maîtres d'un matériel considérable : 200 bouches à feu en fer ou en bronze, une corvette, huit jonques de guerre encore sur les chantiers, 20,000 sabres, lances, fusils et pistolets, 85,000 kilogrammes de poudre, d'énormes quantités de cartouches, de fusées, de projectiles, de plomb en saumons, des équipements militaires, du riz pour sept ou huit mille hommes pendant une année, une caisse renfermant 130,000 francs.

Conquête des provinces. — En avril et en mai, l'amiral Rigault de Genouilly continua ses opérations offensives. Revenu à Tourane, il défit les Annamites et, les 7 et 8 mai, il enleva le camp retranché de Kien-San, qui commande la route de Hué.

La guerre d'Italie et, plus tard, l'expédition de Chine, firent abandonner momentanément la conquête de la Basse-Cochinchine. Le 1er novembre 1859, l'amiral Rigault de Genouilly, rappelé en France sur sa demande, fut remplacé

Saïgon. — Une rue.

par le contre-amiral Page. Notre faible effectif nous força à évacuer Tourane le 23 mars 1860, pour nous concentrer à Saïgon.

Bien que la prise du camp retranché de Kien-San ne pût encore être effacée de la mémoire des Annamites, la cour de Hué annonça, comme une brillante victoire, l'évacuation de Tourane. Le roi lança de tous côtés une proclamation annonçant à son peuple qu'il avait fait fuir les barbares. « Les voilà donc partis, disait-il, ces êtres malfaisants et cupides qui n'ont d'autre inspiration que le mal, d'autre but qu'un gain sordide! Ils ont disparu ces pirates qui se nourrissent de chair humaine et se font des habits avec la peau des infortunés qu'ils ont dévorés! mis en fuite par nos vaillants soldats, ils se sont honteusement sauvés! »

L'amiral Page, envoyé, peu de temps après, en Chine, laissa à Saïgon une garnison de 800 hommes, dont 200 Espagnols et une petite flottille de deux corvettes et de quatre avisos. Le commandement fut remis au capitaine de vaisseau d'Ariès, que secondait le colonel espagnol Palanca Guttierez.

Le commandant d'Ariès s'établit solidement à Saïgon et à Cholon, reliant ces deux villes par des travaux de campagne armés de canons rayés de 30 et d'obusiers de 80.

Pendant ce temps, l'ennemi ne restait pas inactif. Profitant de notre faiblesse numérique, il construisit, à 4 kilomètres au nord de Saïgon, des lignes de circonvallation, dites *lignes de Ki-Hoa*. Les Annamites dominaient ainsi les routes du Cambodge, de Mytho, de Hué et le cours supérieur du Dong-naï. Ils bloquèrent notre petite garnison au point que celle-ci resta six mois sans nouvelles de l'extérieur. Les Annamites tentèrent même une attaque de vive force, dans la nuit du 3 au 4 juillet; ils furent repoussés et n'osèrent plus nous assaillir; mais ils rapprochèrent encore leurs lignes de nos positions.

La fin de la campagne de Chine permit de reprendre les hostilités avec vigueur. Le 6 février 1861, l'amiral Charner arriva avec une division navale et un corps expéditionnaire de 3,000 à 4,000 hommes, comprenant 230 Espagnols et une compagnie indigène, formée à Tourane, et surtout composée de chrétiens qui avaient embrassé notre cause.

Le premier objectif de l'amiral Charner fut l'enlèvement des lignes de Ki-Hoa, opération qu'il effectua avec le plus grand succès, le 25 février. Les Annamites prirent la fuite; ils avaient perdu plus de 1,000 hommes, tués ou blessés. Nos pertes étaient également sérieuses : nous eûmes 225 hommes mis hors de combat, dont 12 tués. Parmi ces derniers se trouvaient les lieutenants de vaisseau de Foucault et Rodellec-Duporzic, l'enseigne Berger, les aspirants Noël et Frostin. Le lieutenant-colonel Testard, de l'infanterie de marine, frappé à la tête et à l'épaule, l'enseigne Johaneau-Lareynière, les Espagnols Jean Lavizeruz et Barnabé Fovella, moururent des suites de leurs blessures. Lorsque Lareynière tomba, plusieurs de ses amis s'approchèrent pour lui offrir du secours. Sa réponse fut héroïque, digne de celle de Walhubert à Austerlitz : « Retourne à ton poste, dit-il à l'un d'eux, et écris chez moi que je suis mort bravement. » A Sparte ou à Rome on aurait gravé ces mots sur un monument. La France, insouciante de ses gloires, ignore encore ces paroles d'un héros inconnu.

La prise des lignes de Ki-Hoa fut suivie de la conquête de Tong-Keou, Oc-Mon, Brach-Tra et Trang-Bang. Pendant ce temps, l'amiral Page remontait le Dong-Naï, détruisait les estacades et les forts, et dispersait une quinzaine de mille hommes qui en défendaient le cours. Saïgon était délivrée, et la province de Gia-Dinh conquise. « L'armée expéditionnaire, dans l'espace de quinze jours, avait livré cinq combats, fourni douze reconnaissances, marché sous un ciel d'airain, malgré des influences meurtrières, vécu de biscuit, bu de l'eau souvent gâtée, veillé la nuit presque toujours, à cause des piqûres empoisonnées des moustiques et des fourmis de feu » (L. Pallu).

La prise de l'arroyo de la Poste, qui débouche dans le Cambodge, près de Mytho, coûta la vie au capitaine de frégate Bourdais qui fut tué par un boulet. La flottille de l'amiral Page arriva le 12 avril devant Mytho, que l'ennemi évacua. La saison des pluies commençant, les troupes furent envoyées dans leurs cantonnements.

Le 29 novembre, l'amiral Charner partit pour la France, laissant le commandement au contre-amiral Bonard. Le mois suivant, ce dernier s'empara de Bien-Hoa et de Baria.

Tranquille pour le Nord de notre nouvelle possession, l'amiral Bonard se tourna vers le Sud contre Vinh-Long, forteresse située sur le Mé-Kong. Elle fut prise le 23 mars par le lieutenant-colonel Reboul, appuyé par la flottille.

Notre effectif, très faible, avait à garder une grande étendue de pays, aussi nos postes détachés étaient souvent attaqués par les rebelles, dont l'audace était grande. Le 6 avril 1862, les insurgés de Tan-Long, dissimulant leur marche, tentèrent un coup de main hardi sur Saïgon, entre l'arroyo et le fort de Caï-Maï. Une cinquantaine de paillotes furent brûlées, un poste français compromis, et l'on put craindre un moment pour les magasins de l'artillerie.

La rivière de Hué, qui portait le riz dans la capitale de l'Annam, fut bloquée; l'empereur Tu-Duc, qui avait à combattre une révolte au Tonkin, demanda la paix, et un traité fut signé le 5 juin 1862 à Saïgon. Ce traité, conclu entre la France et l'Espagne d'une part, et l'Annam d'autre part, contenait les principales clauses suivantes : 1° Les sujets des deux nations de France et d'Espagne pourront exercer le culte chrétien dans le royaume d'Annam, et les sujets de ce royaume, sans distinction, qui désireraient embrasser la religion chrétienne, le pourront librement et sans contrainte, mais on ne forcera pas à se faire chrétiens ceux qui n'en auront pas le désir ; 2° les trois provinces complètes de Bien-Hoa, de Gia-Dinh (Saïgon) et de Dinh-Tuong (Mytho), ainsi que l'île de Poulo-Condore, sont cédées entièrement, en toute souveraineté, à la France; en outre, les commerçants français pourront librement commercer et circuler sur des bâtiments quels qu'ils soient, dans le grand fleuve du Cambodge et dans les bras du fleuve; il en sera de même pour les bâtiments de guerre français envoyés en surveillance dans ce même fleuve ou dans ses affluents; 3° le roi d'Annam devra payer à titre d'indemnité, dans un laps de dix ans, la somme de quatre millions de dollars (Le royaume d'Annam n'ayant pas de dollars, cette pièce de monnaie a été représentée par soixante-douze centièmes de taël).

La citadelle de Vinh-Long devait être rendue « au roi d'Annam aussitôt qu'il aurait mis fin à la rébellion qui existe, par ses ordres, dans les provinces de Gia-Dinh et de Dinh-Tuong ».

Cet acte était à peine signé que Tu-Duc s'appliquait à l'éluder de toute manière : la persécution contre les chrétiens continuait en Cochinchine par des moyens détournés ; l'accès des ports restait interdit, et, par des menées occultes, on poussait à la révolte les sujets des provinces cédées à la France. En décembre 1862, l'insurrection, dirigée par le mandarin Quan-Dinh, était générale ; mais avec des renforts demandés à Manille et à notre division navale des mers de Chine, l'amiral Bonard parvint à la dompter. Cela fait, les ratifications du traité du 5 juin 1862 furent échangées le 14 avril 1863 à Hué.

SAÏGON. — Statue de l'amiral Rigault de Genouilly.

Les troupes espagnoles quittèrent alors la colonie, où elles étaient restées à nos côtés pendant cinq années, déployant la plus grande bravoure et se montrant dignes héritières de la gloire militaire de leur patrie. Les descendants des combattants de Rocroi et de Saragosse, luttant cette fois pour la même cause, avaient appris à s'estimer.

L'Annam ne désespérait pas encore de nous faire abandonner notre conquête, et, dans ce but, une ambassade dirigée par Phan-Than-Gian fut envoyée à Paris. L'envoyé du roi devait demander la rétrocession des trois provinces orientales moyennant une indemnité pécuniaire. Le plénipotentiaire s'embarqua le 16 juillet.

En France, les avis étaient très partagés sur la question de savoir s'il convenait de garder notre nouvelle colonie. L'opinion, déjà excitée par l'affaire du Mexique, s'inquiétait des expéditions lointaines. Les adversaires de la Cochinchine eurent assez d'influence pour qu'un nouveau traité changeât l'occupation en protectorat et ne nous laissât que quelques places, Saïgon, Mytho, Thu-dau-Mot et Cholon, avec des routes militaires pour arriver à ces villes. Fort heureusement, des personnages compétents, le marquis de Chasseloup-Laubat, ministre de la marine, Duruy, ministre de l'instruction publique, l'amiral Rigault de Genouilly, le sénateur baron Brenier, et, dans l'opposition, MM. Thiers et Lambrecht, purent sauver notre colonie naissante. Un contre-ordre fut envoyé et nous gardâmes la Cochinchine.

Ayant échoué dans sa tentative pour obtenir la rétrocession des provinces conquises, la cour de Hué mit tout en œuvre pour nous en rendre l'occupation difficile et onéreuse; elle espérait que, lassés de sacrifices, nous quitterions enfin le pays. Les mandarins des trois provinces de l'ouest restées sous la domination de Tu-Duc excitaient sans cesse des révoltes partielles sur la rive gauche du Mé-Kong et au Cambodge, devenu notre protégé par le traité du 11 août 1863. Les répressions locales furent inefficaces jusqu'en 1867, car les rebelles dispersés par nos troupes se réfugiaient dans les contrées encore soumises à Tu-Duc, le véritable instigateur de tous ces troubles.

Les intrigues du monarque annamite finirent par être châtiées. La sédition qu'il excitait au Cambodge et le mouvement insurrectionnel qu'il fomentait dans le Nord de nos possessions furent réprimés vigoureusement par le colonel Reboul, le lieutenant-colonel Marchaisse, tué pendant l'insurrection, ainsi que le capitaine Savin de Larclauze, et les commandants Alleyron, Brière de l'Isle et Domange.

L'amiral de la Grandière, gouverneur de la Cochinchine, avait souvent représenté que notre colonie manquait de frontières naturelles, que les provinces occidentales, restées annamites, étaient des foyers de troubles. Les derniers événements le prouvaient jusqu'à l'évidence. L'amiral fut autorisé à réunir ces provinces à nos possessions. L'expédition fut organisée dans le plus grand secret et, du 20 au 24 juin 1867, nos troupes occupèrent sans coup férir Vinh-Long, Sadec, Chaudoc et Hatien.

Phan-Than-Gian, gouverneur de ces provinces, l'ancien envoyé de Tu-Duc à Paris, donna l'ordre aux mandarins de faire leur soumission pour éviter une inutile effusion de sang, et, refusant les offres généreuses de l'amiral de la Grandière, il s'empoisonna, noble victime de la politique cauteleuse du roi qu'il avait été impuissant à conjurer.

Insurrections. — Après la conquête des trois provinces de l'ouest, la première insurrection dont nous eûmes à triompher fut celle de la plaine des Joncs, fomentée par un chef habile nommé Tièn-Bô. Retranché dans une position qu'il croyait imprenable, il en fut débusqué par une colonne de quatre cents hommes, composée en grande partie de tirailleurs indigènes. Cet insuccès ne découragea pas un Cambodgien, Por-Kom-Bô, qui s'échappa de Saïgon où il était interné, et leva l'étendard de la révolte dans la province de Tay-Ninh. Il croyait que tout le Cambodge allait répondre à son appel pour protester contre la situation subalterne que Norôdom avait acceptée; mais personne ne bougea, et il suffit d'une sortie de la petite garnison de Tay-Ninh pour mettre les insurgés en déroute. Por-Kom-Bô se réfugia dans les montagnes habitées par les Moïs. Il trouva de nouvelles forces parmi ces tribus sauvages et tint un moment en échec le souverain du Cambodge, qui ne fut dégagé que par quelques troupes envoyées par le gouverneur de la Cochinchine.

Les mandarins annamites ne pouvaient pas non plus se

décider à accepter les faits accomplis; les fils de Phan-Than-Gian, méconnaissant les sages avis que leur avait donnés leur père à son lit de mort, se mirent à la tête d'un mouvement insurrectionnel dont la ville de Chaudoc fut le centre.

Le 30 novembre 1867, de jeunes soldats d'infanterie de marine, commandés par le sergent Monnier, occupaient un petit blockhaus à Mytho. Tout à coup un millier d'Annamites se précipitèrent sur eux en poussant de grands cris. La petite garnison eut le temps de fermer les portes, et répondit par un feu bien nourri, qui mit les assaillants en fuite, mais, pendant la nuit, ils revinrent en rampant et mirent le feu au blockhaus bâti en bambous; la position n'était plus tenable; le sergent Monnier forma ses hommes en un petit peloton, se lança, à leur tête, la baïonnette en avant, et tous passèrent ainsi à travers les ennemis.

Le 16 juin 1868, les rebelles attaquèrent la nuit le poste de Rach-Gia; pénétrant par une porte en construction, ils massacrèrent nos soldats endormis; le chef du poste et quelques hommes eurent le temps de sauter sur leurs armes, ils se battirent comme des lions, mais succombèrent sous le nombre. Un seul échappa; grâce à ses indications on put exercer une énergique et prompte répression.

Depuis cette époque, il n'y eut que des insurrections locales, se produisant presque chaque année à la suite de l'enlèvement des récoltes. Elles ont été réprimées par les milices indigènes, et la Cochinchine accepte de fort bonne grâce notre domination. Nous n'y avons pas eu, comme en Algérie, à combattre des révoltes pour l'indépendance, rendues plus redoutables encore par des explosions de fanatisme religieux; le bouddhiste n'a pas, comme le musulman, horreur du chrétien; jamais il ne lui donne un surnom injurieux, comme celui de giaour (chien), dont les Arabes sont si prodigues.

Pendant que nous luttions pour asseoir définitivement notre domination, nous ne perdions pas de vue les grands intérêts économiques et scientifiques ; une expédition, commandée par le capitaine de frégate Doudart de Lagrée, ayant sous ses ordres les lieutenants de vaisseau Francis Garnier et Delaporte, eut la mission d'explorer le cours du haut Mé-Kong. Elle pénétra jusque dans le Yun-Nan, où mourut le commandant de Lagrée, épuisé de fatigues. Francis Garnier prit le commandement de cette petite

SAÏGON. — La rade de guerre.

troupe d'élite et la ramena à Saïgon, après avoir parcouru près de 10,000 kilomètres, dont 6,000 en embarcation. Ils avaient eu la bonne fortune de pouvoir observer l'éclipse totale du 18 août 1868 dans des régions réputées jusqu'alors inaccessibles.

La guerre de 1870 fut annoncée le 6 août au gouverneur, amiral de Cornulier-Lucinière. Trois jours auparavant, un Allemand, venu sur un bateau à vapeur anglais, avait prévenu le consul de Prusse et les navires allemands qui se retirèrent en toute hâte. L'amiral fit aussitôt fortifier l'entrée du Soirap et arma en guerre la *Junon* pour protéger les approches de Saïgon contre les navires ennemis. Il se tint en garde contre une attaque possible de la cour de Hué et décréta l'état de siège dans la colonie.

La république fut proclamée à Saïgon le 21 octobre 1870.

A la suite de nos revers, la cour de Hué, toujours tenue au courant de nos embarras, crut le moment favorable pour faire de nouvelles propositions de rachat des provinces cédées, mais elles n'eurent aucune suite, et notre colonie suivit son développement normal.

C'est à l'amiral de la Grandière que revient l'honneur d'avoir organisé notre conquête d'une façon tellement puissante que les insurrections ne sont plus devenues, pour ainsi dire, que des échauffourées sans importance.

Régime civil. — L'arrivée de M. Le Myre de Vilers, comme gouverneur, le 7 juillet 1879, marque une ère nouvelle en Cochinchine : l'ère du régime civil. C'est sous le gouvernement de M. Le Myre de Vilers que fut élu le premier député de la Cochinchine, M. Blancsubé, maire de Saïgon.

M. Thomson succèda à M. Le Myre de Vilers.

Sous le gouvernement de M. Thomson fut conclue la convention de Pnom-Penh en date du 17 juin 1884 entre le gouvernement français et le roi Norodom. Ce traité plaçait d'une manière plus effective et plus directe le royaume du Cambodge sous le protectorat et la tutelle administrative de la France. L'exercice de ce protectorat était confié à un résident général placé lui-même sous la dépendance du gouverneur de la Cochinchine. Un décret récent a remplacé le résident général du Cambodge par un résident supérieur.

Aprés un long intérim confié au général Bégin, M. Thomson fut remplacé en 1886 par M. Filippini.

M. Filippini est mort dans l'exercice de ses fonctions, à Saïgon, au mois de novembre 1887.

Réunion de la Cochinchine a l'Indo-Chine. — Les décrets d'octobre 1887 ont établi l'union indo-chinoise; désormais la colonie de la Cochinchine et les protectorats du Cambodge, du Tonkin et de l'Annam sont réunis sous l'autorité d'un seul fonctionnaire : le gouverneur général de l'Indo-Chine.

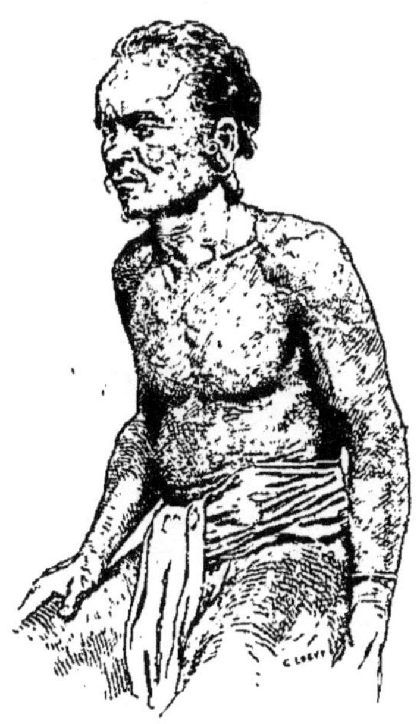

Un Moï.

M. Constans, revenant de son ambassade de Chine, pendant laquelle il avait négocié un nouveau traité de commerce avec la cour de Pé-King, accepta comme mission temporaire le gouvernement général de l'Indo-Chine. Après avoir visité non seulement la Cochinchine et le Cambodge, mais encore l'Annam et le Tonkin, M. Constans rentra en France. Il fut remplacé, comme gouverneur général, par M. Richaud, déjà résident général en Annam et au Tonkin.

M. Richaud a été lui-même remplacé dans les fonctions de gouverneur général, au mois de mai 1889, par M. Piquet, gouverneur de l'Inde Française.

La rivière de Gouine.

# CHAPITRE II

## Description géographique.

Limites de la Cochinchine. — Montagnes. — Bassins et fleuves. — Canaux, sources. — Les arroyos. — Les côtes. — Ports et caps. — Les îles Phuquoc. — Voies de communication. — Population.

LIMITES. — La Cochinchine est bornée au nord-est par le pays des Moïs indépendants, immense région encore inconnue aujourd'hui; au nord-ouest par le royaume du Cambodge; au sud et à l'est par la mer de Chine et à l'ouest par le golfe de Siam.

En dehors de son territoire continental, la Cochinchine comprend le groupe d'îles de Poulo-Condore, les îles de Poulo-Obi et Phu-Quoc, plusieurs îlots inhabités nommés :

Hon-nang-Ngoaï, Hon-nang-Trung, Hon-Nham, Hon-Chanli; les îles des Pirates; les îlots de la Pointe de la Table; les îles Hon-Tre et Hon-Rai, situées dans la baie de Rach-Gia et le groupe de Poulo-Dama.

La Cochinchine continentale est située entre le 8° 30′ et le 11° 30′ de latitude N. et le 102° et le 105° 11′ de longitude Est.

En dehors de Phu-Quoc et des îles de Poulo-Condore sur lesquelles nous avons établi un pénitencier important dont nous aurons l'occasion de parler plus tard, les autres îles de la Cochinchine n'ont qu'une minime importance. La plupart d'entre elles ne sont même pas habitées.

MONTAGNES. — Les montagnes de ce pays sont peu élevées; les plus hautes, le Ba-Dinh près de Tay-Ninh a 884 mètres et le Chua-Chang n'a pas plus de 600 mètres. Ces deux montagnes sont situées dans le Nord. Les montagnes de l'Ouest, au nombre desquelles se trouvent les montagnes d'Hatien et de Chaudoc, n'ont que 3 à 500 mètres.

BASSINS ET FLEUVES. — La Cochinchine française peut se diviser en deux bassins : celui du Dong-Naï et celui du Mé-Kong ou Cambodge.

Le Dong-Naï prend sa source dans le massif montagneux de la Cochinchine orientale.

Son lit est presque toujours obstrué par des rochers qui forment des rapides impraticables même pour le flottage du bois. Il ne devient praticable qu'à partir de son confluent avec le Song-Bé; mais il reste hérissé de récifs qui rendent sa navigation dangereuse.

La capitale de la Cochinchine est construite sur un de ses affluents qu'il reçoit à 40 kilomètres environ de son embouchure et qui vient des montagnes du Nord du Cambodge. Malgré le peu d'étendue de son cours, cette rivière possède assez d'eau pour être navigable pour les grands navires.

La rivière de Saïgon se jette dans le Dong-Naï au lieu dit Nhâ-bé. Le fleuve se divise ensuite en plusieurs branches; la plus navigable jusqu'à la mer garde le nom de Don-Naï :

au milieu se trouve un banc de corail où les navires ne peuvent passer qu'à marée haute. Lorsqu'on aura fait sauter cet obstacle, Saïgon sera rapproché de douze heures de Marseille.

Une île partage le Soirap en deux bras ; l'un va déboucher près du cap Saint-Jacques dans la jolie baie de Ganh-Ray. Un phare de premier rang en facilite l'accès et c'est par là que les navires d'Europe pénètrent dans l'intérieur du pays.

Le Vaïco oriental et le petit Vaïco traversent aussi cette partie de la Cochinchine du nord-ouest au sud-est. Le premier est navigable sur une étendue de 130 kilomètres; le second sur une moindre longueur, mais il reçoit les infiltrations du grand fleuve dont les alluvions ont formé la majeure partie du sol que nous avons conquis. Indépendamment de ces cours d'eau, il y en a une multitude d'autres qui sont mis en communication entre eux par des moyens naturels, ou par des canaux pratiqués à main d'homme. La nomenclature en serait trop longue.

Le bassin du Mé-Kong cochinchinois ne comprend qu'une très faible partie du cours de ce fleuve, un des plus grands du globe. Cet immense cours d'eau prend sa source dans les montagnes du Thibet, traverse une partie de la Chine, longe l'Annam, passe dans le Cambodge et se partage à Pnômh-Penh, capitale de ce royaume, à 60 kilomètres environ de l'endroit où il entre dans la Cochinchine française.

Une des branches, désignée sous le nom de fleuve postérieur, descend directement à la mer de Chine par trois embouchures. L'autre branche, fleuve antérieur, coule parallèment à la première jusqu'à Vinh-Long où elle se divise en quatre bras qui se jettent à la mer par six embouchures. Deux de ces embouchures sont seules navigables pour des bâtiments d'un faible tirant d'eau. Les autres embouchures sont barrées par des bancs de vase, amenés par le Mé-Kong, qui s'étendent jusqu'à 10 milles au large et rendent l'atterrissage impossible.

Les fleuves antérieur et postérieur ont entre eux de nombreuses communications; l'une, le bras de Vam-Nao, est très large et très profonde.

Le fleuve postérieur communique aussi avec le golfe de Siam par des canaux.

Canaux. — C'est par un canal qui débouche à Mytho et qui est connu sous le nom d'arroyo de la Poste que ce bassin est en communication avec celui du Dong-Naï. L'amiral Duperré a fait creuser, en 1875, un second canal dit de Chogao; il a été terminé en 1877. Tous ces bras du Mé-Kong contribuent à la fécondité du terrain par le limon qu'ils déposent dans leurs inondations périodiques. Ces crues produites par la fonte des neiges des montagnes du Thibet coïncident avec la saison des pluies, aussi elles atteignent dans certaines parties le chiffre énorme de 12 mètres.

Sources. — Les sources sont nombreuses dans le pays; quelques-unes ont chez les indigènes la réputation de posséder des vertus curatives.

Même pendant la saison sèche, la nappe d'eau potable se rencontre à une faible profondeur. Les puits sont donc nombreux et donnent de l'eau de qualité excellente.

On a mis à profit cette propriété dans la ville de Saïgon, pour creuser un bassin souterrain d'alimentation d'eau potable.

Ports et caps. — Les ports de Hatien et de Rach-Gia ne sont fréquentés que par des jonques.

Il y a plusieurs caps en Cochinchine : Saint-Jacques où atterrit la ligne télégraphique sous-marine qui va en Europe par Singapore; le cap Thi-Oan s'avançant d'un demi-mille en mer : c'est une terre assez élevée et boisée, et le cap Camau qui sépare la mer de Chine du golfe de Siam et qui est au contraire une terre basse et couverte de palétuviers.

Les iles Phu-Quoc. — Ainsi que nous l'avons dit plus haut, les îles Phu-Quoc, situées dans le golfe de Siam, dépendent de la Cochinchine. Ce groupe a une longueur de

48 kilomètres. Il comprend une grande terre boisée contenant un pic élevé de plus de 600 mètres. On y a formé un établissement français défendu par un poste militaire.

Les côtes. — Les écueils sont nombreux du côté de l'ouest. Les barres des embouchures du Mé-Kong et même du Dong-Naï se prolongent par des bancs à fleur d'eau dans la mer. Aussi n'a-t-on point à craindre de ce côté les attaques d'une flotte ennemie. Mais les côtes au nord du cap Saint-Jacques et l'embouchure de la rivière de Saïgon du côté de l'Annam sont admirablement saines. Elles sont

Le cap Saint-Jacques.

en temps de paix d'un abord facile, mais comme elles sont très hautes, elles pourraient très aisément être protégées contre un débarquement en temps de guerre.

Les Arroyos. — Outre les grandes artères fluviales qui coupent la Cochinchine en bandes bien distinctes, et sur lesquelles sont établis la plupart des grands centres commerciaux de la colonie, il existe un grand nombre d'arroyos (canaux, petites rivières) plus ou moins larges, profonds et sinueux, qui relient entre eux certains des fleuves, et qui, pénétrant jusqu'au cœur de provinces très productives, font communiquer des marchés ou villages importants avec les principaux centres d'exportation.

Ces arroyos sont en nombre infini. En dehors de ceux qui assurent les communications, il en existe une quantité innombrable qui ont, eux aussi, leur utilité, car ils contribuent, dans une large mesure, à fertiliser les contrées qu'ils arrosent.

Dans l'Est de la Cochinchine, là où les terrains s'élèvent, les cours d'eau changent d'aspect; ce sont de petits torrents difficilement navigables.

Voies de communication. — La colonie consacre des sommes importantes à la mise en viabilité de toutes les routes coloniales qui sont au nombre de neuf et ont une longueur totale de 939 kilomètres.

Outre le tramway qui relie Cholon à Saïgon, un chemin de fer va de Saïgon à Mytho, mais les voies navigables seront pendant longtemps, sinon toujours, employées pour les marchandises encombrantes ou de valeur moyenne.

Population. — La population totale de la Cochinchine française est d'environ 1,700,000 âmes; jusqu'à présent toutefois les différents modes de recensement n'ont pu donner un chiffre bien précis de la population indigène.

Sur le nombre, on compte 2,000 européens, 1,500,000 Annamites, 105,000 Cambodgiens, 50,000 Chinois et 8,000 sauvages (moïs, chams, stiengs); le surplus est composé de Malais, de Malabars et d'une population flottante évaluée à 20,000 environ.

Depuis l'occupation française, la population va toujours en augmentant, malgré les émigrations constantes des Annamites au Cambodge et à Siam; cela tient au bien-être que nous donnons aux indigènes, et enfin à la vaccination, dont les Annamites ont compris tout de suite les bienfaits.

Le peuple annamite se mélange facilement avec les Chinois. Une population métisse, improprement appelée Minh-Huong, est résultée du rapprochement de ces deux peuples. Cette nouvelle race, plus blanche, plus élégante de formes que la race annamite, est intelligente et a hérité de ses pères une partie de leur esprit commercial. Ces métis sont répandus dans toute la Cochinchine et adoptent, à leur fantaisie, la mode chinoise ou la mode annamite.

Depuis quelques années, les métis français ont augmenté suffisamment pour que l'administration ait songé à s'occuper de leur éducation en subventionnant un pensionnat patronné par le curé de Saïgon.

Les Minh-Huong, proprement dits, sont les descendants des Chinois émigrés à la suite du renversement de la dynastie des Minh ; ils furent les véritables conquérants de la Basse-Cochinchine sur les Cambodgiens. Les Annamites ne vinrent qu'ensuite se substituer à eux en profitant de leurs querelles intestines.

Les Annamites eux-mêmes ne se considèrent pas comme la race autochtone du pays ; d'après les annales chinoises, ils habitaient le Tonkin vers l'an 1874 avant l'ère chrétienne et formaient la tribu des Giao-Chi. Ces deux mots signifient que l'orteil est séparé des autres doigts du pied ; cette conformation est encore aujourd'hui le signe caractéristique de la race pure.

Si Gioa-Chi est le nom incontestable de la race, le nom du peuple, au contraire, a souvent varié et a changé avec les différents territoires qu'il conquérait : Nam-Viet (midi à passer), Viet-nam (au delà du midi), Nhat-nam (soleil du midi), Giao-nam (midi de Giao), Nam Chien (midi incliné), et enfin Annam (midi pacifié), nom qui a été consacré par les historiens et les géographes modernes.

Les Annamites appartiennent à la race mongole. Ils en ont d'ailleurs tous les caractères physiques : taille moyenne, membres inférieurs bien constitués, buste long et maigre, tête bien proportionnée, mains étroites et longues.

Le teint des Annamites est cuivré, mais très différemment nuancé selon leur rang et le genre de leurs travaux. Le front est rond, les pommettes saillantes, les yeux noirs légèrement bridés. L'expression de la physionomie est douce et chagrine ; leur abord est méfiant et respectueux, puis poli et affable.

Comme tous les peuples de l'Indo-Chine du Sud, de l'Inde et de la Chine, ils mâchent le bétel et se noircissent les dents avec une matière colorante.

Malgré les défauts que développe toujours chez un peuple l'autocratie d'un gouvernement, on peut dire que chez l'Annamite, la somme des bonnes qualités l'emporte sur celle des mauvaises. Leur sobriété est très grande ; les riches seuls sont souvent adonnés à l'opium.

L'hospitalité est appliquée sur une grande échelle, et la charité est tellement naturelle chez eux que le mendiant y est inconnu ailleurs qu'à Saïgon.

Un éléphant.

Saïgon. — Le quai et les messageries.

## CHAPITRE III

### Administration.

Organisation politique et administrative. — Régime légal. — Organisation judiciaire. — Municipalité de Saïgon. — Villes principales. — Presse. — Jardins publics. — Observatoire de la marine. — Théâtres. — Cholon. — Défense du pays.

Organisation politique et administrative. — La Cochinchine française comprend vingt et un arrondissements ou inspections, répartis dans quatre circonscriptions.

La circonscription de Saïgon comprend les arrondissements de Gia-Dinh, Tayninh, Thu-Daumot, Bien-Hoa, Baria et le vingtième arrondissement (Saïgon central) créé le 13 décembre 1880. Sa superficie est de 1,960,000 hectares, partagés en 63 cantons et 643 communes; la population est de 82,000 habitants.

La circonscription de Mytho comprend les arrondissements de Mytho, Go-Cong, Tanan et Cholon. Elle a une superficie de 714,000 hectares, comprend 42 cantons, 574 communes, 74 marchés, et une population de 349,000 habitants.

La circonscription de Vinh-Long comprend les arrondissements de Vinh-Long, Bentré, Tra-Vinh et Sadec; sa superficie est de 680,000 hectares; elle renferme 56 cantons, 587 communes, 48 marchés et une population de 434,000 habitants.

La circonscription du Bassac comprend les arrondissements de Chaudoc, Hatien, Long-Xuyen, Rach-Gia, Cantho, Soc-Trang et Baclieu. La superficie est de 1,960,000 hectares, comprenant 68 cantons, 530 villages et 27 marchés avec une population de 358,000 habitants.

Saïgon se trouvant dans l'intérieur de la Cochinchine, dont la superficie n'est pas très considérable et le pays étant traversé par de grands fleuves facilement accessibles aux bateaux à vapeur du commerce et aux canonnières de la marine, la défense du pays n'offre aucune difficulté.

Depuis l'union indo-chinoise, à la tête de l'administration de la colonie se trouve placé un chef du service local qui s'est alternativement appelé directeur du service local ou lieutenant gouverneur. Il y a un conseil colonial, composé de six membres nommés au suffrage universel de tous les colons français, et de six membres indigènes. Les électeurs français nomment un membre de la Chambre des députés.

Dans chaque arrondissement est un administrateur assisté par un conseil nommé par les notables indigènes, et présidé par lui.

Le secrétariat général de l'Administration de la Cochinchine est divisé en cinq bureaux qui se partagent les attributions de nos différents ministères, sauf celles qui ont trait à la défense du pays. Il y a, en plus, un bureau des interprêtes, auquel sont adjoints des professeurs indigènes et des lettrés.

Dans chaque arrondissement se trouve une administration centrale comprenant des fonctionnaires français pour les écritures, recettes, etc., des fonctionnaires indigènes de plusieurs classes, portant les titres de Tong-Doc, Phu et Huyen; d'interprètes ou de lettrés (la signification de cesgra des sera donnée dans les volumes *l'Annam* et *le Tonkin*). Le nombre de ces fonctionnaires auxiliaires varie de quinze à trente-deux, suivant l'importance de la circonscription. Dans les villages, le maire est nommé par l'administration et il est assisté d'un conseil de grands notables indigènes; les petits notables sont chargés de l'exécution des décisions du conseil des grands notables.

Le maire est chargé de la perception des impôts et peut recevoir une rétribution. La commune est responsable du bon ordre. Elle désigne les hommes faisant partie du contingent de la milice et les remplace en cas de désertion.

Le régime légal. — C'est la loi annamite qui régit les rapports des indigènes entre eux ainsi que ceux des autres Asiatiques. Nous ne donnerons point les détails sur les dispositions du Code de Gia-Long, puisqu'il convient de les examiner plus particulièrement à propos de l'Annam proprement dit; mais nous indiquerons quelques-unes des modifications qui ont été considérées comme indispensables dès les premiers temps de la conquête, parce qu'il était urgent de supprimer des pratiques qui étaient tout à fait en contradiction avec nos habitudes d'humanité.

Quoique la loi annamite soit en général fort sage, elle fait usage de supplices atroces qu'il n'était pas possible d'appliquer sous notre domination.

La peine de la bastonnade a été abolie judiciairement; 50 jours de cangue ont été transformés en 50 jours de prison; 100 coups de truong en un emprisonnement de

6 jours à 6 mois; 100 coups et 3 ans de travail public en travaux forcés de 24 à 48 mois; 100 coups et un exil de 1re classe, en 3 à 8 ans de travaux forcés; 100 coups et un exil à une plus grande distance, en 7 à 12 ans de travaux forcés; la strangulation avec sursis, en travaux forcés de 5 ans à la perpétuité; la décapitation avec sursis, en travaux forcés depuis 6 ans jusqu'à la perpétuité; la strangulation ou la mort lente, en décapitation par le sabre, que les bourreaux annamites manient, comme on sait, avec une remarquable dextérité.

Il serait téméraire d'affirmer que les modifications introduites dans les manières d'appliquer les peines, sont toujours du goût des condamnés et qu'il n'y en a pas qui préfèrent subir un châtiment douloureux mais rapide, au lieu de languir de longs mois ou de longues années dans le bagne de Poulo-Condore. Mais on doit penser que le sentiment de la dignité humaine ne tardera pas à se réveiller chez un peuple à qui l'on donne tous les jours des exemples et des leçons.

Dans leurs rapports avec les indigènes et les Européens, les Français jouissent de la juridiction nationale, et de la législation métropolitaine, sauf le cas où les lois ont été modifiées par décret ou n'ont point été promulguées dans la colonie; mais celles qui tiennent au droit personnel ou à la liberté l'ont toutes été. Il en résulte que le Français qui vient s'établir en Cochinchine y trouve les mêmes institutions civiles et constitutionnelles que celles qu'il a laissées dans la mère patrie.

Organisation judiciaire. — Le premier acte législatif, qui a fixé l'organisation judiciaire de la Cochinchine est le décret du 25 juillet 1864, instituant à Saïgon un tribunal supérieur et un tribunal de première instance, ainsi que des tribunaux indigènes dans l'intérieur de la colonie. Ce décret a été suivi et complété par un certain nombre d'arrêtés du Gouverneur de la Cochinchine, ayant pour but d'en assurer et d'en faciliter l'application.

Le tribunal supérieur de Saïgon fut transformé le 7 mars 1868 en cour impériale, qui pouvait se constituer en cour criminelle pour le jugement des crimes. La cour de Saïgon fut investie par la loi du 28 avril 1869 du pouvoir de connaître des appels des jugements rendus par les tribunaux consulaires de la Chine, du royaume de Siam et du Japon et des crimes commis par des Français dans les mêmes contrées.

Cette organisation judiciaire, complétée par l'institution d'une justice de paix à Saïgon (décret du 15 mai 1875), a été complètement refondue et profondément modifiée par le décret du 25 mai 1881 qui a posé des principes dont les actes législatifs postérieurs n'ont été que l'application plus développée.

Ce décret, qui maintient la justice de paix de Saïgon et le tribunal de première instance de cette ville, établit des tribunaux ordinaires à juge unique à Bien-Hoa, Mytho, Bentré, Vinh-Long et Soctrang.

L'exercice de l'action publique dans chacun des arrondissements judiciaires est confié à un procureur de la République, relevant du procureur Général, chef de service.

La cour d'appel comprend deux chambres civiles, la seconde est plus spécialement chargée des affaires indigènes.

Des cours criminelles siégeant tous les trois mois sous la présidence d'un membre de la cour d'appel, sont instituées auprès de chaque tribunal de première instance.

Un décret du 9 décembre 1886, ajouta aux juridictions déjà existantes plusieurs justices de paix à compétence étendue et supprima le tribunal de première instance de Bien-Hoa.

Les décrets du 15 novembre 1887 et du 5 juillet 1888, modifièrent les différentes circonscriptions judiciaires de la Cochinchine et furent complétés par le décret du 18 septembre de la même année qui fixa la procédure à suivre devant les cours et les tribunaux de la colonie.

Enfin, un dernier travail d'organisation judiciaire en date

du 17 juin 1889, a eu pour but d'assurer d'une façon plus efficace et plus prompte l'administration de la justice civile et la répression des délits; il a créé dans presque tous les arrondissements de la colonie des tribunaux de première instance, composés d'un juge-président et d'un procureur de la République. Seules les circonscriptions administratives de Cholon, Giadinh et Baria ne possèdent pas cette juridiction, mais relèvent, en raison de leur proximité, du tribunal de Saïgon.

Cette répartition des tribunaux a sur les précédentes l'avantage de faciliter l'exercice de l'action publique et la substitution des tribunaux aux justices de paix à compétence étendue donne aux représentants du parquet une plus grande autorité auprès des justiciables.

Des cours criminelles siègent à Saïgon, Mytho et Vinh-Long.

Le décret du 17 juin 1889, a codifié en un seul texte toutes les dispositions concernant l'organisation judiciaire de la Cochinchine et la procédure devant les différentes juridictions.

Instruction publique. — En 1886, les enfants européens et les métis recevaient leur instruction dans les écoles publiques laïques et dans les écoles congréganistes existant à Saïgon.

L'école communale des garçons avait 122 élèves et celle des filles 65; l'école Tabert congréganiste pour les garçons 117, et l'école des sœurs de Notre-Dame de Chartres, avec pensionnat, 210.

Dans les provinces, la colonie entretient huit écoles primaires dirigées par des maîtres européens, dans les principales villes; elles comptent 1,200 enfants. Six écoles primaires sont tenues par des maîtres annamites et possèdent un effectif de 275 enfants.

La ville de Cholon entretient une école dirigée par des maîtres européens et destinée tant aux Annamites qu'aux Chinois.

Avec leurs ressources, les conseils d'arrondissement ont créé des écoles cantonales, et certains villages possèdent des écoles rurales organisées de la même manière. Ces établissements dans lesquels on reçoit 11,681 élèves, sont au nombre de 311. On y apprend la lecture de l'annamite, un peu de français, l'écriture et le calcul.

Les écoles de la Mission et les autres écoles libres, dans lesquelles on enseigne le quoc-ngu reçoivent 6,533 élèves.

L'enseignement secondaire existe dans la colonie; il est représenté par trois collèges, deux à Saïgon et un à Mytho, comptant 914 élèves. On y délivre un certificat d'études, comprenant la langue française, la langue indigène, les caractères chinois, le dessin, la géométrie, l'arithmétique et la géographie; 52 élèves ont reçu ces certificats en 1886. On a établi une sorte de baccalauréat, s'étendant à la trigonométrie, aux mathématiques, à la tenue des livres, à la cosmographie, et aux sciences physiques et naturelles.

Petit marchand de charbon.

La Mission entretient à Saïgon et à Cholon deux petits séminaires, et à Saïgon un grand séminaire, destinés aux indigènes. Le nombre des élèves de ces trois établissements est de 227.

L'enseignement classique européen ne se donne qu'au séminaire de Saïgon qui possède 7 classes, tenues par 7 professeurs français, et allant depuis la 7e jusqu'à la rhétorique; il y a en outre deux années de philosophie et cinq de théologie.

En résumé, en comprenant dans cette évaluation les écoles de paroisse, il n'existait pas en Cochinchine, en 1886, moins de 490 établissements d'instruction fréquentés par 20,521 élèves. Le nombre des professeurs français était de 52 pour les garçons, et de 28 pour les filles, dans les écoles françaises. Il y a en outre dans les écoles d'arrondissements 35 professeurs européens, ce qui donne un total de 115 membres du corps enseignant, appartenant à la race européenne et en immense majorité à la nation française; ce contingent est renforcé par 1,183 maîtres indigènes.

Le budget colonial s'est imposé en 1886, pour le service de l'instruction publique, une dépense de 252,000 piastres, il faut ajouter à cette somme les rétributions payées volontairement par les parents, soit européens, soit annamites, ainsi que les sommes dépensées par la Mission et provenant de la générosité des fidèles, ou des biens qui lui appartiennent.

Cultes religieux. — La Cochinchine française n'a jamais été érigée en préfecture apostolique, mais seulement en vicariat, même à l'époque ou sa juridiction comprenait toute l'Indo-Chine française. En 1844, un quart de siècle avant la conquête, la cour de Rome détacha de cette circonscription les six provinces de la basse Cochinchine pour constituer un vicariat particulier, dont le premier titulaire fut Mgr Dominique Lefebvre, évêque d'Isauropolis, qui administra ce district jusqu'en 1864 et fut remplacé par Mgr Jean-Claude Miche, évêque de Dausara. En 1873, le successeur fut Mgr Colombert, évêque de Samosat, titulaire actuel du vicariat. Ce vicariat, comme tous ceux de l'Extrême-Orient, ressort du conseil supérieur des missions étrangères dont le siège est à Paris.

Le clergé comprend 2 pro-vicaires apostoliques, 63 missionnaires des chrétientés, 40 prêtres indigènes, un séminaire, une école et une imprimerie à Saïgon, des sœurs de Saint-Paul de Chartres sont employées à Saïgon dans l'hospice de la Sainte-Enfance, et à l'hôpital militaire; aux

SOURCE DE DINH.

hôpitaux indigènes de Thi-Nghé, de Cholon, de Ving-Long, de Mytho, de Bien-Hoa, à l'hôpital militaire de Mytho, aux orphelinats de Thi-Nghe et de Bien-Hoa.

L'effectif de la population catholique est de 51,802 âmes réparties dans 53 paroisses, 149 chrétientés, et 172 églises.

Il y a en Cochinchine deux communautés de femmes.

Les Carmélites de Saïgon ont un effectif de 33 religieuses.

Les sœurs de Saint-Paul de Chartres possèdent 12 établissements. Elles ont un effectif de 68 sœurs européennes et 90 sœurs asiatiques. Elles avaient en 1886, dans leur pensionnat, 95 françaises qui peuvent y terminer leur éducation et si elles le désirent arriver au degré supérieur. On leur enseigne le dessin et les arts d'agrément. Elles avaient à leur charge 48 métis. Il y avait en outre dans l'établissement 112 boursières indigènes entretenues par la colonie et 992 filles indigènes presque toutes orphelines. 384 petits garçons orphelins, 90 femmes sans asile sont en train de se réhabiliter aux yeux de leurs proches en passant volontairement un temps d'épreuves dans l'établissement. Le nombre total des pensionnaires de cet établissement est donc de 1,721.

Le culte boudhique comprend 1,688,272 adhérents possédant 1,214 pagodes annamites, 29 chinoises et 230 pagodes cambodgiennes. Ces 1,532 établissements sont desservis par 2,298 bonzes et 2,312 élèves bonzes. Il n'est pas sans intérêt de remarquer que la majorité de ce clergé comprenant 5,010 individus appartient à la nation cambodgienne. Les 230 pagodes de ce rite étant desservies par 1,362 bonzes et 1,575 élèves bonzes.

Cette circonstance s'explique facilement par le rôle que le Cambodge a joué dans la propagande de la religion boudhiste. Il est bon d'ajouter que la ville de Saïgon renferme 3 pagodes indiennes, desservies par 3 bonzes indiens.

Municipalité de Saïgon. — La ville de Saïgon fut érigée en commune au commencement de 1867, et administrée, dans les premières années, par une commission municipale choisie par l'administration sur une liste de notables. C'est seulement en 1869 que le principe de l'élection d'un certain nombre de commissaires fut introduit.

Les étrangers étaient électeurs; il fallut la guerre franco-allemande pour qu'on songeât à leur retirer ce droit; on le leur rendit en 1872, mais à la condition qu'ils aient plus de vingt-cinq ans d'âge, qu'ils soient domiciliés dans la colonie depuis plus de deux ans et qu'ils justifient d'une propriété ayant au moins une valeur de 3,000 francs. Cette loi s'appliquait aux Annamites, mais dans aucun cas le nombre des conseillers indigènes ou étrangers ne pouvait dépasser cinq, celui des conseillers étant de 15.

En 1877, un arrêté du gouverneur décida que les conseillers français seraient seuls élus, et que les conseillers étrangers ou indigènes seraient choisis par le gouverneur en conseil privé.

En 1877, le nombre des électeurs municipaux de Saïgon était de 619, y compris les Indiens originaires des possessions françaises.

Les prévisions du budget de 1878 étaient de 437,195 francs de recettes et de dépenses. La ville avait, comme principale ressource, la location des marchés et de l'abattoir, qui rapportait une somme de 206,000 francs.

Elle dépense 15,254 francs, pour l'entretien du parc de la place des Tombeaux derrière les jardins du gouverneur; le parc est renommé par ses belles et larges allées carrossables, dessinées à l'anglaise et ombragées, tant par des touffes de bambous que par des arbres magnifiques. Au milieu s'élève le rond-point où la musique militaire se fait entendre.

L'entretien et l'éclairage des édifices publics et des promenades coûtent 88,300 francs.

L'instruction publique est placée sous la surveillance d'une commission spéciale prise dans le sein du conseil : elle n'a guère à s'occuper que de l'école municipale exclusivement ouverte pour les fils d'Européens ou les descendants d'Européens; on n'accepte pas d'élèves indigènes, sauf aux cours du soir professés par des ouvriers annamites et chinois employés aux constructions navales.

Pendant quelque temps, la ville avait entretenu une école municipale de filles, mais en présence des frais d'entretien, hors de proportion avec le nombre des élèves, l'école a été supprimée. La ville paye une rétribution de 27,000 fr. aux écoles libres, tant pour l'entretien d'un certain nombre d'orphelins que pour des bourses ou demi-bourses attribuées soit à des filles soit à des garçons.

Villes principales. — Les villes principales de la Cochinchine sont : Saïgon où nous avons établi le siège de notre gouvernement, Cholon, Mytho, chef-lieu de l'arrondissement de ce nom, Vinh-Long, capitale d'une ancienne province et Chaudoc, chef-lieu d'arrondissement.

Saïgon. — Le nom de Saïgon vient de deux mots annamites qui servent à désigner une espèce de cotonnier que les Cambodgiens avaient l'habitude de planter autour de leurs fortifications en terre ; ce nom était donné plus particulièrement à la ville chinoise de Cholon, et c'est par erreur que les anciens géographes l'ont attribué à la ville actuelle. Saïgon n'est point bâtie sur le Dong-Naï, mais sur un affluent ; cependant, grâce à la profondeur de son chenal, elle est devenue le port principal. C'est une analogie avec Calcutta et Rangoon, qui sont également situées sur des branches latérales de deltas secondaires. Il n'y a pas encore trente ans que nous nous y sommes établis et déjà la ville a pris un aspect particulier qui témoigne de nos facultés colonisatrices. Il n'y a pas de meilleure réponse à faire aux adversaires de notre domination que de présenter cette ville charmante à leur admiration.

Le plateau qui dominait la ville du côté du nord a été presque entièrement rasé ; les marais qui bordaient le fleuve ont été desséchés ; les canaux ont été régularisés et approfondis. Les rues tortueuses ont été abattues et remplacées par des voies publiques droites, larges et commodes, dignes du siège de la puissance française dans l'Extrême-Orient, et d'une nation qui s'est donné la mission de transplanter sa civilisation et ses arts. Des jardins, entretenus à grands frais, égayent, de leur verdure, les monuments qui sont nombreux.

En premier lieu nous citerons le palais du gouverneur qui

SAÏGON. — Le Dock flottant.

a coûté 12 millions de francs et qui possède une façade célèbre dans tout l'Orient. Puis la cathédrale élevée en 1877, et qui a coûté 2,500,000 francs; la chambre de commerce, l'hôpital militaire, le Jardin des plantes avec des animaux vivants et l'observatoire; deux collèges prospères, le collège Chasseloup-Laubat et le collège d'Adran en mémoire du célèbre évêque dont la tombe est dans le voisinage de la ville; l'Arsenal, un parc d'artillerie avec des ateliers et une fonderie de canons. Nous devons aussi une mention spéciale au palais de justice, très bel édifice parfaitement approprié à sa destination et où tous les nombreux services judiciaires sont très commodément installés, chose difficile à réaliser dans un pays où la chaleur est souvent extrême et où l'humidité de l'atmosphère rend toutes les agglomérations humaines aussi malsaines que pénibles. Lorsqu'on a vu la plupart des palais de justice de nos autres colonies, notamment celui d'Alger, il est difficile de ne pas rendre hommage au talent dont a fait preuve l'architecte du palais de justice de Saïgon.

Saïgon est une ville toute moderne, exception remarquable dans un pays où la fondation de certaines agglomérations urbaines se perd dans la nuit des temps; cependant son histoire remonte déjà à plusieurs générations. Sa création peut être considérée comme le contre-coup d'un des plus grands événements qui aient agité l'Asie depuis l'arrivée des Européens.

L'ancien Saïgon cessa d'être un village cambodgien lors de l'immigration des patriotes chinois qui refusaient de se soumettre à la seconde dynastie tartare. Le second roi du Cambodge y fixa alors pendant quelque temps son séjour. Nous avons vu que Gia-Long affectionnait cette ville située dans un pays où il trouvait asile dans les mauvais jours, et à laquelle on donnait alors le nom de Gia-Dinh. C'est en 1789 qu'il vint s'y établir d'une façon définitive. En 1811, il partit de là pour fixer sa résidence à Hué, capitale traditionnelle de l'empire qu'il avait entièrement reconquis.

Il confia alors le gouvernement de la ville qu'il affectionnait à son principal lieutenant, le grand eunuque Le-Van-Duyet. Cet émule de Narsès administra pacifiquement le pays pendant de longues années et son souvenir est encore populaire.

Lorsque Gia-Long mourut, son fils voulut se débarrasser des deux lieutenants de son père, que celui-ci avait placés, l'un au Tonkin, l'autre dans la Basse-Cochinchine;

mais l'eunuque de Saïgon comprit qu'on en voulait à sa charge et à sa vie. Il s'empara par ruse du personnage qui était chargé de le convaincre de conspiration à l'aide de pièces fabriquées, et il lui fit trancher la tête. Minh-Mang, intimidé, n'osa envoyer le lacet au vétéran et attendit l'heure de sa mort pour se venger. Quand Le-Van-Duyet ne fut plus qu'un cadavre, Minh-Mang fit violer sa sépulture et commença la démolition du tombeau. Ces évènements se passaient en 1831. Non seulement Minh-Mang voulait se venger de l'illustre défunt, mais le despote avait aussi le projet de mettre à mort les officiers qui s'étaient attachés à sa fortune. Ceux-ci prévenus se révoltèrent et n'ayant pas la force de tenir la campagne, ils se réfugièrent dans la citadelle, où ils furent assiégés. Malgré l'intervention d'une armée siamoise, ils furent vaincus et pris. Les rebelles furent transportés dans des cages à Hué, au nombre de 1,200 environ. Le nom de plaine des Tombeaux perpétue dans la capitale de l'empire le souvenir des pauvres Saïgonnais.

A la suite de l'insurrection, la citadelle fut démolie et remplacée par celle que les Français prirent. Cependant le fils de Minh-Mang, voulant sans doute donner quelque satisfaction à l'opinion, fit restaurer le tombeau de Le-Van-Duyet qui se trouve sur la place de l'Inspectorat à Saïgon. Le gouvernement fait entretenir à ses frais le monument construit à la mémoire d'un homme dont le souvenir est resté populaire dans la population indigène et qui était très sympathique aux Français.

On voit à Saïgon une multitude de lieux et d'édifices dont l'histoire fournirait les documents les plus curieux sur les mœurs et les traditions du pays.

L'arroyo Rack-cân-Saù était autrefois un réservoir rempli de crocodiles que l'on vendait comme viande de boucherie. Au moins sur ce point, les Annamites étaient beaucoup plus raisonnables que les anciens Égyptiens, qui gardaient aussi les crocodiles en captivité, mais dans le but de les adorer et de les embaumer après leur mort.

En face de Saïgon, sur la rive opposée de la rivière, il y avait, du temps de Gia-Long, le hameau des jonques noires ; cet endroit avait été affecté par ce prince à la demeure des pirates chinois dont les jonques, toutes de petit tonnage, étaient peintes en noir. Le roi avait accepté leurs services, les avait laissés sous le commandement de leur chef et leur avait donné des terres. Il les avait chargés de la garde des côtes qu'ils connaissaient à merveille. Quelques-uns, d'humeur casanière, restaient à Saïgon et étaient employés au calfatage des vaisseaux de la flotte royale.

La ville de Saïgon est renfermée dans un trapèze irrégulier formé à l'est par la rivière qui porte son nom, au sud par l'arroyo chinois, au nord par l'arroyo de l'Avalanche et enfin à l'ouest par le canal de ceinture. Il a fallu un travail de quelques années, pour dégager la ville annamite du plateau qui la dominait et des marécages qui l'étreignaient de toutes parts.

La première rue mise en état de viabilité, d'après nos idées européennes, a été la rue Catinat tracée sur l'emplacement de l'ancienne rue annamite qui allait de la citadelle au fleuve; on doit remarquer aussi la rue Nationale, qui traverse la ville dans toute sa longueur, en partant d'un vaste square sur lequel s'élève le monument consacré à la mémoire de M. Lamaille, par le commerce de Saïgon.

Le marché se compose de huit grandes halles qui ne dépareraient point une belle ville d'Europe. Un grand canal aboutissant à un square, où se trouve le monument de M. de Lagrée, chef de l'expédition du Mékong, permet l'accès de la halle aux denrées de toute nature.

Les paquebots des Messageries maritimes viennent débarquer en face de l'hôtel de l'agent de la Compagnie, un des plus beaux et des plus anciens édifices de Saïgon. La Compagnie l'a construit dans le but de faire de Saïgon une tête de ligne pour la Chine et le Japon. Un pont tournant en fer relie cet édifice au reste de la ville.

On remarque aussi la maison Vang-Taï, immense construction élevée par un riche Chinois, où s'est installé le cercle « l'Union ».

L'aspect des rues de Saïgon est très animé et très curieux. Les représentants de toutes les races asiatiques et européennes s'y coudoient comme à Singapour et Hong-Kong. La population est du reste considérable, car si l'on y joint celle de la banlieue et de Cholon, on atteint un total de plus de 100,000 âmes. La population indigène habite de grands faubourgs composés de paillotes, le long des cours d'eau et autour des marchés, ou bien encore au milieu de jardins.

Un boy.

La plaine de Saïgon est riante, de grands arbres échappés à la cognée de nos soldats en font une promenade des plus agréables pendant les premiers mois de l'année alors que les Erythrines, dépourvues de feuilles, couvertes de fleurs d'un rouge vif disposées en grands panicules s'élevant vers le ciel, charment la vue par leurs dômes de fleurs.

C'est dans cette saison qu'on doit visiter la pagode des Présages élevée par Minh-Mang sur le lieu même où il est né.

Près du village banyan se trouve un figuier gigantesque, la principale curiosité naturelle de ce charmant pays. Le tronc de cet arbre majestueux est formé d'un grand nombre de tiges soudées ensemble. Comme si les multiples racines de ce tronc ne suffisaient point à l'entretien de son vaste dôme, des tiges droites descendent des principales branches et viennent s'implanter dans le sol.

Ces tiges ressemblent à d'élégantes et sveltes colonnes. Elles forment des portiques innombrables où l'on aimerait à se retirer loin des rayons du soleil, s'ils n'étaient habités par des familles de reptiles hideux.

Les rameaux de cet arbre admirable sont fréquentés par de charmants pigeons verts venant becqueter les figues qui y mûrissent en nombre incalculable.

La presse. — Il y a à Saïgon une imprimerie nationale coloniale. Son personnel se compose de 73 individus dont 37 Européens. Les recettes effectuées en 1886 ont été de près de 73,000 piastres, sans compter la subvention du budget colonial. En 1886, il a été exécuté 463 commandes comprenant 731,590 imprimés, 4,480 registres, 19,122 brochures, 349 volumes reliés, 307 cartons, 11,100 livrets. La consommation de papier a été de 1,880,000 feuilles. Cette imprimerie publie le journal officiel de la colonie rédigé en français et en annamite.

L'imprimerie nationale publie le *Bulletin officiel de la Cochinchine*, l'*Annuaire* en français et en annamite, l'*École du soldat*, en annamite, à l'usage des tirailleurs, les procès-verbaux des séances du conseil colonial, les discours du gouverneur, les comptes rendus des recettes et les rapports au conseil colonial.

La Mission possède aussi une imprimerie qui imprime des livres destinés aux écoles en Quoc-Ngu, c'est-à-dire dans lesquels on supprime les caractères chinois pour les remplacer par des lettres romaines.

Les premiers missionnaires qui aient adopté ce mode de transcription ont été les Portugais, qui l'ont accommodé à leur prononciation. Des améliorations de différentes nature ont été tentées dans le but de remédier à ce défaut qui gêne beaucoup les Français (voir les travaux de M. Aymonnier).

Outre le journal officiel français et le journal annamite, on publie à Saïgon plusieurs journaux politiques.

L'administration publie une revue intitulée *Excursions et reconnaissances ;* enfin tous les trois mois, paraît le *Bulletin de la Société des études indo-chinoises* ayant, comme son nom l'indique, le but d'approfondir toutes les questions intéressant la vaste péninsule où la France s'est établie ; cette société s'occupe aussi, mais d'une façon accessoire, des autres régions de l'Extrême-Orient.

Par décision du 16 juin 1865, l'amiral Roze a créé à Saïgon un comité permanent présidé par le chef d'état-major général, et chargé de l'étude des questions qui intéressent l'agriculture et l'industrie de la Cochinchine.

Cette décision importante, qui est le point de départ du développement agricole et scientifique de la colonie, portait en outre qu'une exposition aurait lieu tous les ans dans la colonie.

Un comité permanent fut chargé, en 1877, de la préparation de l'exposition de la Cochinchine française au Champ-de-Mars. Il rédigea un volume in-8° de 320 pages, accompagné de cartes nombreuses, intitulé *la Cochinchine française en* 1878. C'était la réponse à un questionnaire général qu'il avait adressé dans les différentes parties du pays.

Pour la majeure partie, le volume est l'œuvre de M. Pallasme de Champeaux, alors inspecteur des affaires indigènes. Interrompu par la maladie de ce haut fonctionnaire, il a été complété par la commission de rédaction du comité.

Jardin botanique. — L'honneur d'avoir fondé le Jardin botanique de Saïgon revient à l'amiral de la Grandière qui chargea de sa direction M. Germain, vétérinaire en second du corps expéditionnaire.

Le 28 mars 1865, M. Pierre, botaniste, prit la direction du jardin, qui avait une superficie de 12 hectares.

C'est de là que sortirent les arbres qui ornent aujourd'hui les avenues de Saïgon ; il servit également à propager, dans le pays, les plantes exotiques.

Depuis lors, on a construit une volière renfermant des spécimens de tous les oiseaux de Cochinchine, et des bassins où l'on élève des oiseaux aquatiques, si nombreux dans ce pays. La demeure du directeur est remarquable par son élégance.

En 1875, le contre-amiral Duperré supprima le haras colonial fondé dans les premiers temps de la conquête, et sur son emplacement, établit la ferme des Mares, dont la superficie est de 120 hectares.

Le personnel européen de ces deux établissements se composait, en 1878, de : un directeur, un sous-directeur, un jardinier chef et un secrétaire.

Ce haut personnel était chargé de la publication d'annales spéciales.

Observatoire de la marine. — Cet observatoire est chargé de rédiger la partie astronomique dans l'*Annuaire* de Cochinchine et de régler la concordance du calendrier chinois avec le calendrier européen.

L'observatoire procède aussi aux observations météorologiques, et au calcul de l'heure des marées pour les principaux ports.

Malheureusement, par suite de circonstances dont l'étude est encore à faire, les marées sont loin d'avoir en Cochinchine une régularité très grande.

L'Observatoire calcule aussi l'heure du coucher de la lune et du soleil pour la ville de Saïgon, et publie des tables de correction s'appliquant à toutes les villes de la Cochinchine.

Saïgon possède une Société philharmonique qui a été fondée en 1880 ; chaque mois elle tient des réunions musicales auxquelles les sociétaires sont admis, mais tous les trois mois elle donne un grand concert auquel le public est convié.

Il y a deux cercles différents : le cercle colonial et le cercle de l'Union.

Le théâtre de Saïgon est subventionné par la colonie; autrement il lui serait impossible de supporter les frais considérables qui résultent du double voyage du personnel et du transport du matériel. Ce théâtre, construit légèrement, est assez élégant; il est combiné de manière à laisser circuler le plus possible l'air autour des spectateurs, ce qui est indispensable dans un pays où, même pendant l'hiver, la température est toujours très élevée.

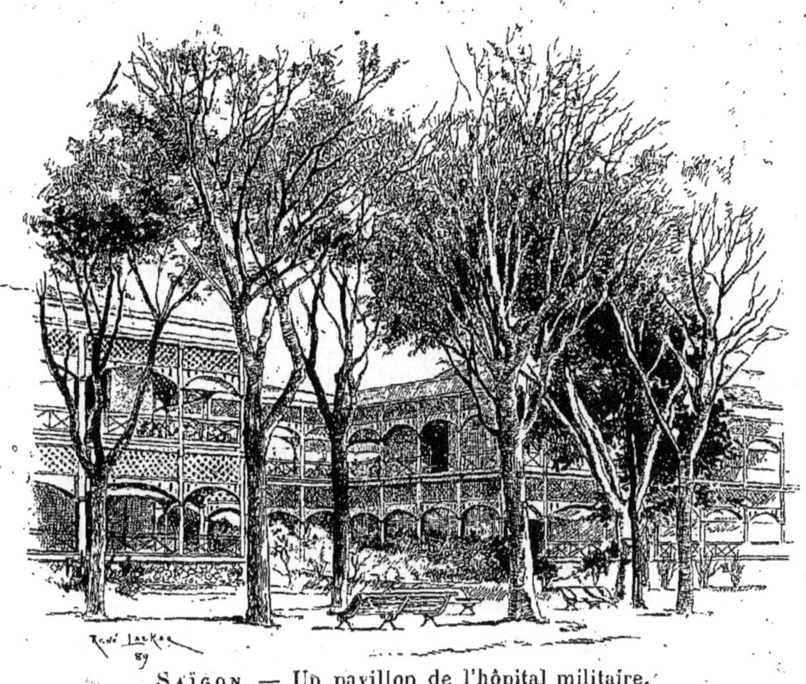

SAÏGON. — Un pavillon de l'hôpital militaire.

Les ouvrages représentés sont, en général, montés avec soin, et il est difficile de se croire aussi loin, quand on assiste à la représentation des pièces qui ont eu le plus de succès en France.

Les indigènes, même ceux qui comprennent le français, ont peu de goût pour notre théâtre; ils lui préfèrent le théâtre chinois, ou, mieux encore, les théâtres annamites ambulants qui circulent dans le pays et font les délices des habitants.

Le théâtre chinois de Cholon est un vaste édifice pouvant contenir un millier de personnes. Ainsi que dans tous les théâtres chinois, il n'y a pas de décors ; au commencement de chaque acte, un acteur vient dire ce que la scène représente.

Tantôt c'est une forêt, tantôt un palais ou une chaumière; quelquefois quand un monarque doit figurer dans la pièce, on apporte un siège pour lui servir de trône, et l'illusion est suffisante pour les spectateurs qui suppléent, par leur imagination, au manque absolu de décors; mais par contre les costumes sont très brillants, et quelques-uns paraissent fort riches. Tout cela n'est que du clinquant, mais les fabricants de costumes sont si habiles, que les acteurs ont le plus souvent fort bel air. Ils ont surtout des armes remarquables par leurs formes et leurs dimensions.

Les grands personnages se distinguent par de fausses barbes énormes qu'ils caressent perpétuellement avec complaisance. L'orchestre est placé au milieu même de la scène, un peu en arrière des acteurs. Cette disposition défectueuse qui suffirait à elle seule pour détruire toute illusion ne choque nullement les Chinois, chez qui elle est de tradition.

Les pièces représentées sont en général des drames historiques fort anciens, qui, depuis des siècles, font les délices des habitants du Céleste-Empire.

La représentation d'un de ces tableaux dure souvent plusieurs jours et les spectateurs, après avoir passé sept à huit heures au théâtre, reviennent successivement le lendemain et les jours suivants pour entendre la suite de la pièce qui les intéresse au plus haut point. Quelques-uns de ces drames durent, nous a-t-on dit, jusqu'à sept ou huit jours, et ils sont joués d'un bout à l'autre sans interruption.

Le jeu des acteurs est tout à fait en dehors de nos habitudes; ils se bornent à crier bien fort, à faire des mouvements très lents et très prononcés, et à arpenter la scène d'un pas majestueux. Les rôles de femmes sont joués par des hommes.

A chaque instant le dialogue est interrompu par l'orchestre, composé de gongs, de cymbales, de tambours et de tambourins, et d'un instrument, formé de baguettes vernies, que l'on frappe à tour de bras.

Tout cela produit un bruit incroyable, peu harmonieux pour nous, et au milieu duquel il est difficile de reconnaître la moindre mélodie digne de ce nom. Cependant, quelquefois un acteur joue des airs dans une espèce de flûte, et, quand on peut l'entendre, on est surpris de la fraîcheur et de l'élégance de certains des morceaux qu'il exécute.

En résumé le théâtre chinois est presque totalement dénué d'intérêt pour les Européens.

Le théâtre annamite est moins en contradiction avec nos usages ; quoiqu'il ressemble beaucoup au théâtre chinois, il est plus simple, et les pièces, au lieu d'être presque exclusivement consacrées à retracer des faits légendaires et des féeries, représentent souvent des sujets de vaudeville et des drames où le réalisme montre un peu le bout de l'oreille.

Il n'y a pas de théâtres annamites fixes, et les amateurs de représentations dramatiques doivent se contenter de ceux que peuvent leur offrir des troupes ambulantes qui dirigent où elles peuvent leurs tréteaux improvisés.

La musique annamite est aussi moins éloignée de nos mœurs que la musique chinoise.

Cholon. — La route haute de Saïgon à Cholon a été percée par M. Olivier du temps de Gia-Long, et conservée par l'administration française.

Pour arriver à ses fins, l'ingénieur de Gia-Long dut déplacer des tombeaux, opération toujours délicate et même dangereuse avec un despote ayant le droit de faire tomber toutes les têtes. On obtint cependant le consentement des parents, en donnant 3 ligatures et une pièce d'étoffe en coton pour chaque tombe ainsi déplacée; ce qui suffit, paraît-il, pour désarmer les mânes des ancêtres.

Cette route côtoie l'établissement agricole connu sous le nom de ferme des Mares, près des restes d'une ancienne pagode royale : sorte de Panthéon consacré à la mémoire des grands hommes annamites.

Cholon est situé à 5 kilomètres de Saïgon et communique avec la capitale, par un tramway à vapeur qui suit l'ancienne route stratégique dont nous venons de parler, et par deux routes carrossables. La plus curieuse est celle du bord de l'eau qui suit l'arroyo chinois dans toute sa longueur. Elle est coupée par plusieurs ponts en bon état et offre un coup d'œil excessivement pittoresque. En effet, ce cours d'eau est, au moment de la marée, couvert d'une multitude de jonques, de barques, de sampangs, de pirogues de toutes formes et de toutes grandeurs.

La ville de Cholon a été presque entièrement rebâtie depuis notre conquête. Elle a un développement de quais de plusieurs kilomètres, bordés de maisons magnifiques et de magasins très riches.

C'est par Cholon que passe, chaque année, la majeure partie des millions de piculs de riz, formant la masse de l'exportation ; c'est là qu'on les met en sacs et qu'on les expédie sur tous les marchés du globe. Il est véritablement pénible de constater que, de ce grand courant commercial, la partie la moins importante est celle qui se dirige sur Marseille.

Le soir, les boutiques restent ouvertes comme à Paris. Les rues sont éclairées aux frais de la municipalité, qui est parvenue à donner des habitudes d'ordre et de propreté à la population chinoise.

Avec autant d'entrain qu'en Chine, les Célestes pratiquent leurs fêtes et leurs exercices traditionnels. Les habitants chinois de Cholon viennent de toutes les provinces de l'empire. Ils forment des congrégations différentes, espèce de corporations ou de confréries commerciales. La plus opulente est celle des Cantonnais, qui possède une pagode magnifique. Jamais les voyageurs qui passent par Saïgon ne manquent de l'aller visiter.

Près de Cholon, se trouve la pagode des Clochetons et le

CHOLON. — LA VILLE CHINOISE.

petit fortin de Caï-Maï. Celui-ci doit son nom à un arbre portant des fleurs dont l'odeur est la même que celle de la violette. C'est là qu'avant notre arrivée dans le pays, les étudiants et les jeunes filles se réunissaient chaque année pour faire des offrandes à Bouddha, chanter les hymnes d'amour et joncher le sol de fleurs.

Go-Cong. — Dans la province de Saïgon nous citerons encore Go-Cong, petite ville célèbre dans le pays par le siège qu'elle soutint quelque temps contre nous en 1862. C'est là que Gia-Dinh avait établi le centre de la résistance. C'est là aussi que la mère de l'empereur Tu-Duc a vu le jour.

Non loin de Go-Cong, se trouve un arbre étrange, noueux, tortueux et tourmenté. Ses feuilles sont rares, mais larges et d'un ovale très régulier. Pendant tout le jour de gros objets noirs, suspendus aux branches, se balancent au gré de la bise. Ces objets noirs sont des roussettes, chauves-souris à grandes ailes d'un mètre d'envergure. Ces animaux se suspendent aux branches de leur arbre favori, par des crochets dont leurs ailes sont pourvues, et se laissent aller la tête en bas. Pendant toute la journée ils sont ainsi balancés par le vent, sachant par expérience que l'homme ne viendra pas troubler leur sommeil. La nuit, ces singuliers animaux quittent leurs arbres pour chercher leur nourriture, qui, quoiqu'en disent certaines légendes, est celle de tous leurs congénères.

Tay-Ninh. — La plaine de Ki-Hoa, où fut accompli un des premiers faits d'armes de Cochinchine, fait partie du cercle de Tay-Ninh.

On y voyait encore, il y a quelques années, les restes des lignes que les Annamites avaient tracées avec beaucoup d'art, et qu'ils ont mieux défendues que leur fort. Celui-ci porte le nom du lieutenant-colonel Testard, tué, en donnant l'assaut, par une balle qui le frappa au milieu du front. Il y a dans le voisinage un modeste monument élevé à la mémoire de l'enseigne de vaisseau Lareynière, tué dans la même affaire.

Avant l'arrivée des Français, toutes les maisons de Tay-Ninh étaient entourées de palissades pour se garantir contre les tigres qui sont en grand nombre dans les forêts voisines.

Dans les environs de Tay-Ninh est tombé, le 23 octobre 1883, un aérolithe qui, arrivant dans une direction oblique, a rebondi et a disparu au milieu des airs. Dans son double mouvement, la pierre était accompagnée d'un sillon de lumière. Le magistrat indigène adressa un rapport circonstancié à l'autorité française; cette pièce singulière, qui a été reproduite dans le *Cosmos*, donne une preuve remarquable de la crédulité annamite. En effet, il apprenait à l'inspecteur qu'un dragon, vomissant le feu par les narines, était descendu sur la terre et était remonté au ciel.

Cette aventure qui s'est passée dans un des coins les moins habités de la Cochinchine française ne donne-t-elle pas l'explication de la manière dont la croyance à l'existence d'un dragon est enracinée en Chine?

MYTHO. — La physionomie originale de Mytho a beaucoup frappé les Français lors de la conquête.

Voici la description de la partie habitée par les Annamites, que nous trouvons dans un ouvrage publié il y a vingt-trois ans et qui s'y applique encore: « Reposant à moitié sur le sol, à moitié sur pilotis, les maisons baignent d'un côté dans la rivière, de l'autre elles donnent sur une rue étroite et glissante, dont la chaussée est pavée en briques. Les marchands accroupis dans leurs boutiques attendent, dans l'obscurité, le chaland avec le flegme oriental! Le matin, la circulation n'y est pas facile, parce que vendeurs et acheteurs y affluent de la campagne voisine et que les opérations se font toutes en plein vent. Mais tout redevient tranquille dans l'après-midi. On peut alors errer de boutiques en boutiques, que l'on trouve encombrées par une multitude d'objets de la vie usuelle importées du Céleste Empire et que leur bon marché empêche de comprendre dans les cargaisons d'objets de la Chine que l'Europe achète avec une faveur croissante. » Aujourd'hui, Mytho n'a pas perdu entièrement sa physionomie originale, mais elle est rattachée à Saïgon par une voie ferrée ayant 70 kilomètres de longueur. On y construit une fort jolie église, un collège et un hôpital militaire ; ce sera sans doute la ville de Cochinchine qui suivra la première l'exemple de Saïgon et deviendra un centre de civilisation française.

L'arroyo de la Poste qui aboutit à Mytho est couvert de barques annamites dont la forme rappelle le croissant et qui ont à l'avant deux gros yeux de poissons ; le port de la plupart ne dépasse pas 15 tonnes. On reconnaît leur provenance à la couleur de leur pavillon ; le rouge, couleur de Saïgon, domine. On y voit aussi des radeaux du Cambodge. Ce sont des assemblages de bambous surmontés d'une case en feuilles de palmier nain. Les indigènes y ont de nombreuses pêcheries, ils retiennent prisonnières dans des enclos formés par des filets des légions de poissons et des crevettes grosses comme des langoustes.

C'est dans le nord de la province de Mytho que se trouve la plaine des Joncs, vaste marécage habité par des légions de crocodiles et des serpents innombrables. Les moustiques y pullulent au point qu'on en est aveuglé.

VINH-LONG. — Vinh-Long est à 120 kilomètres de Saïgon, sur la rive droite du bras oriental du Mé-Kong, et en amont de Mytho. La ville présente un aspect pittoresque ; ses rues sont propres et ombragées. La plupart des villes de Cochinchine semblent d'ailleurs construites sur le même modèle, légèrement modifié suivant les circonstances locales.

La province de Vinh-Long produit du paddy, du riz, des noix d'arec, des fruits, etc.

BIEN-HOA. — Bien-Hoa, chef-lieu de la province et de l'inspectorat de ce nom, est le centre de la culture naissante de la canne à sucre, et des nombreuses exploitations forestières. La Société agricole et industrielle y entretient un représentant spécial. C'était le siège d'un grand marché et, déjà du temps des Annamites, un des principaux centres commerciaux de la province.

Chaudoc. — Chaudoc est situé sur le grand fleuve, à une assez grande distance de Saïgon, dans un pays admirablement boisé. On y fait de la culture et on y fabrique des soieries indigènes. Les Français y ont établi une scierie à vapeur pour les bois de toute essence : on les débite aussi bien pour la charpente que pour l'ébénisterie.

Hatien. — Hatien est un port dont les barques annamites peuvent seules faire usage, et qui est d'une défense très facile. C'est là que se trouve un camp retranché pour les garnisons annamites de la province. Dans ce pays, la culture la plus répandue est celle du poivre.

Long-Xuyen. — Long Xuyen, dépendant de la province de Chaudoc, possède de belles plantations d'aréquiers et de cocotiers célèbres dans un pays dont les palmiers sont une des principales richesses végétales.

Un bambou.

Défense du pays. — Les commandants des corps expéditionnaires n'ont point attendu que la Cochinchine fût déclarée colonie française pour utiliser la bonne volonté des indigènes et notamment des chrétiens. A côté de ces pauvres diables, généralement très misérables, et qui s'échappaient, à peu près nus, des mains de leurs ennemis, se trouvaient les propriétaires mécontents du gouvernement annamite et saluant comme une révolution bienfaisante l'arrivée d'une nation forte, habile à réprimer le brigandage et à faire cesser les incursions des Siamois.

L'amiral Bonard fut le premier qui forma un bataillon indigène; cette troupe joua dans l'expédition de Go-Cong un rôle important. Les tirailleurs sont aujourd'hui fortement encadrés par des officiers et des sous-officiers européens. L'expérience acquise en Algérie a été profitable et l'on peut dire que, sauf la conscription établie d'une façon particulière et remplaçant l'engagement volontaire, le régime militaire des indigènes cochinchinois est calqué sur celui des Arabes de nos possessions de l'Afrique septentrionale.

Le costume se ressent naturellement des modes spéciales au pays. Les soldats y sont généralement de petite taille et portent les cheveux relevés à la chinoise, ce qui leur donne un air de femmes. C'est ce qui a fait, il y a environ un siècle, une partie du succès du fils de l'empereur Gia-Long, que l'évêque d'Adran avait amené à la cour du roi Louis XVI, comme nous l'avons rapporté plus haut.

Le régiment des tirailleurs annamites est un puissant moyen de propagande pour la diffusion de notre langue et de notre système d'éducation. En 1885 sur 2,792 militaires indigènes, il y en avait 515 écrivant le quoc-ngu, et en 1886 sur 2,821, on n'en comptait pas moins de 600. Sur les 2,792 militaires indigènes de 1885, il y en avait 762 qui savaient au moins lire le français, tandis qu'il n'y en avait plus, en 1886, que 277. Cette diminution frappe surtout les caporaux et les soldats; elle s'explique par cette raison, que les cadres des régiments formés au Tonkin ont été recrutés parmi les indigènes lisant le français. Mais le zèle avec lequel on étudie notre langue au régiment n'a pas diminué, car le nombre d'élèves qui était d'abord de 470 s'est élevé à 1574. Actuellement, on peut dire que tous les soldats qui ne savent pas notre langue cherchent à en acquérir les principes.

Il est bon de noter que le nombre des militaires indigènes mariés est considérable et tend encore à augmenter. En 1885, il était de 1,219; en 1886, il s'était élevé à 1,633. Le nombre des enfants a également augmenté, il était de 1,074 et s'est élevé à 1,283. Celui des enfants de militaires qui suivaient nos écoles était de 170; il s'est élevé à 175, par conséquent, proportion gardée, il n'a point augmenté.

L'effectif des troupes stationnées en Cochinchine a varié très souvent par suite des emprunts qui ont été faits à la garnison, tant pour la guerre de l'Annam et du Tonkin, que pour l'occupation du Cambodge; il a été en moyenne, pendant l'année 1886, de 5,663 hommes, dont 2,474 d'infanterie de marine et 2,908 de tiraillenrs annamites. Quoique la

Voiture à buffles.

mortalité soit plus grande qu'en France, elle a été singulièrement exagérée. En effet le nombre des décès n'a été que de 154, soit de 28 par 1000 hommes présents au corps.

La direction d'artillerie est chargée du service qui incombe à l'artillerie de terre pour la défense du territoire et l'armement des troupes. Elle absorbe de plus tout ce qui regarde le génie pour les travaux militaires et l'artillerie de marine, et pour les mouvements des ports. Le dépôt des poudres du commerce est sous sa direction aussi bien que le magasin de la citadelle. Ses ateliers particuliers ont un développement considérable; on y travaille le fer, le cuivre et le bois, tant pour l'armurerie que pour la chaudronnerie. On y fabrique des pièces d'artifice, des gargousses; on y exécute des travaux de bourrellerie, de peinture, et l'on y trouve des chantiers de construction. Des travaux y sont exécutés pour le compte de l'armée du Tonkin aussi bien que pour les troupes cantonnées en Cochinchine.

Des officiers y sont détachés en nombre variable, une trentaine environ.

Il y a en outre une trentaine de gardes titulaires, auxiliaires ou stagiaires, 12 gardiens concierges, un détachement provenant de la 6e compagnie d'ouvriers ; des maîtres armuriers, des soldats détachés de différentes batteries d'artillerie et des Asiatiques. L'effectif de ces derniers a été de plus de 400 pendant l'année 1886.

C'est dans le but de produire un puissant mouvement de perfectionnement de la marine locale, que le 8 avril 1876, un arrêté ministériel a créé à Saïgon un grand arsenal maritime. Cet établissement est placé sous la direction du commandant de la marine, mais il est effectivement dirigé par un ingénieur.

Le personnel se composait, au 31 décembre 1886, de 2 ingénieurs de la marine, 2 sous-ingénieurs, 7 commis du cadre métroplitain, 2 maîtres entretenus, 2 conducteurs des ponts et chaussées, 21 contre-maîtres européens, un grand nombre de comptables, etc., etc. Le personnel ouvrier se composait de 77 Européens, de 117 Chinois et de 1,055 Annamites. Le prix moyen de la journée variait pour les premiers de 13 fr. 50 à 6 fr. 67; pour les seconds de 3 fr. 65 à 2 fr. 50, et pour les troisièmes de 1 fr. 91 à 1 fr. 09.

L'arsenal est divisé en deux directions générales : celle des constructions navales et celle des travaux hydrauliques.

La dépense de l'arsenal, dans l'exercice de 1886, a été de 3,343,524 francs.

L'arsenal possède un dock flottant actuellement en service, mis à l'eau en 1886 et pouvant servir pour des navires de 2,000 tonneaux. Il y a aussi deux bassins de radoub : le premier pour des bâtiments dont le tirant d'eau ne peut dépasser $2^m$,20, et le second pour des bâtiments dont le tirant d'eau peut aller à $3^m$,20. Il y en a un autre en construction, susceptible de recevoir les plus grands navires.

En 1886, il est entré, tant aux docks qu'aux bassins, 46 bâtiments. Le séjour donne lieu à une taxe de 40 centimes pour navire à voile et de 50 centimes pour navire à vapeur, par tonneau et par journée de présence, avec une réduction importante pour les grands navires.

La perception totale de l'année 1886 a été de 15,640 fr. 95.

L'inventaire de l'arsenal accusait une valeur de 12,885,431 francs. Les objets appartenant à l'État, grues, apparaux, machines à vapeur et chaloupes à vapeur sont mis à la disposition du commerce, suivant un tarif réglé par un quantum variant avec l'espèce et la valeur mentionnée à l'inventaire.

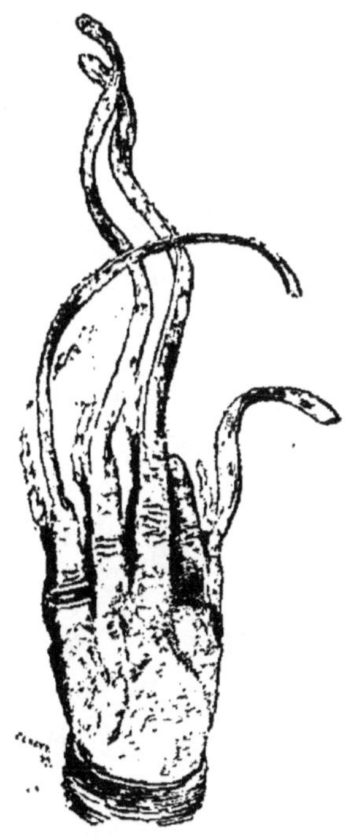

Main de lettré annamite.

Une habitation au cap Saint-Jacques.

## CHAPITRE IV

## Économie politique et sociale.

Aspect général. — Climatologie. — Hygiène spéciale de la colonie. — Postes et télégraphes. — Moyens de transport. — Communications. — Prix des passages et frets. — Productions du sol. — Flore. — Faune. — Oiseaux. — Poissons. — Reptiles. — Insectes. — Crustacés. — Cultures. — Industries. — Conditions du travail. — Articles d'exportation. — Importation. — Situation commerciale de la colonie. — Monnaies usitées. — Banque de l'Indo-Chine. — Variation dans le taux de la piastre.

Aspect général. — Le sol de la Basse-Cochinchine est de formation récente et complètement alluvionnaire. Il est exclusivement argileux dans les parties basses, et sa consistance augmente à mesure que l'on s'éloigne davantage des bords de la mer.

Çà et là, quelques montagnes, à base granitique, émergent des plaines, et sont généralement couvertes de forêts.

Il y a aussi des dunes de sable sur les bords de la mer, et quelquefois dans l'intérieur.

Au point de vue minier, la Cochinchine n'offre donc aucun intérêt. Le sol ne donne que quelques pierres à bâtir. C'est dans les régions voisines qu'il faut rechercher les richesses minérales. Heureusement elles abondent dans les régions que couvre notre protectorat.

A quelque distance du bord de la mer, on rencontre d'innombrables palétuviers et d'autres plantes qui ne redoutent pas l'eau saumâtre. A mesure que le liquide devient plus doux, la végétation devient plus variée. Mais lorsqu'on quitte le voisinage des fleuves, la végétation est pauvre. Les bois, que l'on rencontre dans la plaine, sont formés d'un petit nombre d'essences.

En s'éloignant de la mer, le terrain monte insensiblement. On voit d'abord se développer les bambous; puis les grands arbres se multiplient et ils finissent pas former des forêts impénétrables, habitées par les Moïs, divisés en petites tribus sédentaires qui y vivent à peu près à l'état sauvage.

Le séjour de ces régions, où la végétation est très riche et dans lesquelles le naturaliste trouve tant d'attraits, est véritablement meurtrier. On peut dire que les fièvres pernicieuses y règnent sans interruption d'un bout de l'année à l'autre. Elles ne tardent pas à s'emparer du voyageur qui, venant de la plaine, y rencontre une multitude de cascades aux ondes cristallines. Il faut qu'il résiste, non pas seulement à la tentation de s'y baigner, mais encore au besoin d'éteindre la soif qui le dévore. C'est donc au prix de véritables dangers et de grandes souffrances que de savants explorateurs ont pu aider M. Pierre, ancien directeur du jardin botanique de Saïgon, à commencer la publication de la flore forestière de la Cochinchine.

Climatologie. — La Cochinchine française étant située par le 10e parallèle de latitude boréale, le soleil se lève à peu près à la même heure dans toutes les saisons. A Saïgon (10° 46'.47"), le jour du solstice d'hiver, le soleil se lève à 6 heures 14′ du matin et se couche à 5 heures 42$^{m}$ du soir, et le jour du solstice d'été, il se lève à 5 heures 38$^{m}$ du matin pour se coucher à 6 heures 24$^{m}$ du soir. Le temps qu'il reste au dessus de l'horizon, est donc de 11 heures 28$^{m}$, le jour le plus court, et de 12 heures 46$^{m}$, le jour le plus long. Les chiffres précédents ne comprennent pas le crépuscule et l'aurore qui, dans les régions intertropicales, n'existent pour ainsi dire pas. Il en résulte qu'on ne doit pas s'attendre à des variations thermométriques pareilles à celles de nos contrées. La température moyenne déterminée à l'observatoire de Saïgon par la demi-somme des maxima et des minima du thermomètre abrité, est de 26°, en excès d'environ 16° sur la moyenne de Paris. La température du thermomètre sous l'abri exposé au nord, descend quelquefois jusqu'à 16°, et s'élève quelquefois jusqu'à 36°.

La pluie tombe souvent par torrents. La hauteur d'eau d'un mois dépasse quelquefois le tiers, ou même la moitié, de l'eau annuelle à Paris.

Les phénomènes de la foudre ont une grande intensité; le nombre des individus foudroyés s'élève ordinairement de 20 à 30 sur un territoire dont la superficie ne dépasse pas le 10$^{e}$ de la France continentale.

Janvier est, comme chez nous, le mois le plus froid de l'année, mais le thermomètre sous l'abri reste à une température moyenne supérieure à celle de notre mois de mai. Les nuits sont fraîches pendant toute la durée du mois de février.

C'est au mois de mars que la sécheresse commence, que les plantes herbacées disparaissent et que les rizières perdent leur eau.

Quelques pluies surviennent à la fin du mois d'avril où commencent les travaux de culture. La mousson du sud-ouest prend au mois de mai et la température est très élevée de nuit comme de jour. Le vent est presque nul, mais il survient de violents orages ; toutes les graines germent et de toutes parts les plantes sortent de terre. En juin, les pluies sont plus abondantes et plus régulières, la température est aussi élevée qu'en mai. Cependant les nuits sont moins accablantes. A la fin du mois survient une période de sécheresse, à la suite de laquelle les pluies recommencent avec abondance. Les nuits sont relativement supportables. Pendant le mois d'août, le ciel est généralement couvert, de sorte que la chaleur se supporte bien mieux ; les orages sont excessivement nombreux mais moins violents, et les pluies incessantes. A ce moment la végétation est dans toute sa force ; les lianes envahissent les arbres et les haies. Les herbes atteignent leur plus grande hauteur. Au mois de décembre, elles encombrent les cultures, et il faut s'en débarrasser par de nombreux sarclages. Les pluies sont encore plus abondantes qu'en juillet. Le mois d'octobre mérite d'être nommé le mois des fleurs. C'est le commencement de la mousson du nord-est qui produit un certain abaissement de la température. La sécheresse est grande et les plantes herbacées commencent à languir. Leur déclin continue pendant le mois de décembre qui ressemble beaucoup au mois de janvier.

Les typhons sont rares sur la côte de la Cochinchine ; cependant ceux des mers de Chine se font sentir jusque-là. C'est au mois de novembre que se produisent ces ouragans, que les Annamites appellent *bao ;* ils durent environ vingt-quatre heures et font de grands dégâts,

Hygiène spéciale de la colonie. — La Cochinchine ayant un climat chaud et humide, nécessite une hygiène toute spéciale, aussi bien pour les habitations et les vêtements que pour l'alimentation.

Le lit le plus dur est le meilleur et comme vêtement de nuit, celui qui comporte un large pantalon à pieds de forme chinoise, a le grand avantage d'empêcher les refroidissements. Dans le jour on peut porter le costume blanc avec le gilet en filet de laine pour absorber la transpiration ; avant le lever du soleil ou après son coucher, il faut porter de la laine. Dans les premiers temps surtout, une ceinture de flanelle est nécessaire de jour et de nuit.

Les insolations sont toujours à craindre, et l'Européen doit s'en garer pendant toute la durée de son séjour; le casque ou le salaco et l'ombrelle sont les meilleurs préservatifs; quant aux mains, des gants blancs, de coton ou de soie, les garantissent suffisamment. Les chaussures en cuir, sauf les grandes bottes pendant la saison des pluies, doivent être remplacées par des chaussures en drap ou mieux en coutil gris ou blanc.

L'alimentation a une importance capitale; elle doit être suffisamment réconfortante, en excluant les graisses autant que possible, mais il faut surtout s'abstenir de boire beaucoup, même des boissons non alcooliques, afin de ne pas augmenter la transpiration déjà abondante.

En résumé il faut conserver son énergie morale et s'abstenir de tout excès de quelque nature qu'il soit.

Le régime du lait, même du lait concentré, est un puissant curatif de la dysenterie.

A Saïgon, des restaurateurs tiennent des tables d'hôte et des pensions confortables, mais la plupart des Européens sans famille ont organisé des mess civils auxquels on a donné le nom militaire de « popotes ». Le cuisinier est généralement chinois, mais sa cuisine est européenne.

Postes et télégraphes. — Les services des postes et des télégraphes, réunis en 1882, se développent rapidement dans la colonie.

Le service postal entre Saïgon, les chefs-lieux d'arrondissement et certains centres importants de l'intérieur, est fait par les bateaux des Messageries fluviales.

Trois diligences desservent les chefs-lieux des provinces de l'Est. Le tram rural est installé à peu près partout. D'une manière générale, cette institution rend les plus grands services en facilitant les relations avec des centres autrefois délaissés.

Le réseau télégraphique de la Cochinchine est très étendu et comporte 35 bureaux. Le nombre de dépêches expédiées augmente tous les ans dans des proportions considérables, tant dans l'intérieur de la colonie qu'avec l'extérieur.

L'histoire du télégraphe de la Cochinchine ne devrait pas être oubliée par l'administration du télégraphe oriental, qui persiste à maintenir un tarif excessivement élevé.

La première ligne fut inaugurée le 27 mars 1862, trois mois seulement après la prise de Bien-Hoa ; c'était montrer une activité des plus louables. Malheureusement le tarif des dépêches avait été fixé à une piastre. Les recettes des neuf mois ne furent que de 160 francs. Cette expérience suffit et dès le commencement de 1863, l'administration adopta le tarif de 2 francs. Les recettes s'élevèrent à 6,000 fr. et elles dépassèrent peu à peu 60,000.

On adopta dans ces dernières années le tarif métropolitain pour les dépêches circulant dans l'intérieur de la colonie et du Cambodge ; grâce à cette modification, l'on a obtenu des résultats bien supérieurs.

Les recettes du télégraphe se sont élevées à 130.000 et 135.000 francs dans les années 1885 et 1886. Le nombre des télégrammes du service intérieur s'est élevé de 60.000 en 1884, à 76.000 en 1886, tandis que celui des télégrammes internationaux qui était de 14.195 en 1884, n'a plus été que de 13.388 en 1886.

Pour apprécier les services rendus, il faut ajouter 15.751 télégrammes officiels qui, taxés pour mémoire, ont produit une somme de 75.000 francs.

L'on n'applique pas dans les bureaux de Cochinchine le mode de transmission des dépêches usité par les lignes sous-marines de l'Extrême-Orient. Les télégrammes doivent être traduits en français. Les employés sont autorisés à faire la traduction pour les indigènes, mais sans que la responsabilité de l'administration puisse en aucune façon être engagée.

Moyens de transports. Communications. Prix des passages. Frets. — Saïgon est très bien doté sous le rapport des communications régulières.

Il correspond avec le Cambodge par les bateaux des Messageries fluviales de Cochinchine, deux fois par semaine; avec Siam par les mêmes bateaux, une fois par

Fours à chaux, près Saïgon.

semaine, du 31 juillet au 15 janvier; pendant le reste de l'année, il n'y a plus suffisamment d'eau dans les lacs et le service est interrompu.

Il n'existe pas de communication régulière avec le Laos,

mais on peut s'y rendre très facilement avec les bateaux du pays.

Pour le Tonkin, tous les quatorze jours, douze heures après l'arrivée de la malle d'Europe, il part un paquebot stationnaire qui dessert Qui-Nhon, Hué et Tourane.

Saïgon correspond avec la Chine par les paquebots des Messageries maritimes qui passent tous les quatorze jours, et très fréquemment par les steamers de commerce; avec le Japon, tous les quatorze jours, par Hong-Kong; avec l'Australie, tous les mois, par Bombay; avec Manille, avec Java, enfin avec la France, tous les quatorze jours par la ligne directe des Messageries maritimes qui va rejoindre la malle anglaise à Singapore. En réalité les communications avec la France sont hebdomadaires.

Les prix des passages de France sont, par les Messageries maritimes, de Marseille à Saïgon : première classe 1.625 francs; deuxième classe 1.040 francs et troisième classe 600 francs.

Productions du sol. — Les travaux faits au Jardin des Plantes de Saïgon sont très intéressants à consulter. En 1878, la commission officielle mentionnait déjà des études faites sur 137 familles de végétaux, renfermant 749 genres; en outre, il avait été fait un examen approfondi des propriétés de quelques-uns d'entre eux, de leur rôle dans la consommation, et du parti que l'industrie et le commerce pourraient en tirer. Ces travaux sont continués sous la direction de M. Moquin-Tandon, placé à la tête du Jardin botanique de Saïgon.

Les indigènes se servent de plusieurs plantes qui donnent une teinture d'un grand éclat, d'une pureté et d'une solidité remarquables.

Plusieurs plantes telles que le *Merium oleander*, le *Plimeria*, etc., sont de beaux ornements pour une serre.

Sans parler des arbres à fruits, il y a plusieurs essences forestières d'une grande utilité : le bois de fer est employé par les indigènes pour leurs pilotis; le *Callophyllum* et le

*Inapophyllum*, dont sont complantées les routes annamites, donnent une huile excellente pour préserver la carène des navires contre les tarets; l'*Anisoptera sepulchrorum* ne peut servir aux constructions navales, mais il est très employé pour la confection des cercueils, auxquels les Annamites, comme les Chinois, attachent une grande importance; l'arbre à ouate donne un produit qui sert à garnir les matelas cambodgiens; le *Sindora Sumatrana* est employé comme bois de charpente, mais peut être également utilisé pour les incrustations de nacre. On choisit ordinairement pour ces dernières, un arbre qui se vend très cher et qu'on nomme en annamite *Trac;* c'est certainement, dans tout le pays, le bois le plus cher et le plus dur. Quand on vient de le travailler, il est rouge veiné de noir, mais en vieillissant il devient d'un brun uniforme et peut recevoir un très beau poli. Un autre arbre, très dur également, mais beaucoup plus répandu, est le *Kurrima*, avec lequel on fait les cylindres des moulins à canne à sucre. Enfin il faut citer encore l'*Illicum anisatum* ou anis étoilé, qu'on cultive comme aromate; l'arbre à cire qui produit cette substance, lorsqu'il est piqué par un insecte, et un autre qui donne une sorte de caoutchouc.

Flore. — La flore de la Cochinchine comprend un nombre considérable d'espèces aquatiques, et qui couvrent en grande partie les marécages de l'embouchure du Dong-Naï et du Mé-Kong. Ces espèces sont très riches et offrent à l'étude un champ des plus vastes. Il en est de même des plantes analogues aux fougères, aux mousses et aux champignons. En effet, favorisées par une chaleur très grande et une humidité constante, elles sont en nombre incroyable, et ont les formes les plus riches et les plus bizarres. Quelques espèces de champignons sont comestibles et présentent certainement une saveur plus délicate que leurs congénères de nos climats. Les plantes marines sont également dignes d'attention; parmi les algues, nous nous contenterons de citer le *Gelidium spiri-*

*forme*, qui sert aux Annamites à préparer des gelées sucrées et parfumées. Comme on le voit, les indigènes, guidés par leurs instincts, ont trouvé une application économique importante d'une plante, appartenant à une classe trop souvent dédaignée dans notre Europe.

FAUNE. — La faune de la Cochinchine est assez riche.

Les espèces nuisibles comprennent, en premier lieu, le tigre, la panthère moins commune, l'ours assez rare, le rhinocéros, l'éléphant et le sanglier. Le chasseur en quête d'émotions peut en rencontrer fréquemment.

Plusieurs espèces de cerfs, dont quelques-uns sont improprement connus sous le nom de biches, fournissent une venaison excellente et très salubre. Le chat sauvage mérite aussi d'être poursuivi, mais il faut respecter soigneusement le pangolin, grand mangeur d'insectes et surtout de fourmis ou de termites. Il en est de même de la loutre noire, que les indigènes sont parvenus à apprivoiser et à dresser à la pêche.

L'occupation française est de date trop récente, pour qu'elle ait pu encore organiser la destruction de dangereux animaux sauvages; ainsi dans les morts accidentelles pour l'année 1885, on trouve : 14 individus dévorés par les tigres, 4 par les crocodiles, 42 mordus par les serpents. Ces accidents n'arrivent guère qu'à la population indigène rurale.

OISEAUX. — Quant au gibier à plume, il est d'une fécondité et d'une variété telles qu'il serait trop long d'en faire une description. Nous citerons cependant le coq sauvage, quelques espèces de faisans et de tourterelles, le pigeon, la sarcelle, la bécasse, la bécassine, la perdrix, le canard, la poule d'eau et la caille. Le chasseur européen aura donc l'occasion de tuer des animaux dont la dépouille et la saveur lui rappelleront la patrie absente. Il pourra en outre exercer son habileté sur des espèces exotiques dont quelques-unes ont des qualités très appréciables.

La plupart des chauves-souris, qui sont très nombreuses,

poursuivent les insectes et, pour cette raison, doivent être respectées, malgré leurs cris étranges et lugubres.

Dans certains districts les rats sont une véritable calamité; une prime est allouée pour leur destruction.

Poissons. — Le nombre des poissons est également considérable. Quelques-uns, comme le *retreadon albe punctatus*, mordent les baigneurs, et, sans les dévorer comme les requins, les blessent mortellement. On n'a pas encore signalé de poissons venimeux. Il y a un nombre immense de poissons dans les fleuves et sur les côtes de la Cochinchine; les Annamites les mangent presque tous. Les Européens ont souvent trop de répugnance à suivre l'exemple qui leur est donné. Les formes bizarres de ces animaux, dont beaucoup ne portent encore que le nom annamite, sont une cause évidente de cette abstention.

Tombeaux annamites.

Parmi les espèces intéressantes, nous citerons le *chipea* et le *combrina*, sorte de sardine qui sert à faire la saumure.

Au *nua-mam*, dont les Annamites sont très friands, nous ajouterons aussi le poisson de combat, ainsi nommé parce que deux mâles, mis dans le même bocal, se précipitent avec acharnement l'un contre l'autre jusqu'à ce que l'un d'eux ait péri. On assiste en outre à des changements de couleur aussi remarquables que ceux des poissons que l'on tuait devant les sybarites de la Rome impériale.

Reptiles. — Les serpents sont les plus dangereux ennemis de l'homme, mais leur proche parent, le lézard, doit être protégé et même multiplié artificiellement. On en connaît plusieurs espèces, toutes utiles à des degrés divers.

On trouve dans la colonie plusieurs représentants de l'ordre des Chéloniens, la tortue caret, regardée depuis longtemps par les Européens eux-mêmes, comme une des plus savoureuses que l'on connaisse, et enfin la tortue *trionix lanicifera* dont les indigènes sont seuls à faire leur nourriture.

La grenouille comestible existe dans la Cochinchine ainsi que le crapaud. Mais celui-ci doit être soigneusement respecté à cause de la grande quantité d'insectes qu'il dévore. Nous devons ajouter que les colons trouveront de très utiles auxiliaires parmi les hirondelles et les scarabées, qui dévorent les autres insectes.

Insectes. — Les araignées doivent être traitées avec autant d'égard dans les plantations, que l'était la compagne de Pelisson dans son cachot de la Bastille. Cependant quelques espèces, douées de couleurs magnifiques et de formes élégantes, ne trouveront pas grâce devant les collectionneurs cherchant des individus remarquables.

Nous signalerons plusieurs espèces d'abeilles indigènes, l'insecte de la gomme laque, un bestoma indicum que les indigènes mangent en le faisant frire dans la cire. Il n'est pas nécessaire de citer le ver à soie dont chacun connaît l'abondance et l'importance dans l'Indo-Chine française.

Parmi les insectes nuisibles dont la destruction devrait être encouragée, nous citerons une mygale de grande taille, dont la morsure est dangereuse, et une espèce de scorpion.

Quant aux fourmis blanches et aux poux de bois, ils produisent de grands ravages; les moustiques abondent et sont un véritable fléau. La question de la destruction des insectes est une des plus difficiles à résoudre et de celles dont la science européenne devrait surtout s'occuper.

Il existe une espèce de cantharide exploitable à cause de sa vertu vésicante très développée. Quant à la série des insectes utilisables dans la médecine chinoise, il serait trop long d'en donner la nomenclature. Les praticiens du Céleste-Empire ont, comme on le sait, une pharmacopée des plus bizarres dont les excentricités ne sont pas moindres que celles de la médecine au moyen âge.

CRUSTACÉS. — Les crustacés renferment plusieurs espèces utiles. Une petite espèce sert à fabriquer la saumure conjointement avec la sardine; deux autres plus grandes sont desséchées et mangées. Les débris écailleux ne sont pas à dédaigner, on les emploie pour fumer la terre.

Plusieurs espèces de crabes sont recherchées pour la cuisine, et même les Européens, se sont laissés entraîner à suivre l'exemple des Asiatiques.

Beaucoup d'espèces de mollusques sont comestibles, surtout parmi les bivalves, et font concurrence à la clovisse. Nous devons citer une grande espèce de *fiume* très précieuse, parce qu'elle donne la vraie nacre. Les indigènes s'en servent pour faire des ouvrages d'ébénisterie qui sont charmants, tant par la main-d'œuvre que par la matière. L'industrie parisienne trouvera dans cette nacre une excellente matière première.

Les sangsues sont très incommodes, surtout parce qu'elles donnent naissance à un ulcère qui succède à la piqûre. Il y en a cependant d'utilisables pour la médecine et que l'on n'a point de peine à reconnaître.

Parmi les zoophytes, se trouve l'holoturie, dont nous avons déjà indiqué les excellentes propriétés comestibles.

On ne peut oublier comme espèces utilisables, les madrépores dont la carapace est employée pour faire le ciment.

N'est-ce point un immense service à rendre à un pays à peu près dépourvu de calcaire?

CULTURES. — La culture du riz tient chez les Annamites la plus large part, car c'est celle qui demande le moins de travail et produit le plus. Un tiers environ de la récolte suffit à la nourriture des habitants, qui vendent les deux tiers pour se procurer l'argent dont ils ont besoin.

Le riz, selon le terrain où il est cultivé, produit une espèce particulière; aussi on compte plus de deux cents espèces différentes, dont les plus estimées sont celles de Bay-Xao, Gocong et Vinh-Long.

La quantité produite dans la colonie peut se chiffrer par plus de 9 millions de piculs (le picul est de 60 kilos 400 grammes), et vaut en moyenne une piastre le picul. L'exportation représente une valeur de 6 millions de piastres.

Quant aux autres cultures, c'est par des quantités infiniment moindres qu'on peut les compter; c'est à peine si un sixième de la superficie totale cultivée reçoit les soins des indigènes. Ils accordent la préférence aux cultures qui leur donnent le moins de peine.

Les Annamites tirent un assez bon parti des fruits du cocotier qui leur fournissent les éléments nécessaires pour se procurer l'huile dont ils ont besoin.

Les aréquiers sont une de leurs principales productions; puis viennent les arachides et la canne à sucre, qui tient une place insignifiante dans leurs travaux agricoles. Ils se bornent à planter le strict nécessaire à leur usage, et n'ont aucune exploitation importante.

Les jardins de légumes, poivre, bétel sont cultivés par chaque habitant dans des proportions très exiguës qui représentent les besoins de chaque famille. Le tabac et les ananas sont aussi l'objet d'une production très restreinte; ils forment les éléments d'un commerce absolument local; le tabac surtout est de mauvaise qualité, et n'est consommé que par les indigènes.

CHOQUAM.

Dans les arrondissements de Long-Xuyen et de Bassac, on cultive, dans une certaine mesure, les haricots qui sont expédiés sur différents points de la colonie et même jusqu'en Europe.

Le mûrier, dans certaines provinces de l'est, est cultivé par un petit nombre d'éleveurs de vers à soie, sur une superficie de 2,000 hectares environ.

Le maïs, le coton et l'indigo représentent à peine quelques centaines d'hectares, répartis, par d'infinies parcelles, chez un grand nombre de propriétaires; ce n'est que pour mémoire qu'on peut parler des patates, des navets, des ignames, du gingembre, du sésame et de la ramie.

Dans ces dernières années, quelques essais ont été tentés avec le cacaoyer, mais sur une très petite échelle; le producteur trouve difficilement le placement de sa récolte qui est, en grande partie, achetée par l'administration pour ses essais à la ferme modèle.

Quelques Européens ont tenté d'introduire certaines cultures riches et productives, ou de développer dans de vastes proportions les plantations de cannes, de poivre ou de café, mais cela sans succès. La nature du sol, le mauvais choix des terrains, l'insuffisance de capitaux, sont les principaux motifs qui ont fait échouer les expériences. En ce qui concerne le café, il s'introduit, vers la sixième année, dans la racine un ver qui détruit la plante au moment où le cultivateur est en droit d'attendre le produit de ses peines.

Industries.— Les industries indigènes sont de peu d'importance. Chaque producteur exploite sa matière première, vend lui-même les produits qu'il fabrique, comme il l'entend et aux prix qu'il en trouve. Ce sont généralement les Chinois qui font ces achats, au détail, sur les nombreux marchés de la Cochinchine; ils les soldent, soit en espèces, soit en marchandises.

L'indigène est plus naturellement agriculteur, et l'industrie n'est pour lui qu'un accessoire; peuple aussi indolent que possible, attaché à un sol que la nature se charge de faire fructifier sans beaucoup de peine, les Annamites n'ont pas de besoins et n'ont pas su s'en créer à cause du régime des mandarins, aussi sont-ils plus en retard que leurs voisins, les Chinois.

Cependant, sous la conduite des Européens, l'Annamite peut devenir un bon maçon, forgeron, serrurier, mouleur; il ne réussit pas aussi bien dans le travail du bois; il est mauvais charpentier, menuisier ou ébéniste.

Les industries importées par les Européens n'ont pas toujours donné d'heureux résultats; les causes qui ont amené des mécomptes sont de plusieurs natures.

L'industrie de décortiquerie et blanchisserie de riz ne fait que croître, au détriment des petits décortiqueurs indigènes et chinois qui s'étaient installés dans les différents centres et le long des arroyos.

Il y a actuellement quatre usines pour cette industrie, elles sont toutes prospères et fabriquent tous les riz d'exportation.

Deux brasseries établies à Saïgon ont dû suspendre leur fabrication; l'une d'elles a été reprise, il y a quelques années, et livre couramment une boisson très hygiénique, connue sous le nom de bière de Saïgon, dans laquelle le riz a été substitué à l'orge.

La fabrication de la glace artificielle a subi de nombreuses péripéties; actuellement elle peut livrer à des prix assez bas.

La savonnerie, après un premier insuccès, a été reprise trop récemment pour qu'on puisse en apprécier exactement les résultats.

La fabrication du sucre n'a pas fait de progrès. Le moment est encore éloigné où l'on verra les Annamites se servir de moulins et de procédés perfectionnés. Nous devons, jusqu'à présent, nous borner à essayer d'introduire chez eux des espèces de cannes nouvelles, ou même améliorer la canne indigène har une culture plus soignée.

De toutes les espèces dont on a tenté l'acclimatation en

Cochinchine, c'est la canne, dite violette de Java, qui prospère le mieux et donne les meilleurs produits.

Plusieurs tentatives de filature de soie ont été faites dès notre installation dans la colonie, elles ont échoué. Il n'existe plus qu'un dévidage avec nettoyage. La cause de ces insuccès provient de l'apathie des indigènes, qui, lorsqu'ils travaillent pour l'étranger, ne lui donnent pas le quart de travail qu'ils produisent quand ils s'occupent pour leur compte.

Les scieries, l'égrenage du coton et l'indigoterie, n'ont pas, jusqu'à présent, donné de bons résultats.

Conditions du travail. — La main-d'œuvre indigène est bien meilleur marché que la main-d'œuvre européenne. Le manœuvre vaut, dans les centres de Saïgon et de Cholon, 20 à 30 cents (centièmes de piastre) par jour de dix heures; le forgeron, le maçon, le charpentier, 60 à 80 cents, selon leur valeur; le tourneur, l'ajusteur, le mécanicien, de 80 cents à 1 piastre 25 cents.

Les ouvriers annamites sont généralement forgerons et tourneurs; les chinois, maçons et charpentiers; ils arrivent assez facilement à être mécaniciens, c'est-à-dire capables de surveiller des machines; on trouve souvent parmi les uns et les autres des gens intelligents et fort adroits.

Le courant d'immigration chinoise vers la Cochinchine française va en augmentant tous les ans et a existé de tout temps; c'est leur ancien pays et ils y retrouvent leurs mœurs et toute leur civilisation. La question de l'immigration chinoise est très discutée, tant au point de vue économique qu'au point de vue politique. Il est toutefois incontestable que le Chinois, plus actif, plus laborieux et plus industrieux que l'Annamite, se substituera à ce dernier, à plus forte raison à l'Européen, dont les besoins sont beaucoup plus grands. En outre, le Chinois ne se fixe pas en pays étranger; il emporte en Chine tout ce qu'il gagne, et, quand il s'est créé une famille, grâce à la facilité avec laquelle la femme annamite s'unit à lui, il l'abandonne pour rentrer, après fortune faite, dans son pays natal.

Il ne faut pas perdre de vue que les États-Unis d'Amérique et les colonies australiennes ont repoussé l'élément chinois.

Le champ de l'immigration européenne est fort limité; elle n'a aucune place dans l'agriculture, mais elle en aurait une dans l'industrie.

Phuoc-Linh.

Le rôle de l'ouvrier européen dans l'atelier se borne à la direction, à l'instruction de l'Annamite, car le travail personnel et continu lui est en quelque sorte défendu par le climat, même le travail à couvert. Il faudrait des ouvriers spéciaux en bois et en fer, pouvant faire des contremaîtres; ils doivent avoir une valeur supérieure à la moyenne, puisqu'ils sont destinés à la direction des Asiatiques.

Un bon ouvrier contre-maître gagne de 75 à 125 piastres par mois. Le prix de la nourriture pour un Européen est de 25 à 30 piastres par mois; le logement lui coûte de 10 à

12 piastres par mois. On trouve facilement à se loger à Saïgon et dans les grands centres, mais il n'en est pas de même dans l'intérieur.

Le commerce général de la Cochinchine française s'élève annuellement à un total de 123,200,889 fr. dont 66,775,901 fr. pour les exportations.

Les principaux produits importés sont : guinées, librairie et papeterie, machines, matériel de ponts, chemins de fer et accessoires, opium, soieries, tissus et cotonnades, thés, vêtements, vivres et liqueurs.

Articles d'exportation. — Le principal article d'exportation est le riz; il constitue environ les 70 centièmes du total des exportations, qui, pour les trois quarts, sont effectuées par les Chinois, et pour un quart par les Européens.

Importation. — Pour l'importation, notre situation est meilleure; la part des Européens équivaut à peu près à la moitié du mouvement total; toutefois les proportions qui précèdent font supposer que le commerce des métaux est exclusivement dans les mains de nos banques, ce qui n'est pas rigoureusement exact.

L'avantage de l'élément européen dans le commerce d'importation a pour causes : 1° l'opium, qui entre pour compte de la régie et 2° les fournitures de l'administration qui ne se font que par les Européens.

La supériorité des Chinois dans le commerce général tient à des causes diverses; leur race, leur civilisation, leur langue sont analogues à celles des Annamites; dans tous les villages ils vivent mélangés à ceux-ci et sont mariés; ils achètent à meilleur compte et se contentent d'un bénéfice moindre.

Dans la part des Européens, quelle est celle des maisons françaises et des maisons étrangères? Cela est difficile à établir. A l'exportation, les étrangers l'emportent parce que les pays consommateurs de riz sont surtout l'Allemagne et l'Angleterre, et que, dans les ports voisins, il n'y a que des négociants de ces nationalités.

A l'importation nous devons avoir l'avantage, et dans l'industrie, nous les avons devancés en tout et pour tout.

Outre la banque de l'Indo-Chine, il y a à Saïgon trois autres succursales de banque dont la plus importante est la « Hong-Kong Shang-Haï Banking corporation » qui fait les affaires de toute sorte pour tous les pays du globe.

Avant 1887, les marchandises importées à Saïgon étaient exemptes de tout droit de douane à l'entrée. Seuls, les alcools, les armes, les munitions, les huiles de pétrole étaient frappés d'un octroi de mer. Quelques marchandises étaient également soumises à un droit d'exportation, le riz payait un peu plus d'un centime par kilog., les buffles un franc par tête, les porcs environ cinq centimes par kilogr. L'opium, étant l'objet d'une régie, entrait en franchise.

Ce régime prit fin à partir du 1er juin 1887, date de la mise en vigueur d'une loi appliquant à toute l'Indo-Chine le tarif général des douanes françaises qui a été modifié par arrêté ultérieur.

Les prescriptions de ces actes législatifs ont pour but, non seulement des mesures fiscales, mais encore de soustraire la Cochinchine, comme tout le reste de l'Indo-Chine, à l'exploitation du commerce étranger. Afin d'en apprécier la valeur et la portée, nous ne pouvons mieux faire que de citer quelques passages du rapport du directeur des douanes de l'Annam et du Tonkin sur les effets du nouveau régime. Ce fonctionnaire commence par signaler une diminution de près de 2 millions sur les importations des filés et des tissus de coton, et il ne cache pas que cette diminution provient entièrement de la mise en vigueur du tarif général; mais il ajoute immédiatement après cette constatation : « L'application de cette mesure ayant fait augmenter considérablement le prix de vente, les indigènes achètent beaucoup moins. Ils reviennent à la mauvaise habitude de filer le coton du pays dont le prix est moins élevé. Comme les années précédentes les cotons filés proviennent de Bombay et les cotonnades sont fournies par Manchester. Malgré les droits actuels, variant de 25 à 30 p. 100, les produits français ne peuvent pas encore lutter pour le bon marché contre ceux de l'Inde et de l'Angleterre. A prix égal, ces derniers seront probablement préférés, parce que leur couleur et leurs dimensions conviennent bien aux Annamites. A moins que nos industriels ne consentent à transformer une partie de leur matériel de façon à fabriquer l'article demandé dans l'extrême Orient, il faudrait, pour leur permettre d'écouler leurs produits sur nos marchés, un tarif absolument prohibitif. Encore est-il possible que leurs concurrents de l'Inde réussiraient, au moins en ce qui concerne les cotons filés, à tourner la difficulté en demandant à Pondichéry les produits de ses manufactures, lesquels, provenant d'une colonie française, seraient admis en franchise. »

La lecture de ce passage ne saurait être trop vivement recommandée aux industriels qui voudraient tirer parti des louables efforts du gouvernement pour faire de la Cochinchine un centre important de consommation pour la production nationale. Ils devront lire aussi les pages dans lesquelles le directeur explique que le premier effet de l'application du tarif général a été de déterminer une augmentation considérable du prix de tous les objets de consommation et par suite une diminution dans la consommation elle-même.

« Jusqu'à l'application du tarif général aucun effort n'avait été tenté pour développer la vente des produits français. Après quelques essais infructueux, l'industrie française s'était entièrement désintéressée du commerce de la colonie. Lorsque le parlement s'est décidé à fermer au commerce étranger les marchés indo-chinois, les effets de la mesure prise par les pouvoirs publics n'ont pu se faire immédiatement sentir. Les Français n'étaient point prêts à profiter des avantages que leur offrait le nouveau tarif. Ils ignoraient complètement quels étaient les besoins du marché de l'Indo-Chine, quels articles, quelles qualités étaient demandés par la consommation. Ils n'ont donc pas pu approvisionner les marchés, et la douane ne s'est exercée que sur des produits d'origine étrangère. Faut-il en conclure que, malgré les tarifs élevés qui les protègent, les produits français ne parviendront pas à remplacer les similaires étrangers? Rien, jusqu'ici, ne saurait justifier cette appréciation pessimiste. »

Il est évident qu'il serait au moins téméraire de soutenir cette thèse antipatriotique à la veille de l'Exposition internationale, qui va être un véritable enseignement pour l'industrie française. En effet, nous dit encore plus loin le directeur : « Depuis l'établissement du nouveau tarif douanier, de nombreux industriels français ont cherché à se renseigner sur les besoins de l'Indo-Chine; ils ont à modifier leur fabrication, peut-être leur outillage et cela ne peut se faire en un jour. Ce n'est que peu à peu, après de longs et patients efforts, que l'industrie nationale pourra parvenir à substituer en grande partie ses produits à ceux de ses concurrents étrangers » (1).

Situation commerciale de la colonie. — La Cochinchine est l'aînée et la plus propre à la francisation immédiate de son commerce, parmi nos différentes possessions indo-chinoises. C'est la tête d'une région dont la population dépasse certainement 20 millions d'habitants, qui étend son influence sur de nombreuses populations sauvages, destinées également à subir notre attraction civilisatrice, peut-être même à se grouper sous notre drapeau. Enfin, et ce n'est pas le moindre de ses avantages, c'est une porte d'entrée de la Chine méridionale, d'où l'on pourra atteindre assez facilement peut-être, un jour, le Thibet. Nous possédons contre nos rivaux des avantages naturels contre lesquels ils ne pourront pas lutter, même en remontant avec leurs vapeurs le cours méridional du Yang-Tsé-Kiang.

Le mouvement de la navigation du port de Saïgon a été en 1883, pour les entrées, de 530 navires d'un tonnage total

(1) Une commission spéciale vient de proposer diverses modifications au tarif général des douanes appliqué à l'Indo-Chine.

de 555,916 tonneaux. Ce mouvement va constamment en augmentant.

Monnaies usitées. — Dans les premiers temps de l'occupation, on faisait de la monnaie, d'une façon bien simple, en coupant les piastres en fragments.

Malgré l'introduction de la monnaie française il a été encore impossible de détruire l'habitude de compter en piastres. Ce qui aggrave les inconvénients de cette monnaie, ce sont les fluctuations du change qui gênent beaucoup les transactions.

Le poids de la piastre est de 26 grammes 94 et sa valeur varie suivant le cours de l'argent. Le nombre des monnaies fausses est très grand; elles sont généralement fabriquées avec beaucoup d'habileté par des Chinois, mais heureusement les maisons chinoises ont des compradors très habiles à discerner les falsifications de leurs compatriotes.

Malgré les inconvénients de la sapèque, monnaie indigène représentant la sixième partie d'un centime, il ne faut pas songer à la supprimer. En effet, elle représente une valeur réelle en échange, et l'on peut se procurer beaucoup de menus objets en Cochinchine pour une sapèque.

Cette monnaie porte, comme on le sait, un trou au centre qui permet de l'enfiler sur une lanière (ligature).

Il est à regretter que les pièces de cuivre françaises destinées à la Cochinchine ne soient pas trouées comme les sapèques.

Banque de l'Indo-Chine. — La Banque de l'Indo-Chine a été créée, par décret du 21 janvier 1875, au capital de 8 millions de francs divisé en 16,000 actions de 500 francs. Son siège principal est à Paris et elle a une succursale à Saïgon, ainsi que des agences dans les principales villes de l'extrême Orient.

La Banque de l'Indo-Chine reçut par le décret de sa constitution le privilège d'émettre des billets de banque de 1,000, 500 et 100 francs, et des coupures de 20 et de 10 francs.

Elle est aussi une banque de prêts. Ses opérations ont

lieu au taux de 15 p. 100. L'intérêt légal était de 36 p. 100 dans le pays avant l'occupation française. Il est illimité entre les mains des Chinois et des Hindous, véritables sangsues de l'agriculture annamite.

Ces spéculateurs à la petite semaine n'opèrent guère que sur les récoltes, car le défaut de cadastre empêche d'engager valablement la terre. Un des buts de l'établissement du cadastre auquel on travaille actuellement est la constitution d'un crédit foncier dans des conditions normales et économiques.

Les opérations de la banque de l'Indo-Chine s'étendent sur l'Annam, le Tonkin, l'Océanie française, Mayotte et Nossi-Bé ; on lui a imposé en 1888 la création de nouveaux comptoirs lors du renouvellement décennal de son privilège. Le mouvement général des affaires de l'établissement a subi un temps d'arrêt. En 1885, il était de 30 millions de piastres; en 1886 il n'était plus que de 27 millions; en 1887 il était descendu à 24. Mais ces fluctuations doivent être surtout attribuées aux variations continuelles dans la valeur de la piastre. En effet, le nombre des opérations sur place a augmenté dans une proportion notable : de 1,500,000 piastres en 1886 et de 3 millions en 1887.

Au mois de septembre 1876, M. Léon Say a envoyé en Cochinchine des pièces de cinq francs qui n'ont été acceptées par le commerce que pour leur valeur intrinsèque et qui toutes sont revenues en France où elles ont retrouvé leur valeur fiduciaire. L'écart de 20 centimes a suffi pour que le commerce trouvât un avantage à effectuer cette opération sans autres intermédiaires quelquefois que la poste.

Variation dans le taux de la piastre. — Le trésor a plus d'une fois souffert de la différence entre le cours légal de la piastre et son cours réel.

Ainsi lorsque la piastre était cotée par l'administration à 4 fr. 20 et que le commerce la donnait à 3 fr. 90 ou 3 fr. 85, une foule d'individus allaient prendre des mandats sur la France, où la piastre était acquittée à sa valeur officielle. Le

Trésor colonial perdit donc 0 fr. 30 par piastre à chaque opération. Les variations continuelles sur la valeur de cette pièce empêchent même de comparer d'une façon exacte les budgets des différentes années. Suivant la nature de la thèse qu'ils veulent soutenir, les écrivains qui s'occupent de la Cochinchine peuvent se servir d'une échelle de conversion ou d'une autre.

Milicien annamite.

## COLONIE DE LA COCHINCHINE

### Renseignements statistiques.

*Comparaison entre les années* 1867 *et* 1887.

POPULATION.

| | | |
|---|---|---|
| 1867. 502.336 dont 164 Français | } Augmentation | 1.356.471 |
| 1887. 1.858.807 — 1.677 — | | |

IMPORTATION.

| | | | |
|---|---|---|---|
| 1867.................. | 25.659.194 | } Augmentation | 32.786.186 |
| 1887.................. | 58.445.380 | | |

EXPORTATION.

| | | | |
|---|---|---|---|
| 1867.................. | 31.108.926 | } Augmentation | 33.656.059 |
| 1887.................. | 64.764.975 | | |

ANIMAUX DOMESTIQUES (Bœufs et buffles).

| | | | |
|---|---|---|---|
| 1867.................. | 54.010 | } Augmentation | 89.262 |
| 1887.................. | 143.272 | | |

CANAUX ET RIVIÈRES NAVIGABLES.

| | | | |
|---|---|---|---|
| 1867.................. | 226.786 | } Augmentation | 46 kil. |
| 1887.................. | 226.832 | | |

LIGNES FERRÉES.

| | |
|---|---|
| 1867.................. | |
| 1887.................. | 77 kil. |

LIGNES TÉLÉGRAPHIQUES ET CABLES SOUS-FLUVIAUX.

| | | | |
|---|---|---|---|
| 1867.................. | 419 | } Augmentation | 2.044 |
| 1887.................. | 2.463 | | |

RECETTES ET DÉPENSES.

*Recettes.*

| | | | |
|---|---|---|---|
| 1867.................. | 5.643.039 | } Augmentation | 20.356.961 |
| 1887.................. | 26.000.000 | | |

*Dépenses.*

| | | | |
|---|---|---|---|
| 1867.................. | 5.440.740 | } Augmentation | 20.559.260 |
| 1887.................. | 26.000.000 | | |

## Bibliographie.

ABEL (H.). *Solution de la question de Cochinchine* (1864). Challamel.

ANONYME. *Missions de la Cochinchine et du Tonkin.*

— *État de la Cochinchine française en* 1881.

ANSART (A.). *Étude sur la politique française en Cochinchine* (1886). Brest.

AUBARET (G.). *Code annamite.*

— *Grammaire annamite.*

— *Histoire et description de la Basse-Cochinchine* (1863).

AURILLAC (H.). *La Cochinchine* (1870). Challamel.

AYMONIER. *Voyage au Binh-Thuân* (1884). Saïgon.

— *Étude sur l'écriture annamite en caractères européens* (1886). Saïgon.

BARTET. *Extension nécessaire de la Cochinchine française* (1883). Bordeaux.

BENOIST DE LA GRANDIÈRE (Dr A.). *Les débuts de l'occupation en Cochinchine* (1865).

BONNETAIN. *L'Extrême-Orient.* Maison Quantin.

BERTRAND DE PUYRAIMOND. *La Cochinchine* (1865).

BOUINAIS (A.) et PAULUS (A.). *La Cochinchine contemporaine* (1884). Challamel.

— — *L'Indo-Chine française* (1885). Challamel.

*Bulletin de la Société de Géographie.*

— — *commerciale.*

— *des études coloniales et maritimes.*

— *indo-chinoise.*

CANDÉ (J.-B.). *De la mortalité des Européens en Cochinchine* (1881). Challamel.

CASPARI. *Détermination des positions géographiques en Cochinchine* (1882). Imprimerie nationale.

CASTONNET-DESFOSSES. *Rapports du Tonkin et de la Cochinchine avec la France* (1883). Challamel.

COINCY (L. de). *Quelques mots sur la Cochinchine* (1866). Challamel.

CORTAMBERT ET DE ROSNY. *Tableau de la Cochinchine.*

COSTE (A.). *La Cochinchine.* Journal des économistes (1861-62).

DELAVAUD (Louis). *Géographie physique de la Cochinchine* (1885). Rouen.

DELTEIL (A.). *Étude sur le climat de la Cochinchine* (1885). Nantes.

— *Guide du voyageur à Saïgon* (1887). Challamel.

DÉTROYAT (Léonce). *Possessions françaises dans l'Indo-Chine* (1886). Delagrave.

— *Notes sur l'organisation civile et militaire de l'Indo-Chine* (1888). Challamel.

DESMICHELS (Abel). *Mémoires sur la langue annamite* (1887). Imprimerie nationale.

FAQUE (L.). *L'Indo-Chine francaise* (1887). F. Alcan.

FRANCIS (G.) (Francis Garnier). *De la colonisation de la Cochinchine* (1865). Challamel.

FOURNIER (Edmond). *Avenir de la France et de la Cochinchine.* (1865). Deutre.

GAULTIER DE CLAUBRY. *Les races habitant la Cochinchine française* (1882). Hennuyer.

GELLEY. *Question de Cochinchine* (1865). Vert.

GENTILINI (R.). *Les voies de communication en Cochinchine* (1886). Génie civil.

GIRARD (A.). *Étude sur la Cochinchine* (1858).

GRAMMONT (de). *Notice sur la Basse-Cochinchine* (1864). Challamel.

HAILLY (Ed. du). *La France en Cochinchine* (1866). P. Dupont.

HERVEY DE SAINT-DENIS (Marquis d'). *L'Annam et la Cochinchine au point de vue historique et philologique* (1886). Imprimerie nationale.

JULIEN (Félix). *Lettres d'un précursenr.* Doudart de Lagrée.

LANESSAN (de). *L'Indo-Chine française* (1888). F. Alcan.

— *L'expansion coloniale de la France* (1886). F. Alcau.

LAUNAY (l'abbé A. de). *Histoire ancienne et moderne de l'Annam et de la Cochinchine* (1884). Challamel.

LE BAILLY (Claire). *Les guerres du Tonkin, de la Chine et de la Cochinchine* (1885). Le Bailly.

LEFEBVRE (Paul). *Races jaunes. Mœurs et coutumes de l'Extrême-Orient.* Challamel.

LEMIRE (Ch.). *L'Indo-Chine* (1884). Challamel.

— *La Cochinchine française. Itinéraire de Paris à Saïgon.*

LOUVET (L.-E.). *La Cochinchine religieuse* (1885). Challamel.
LURO. *Le pays d'Annam.*

MEYNERS D'ESTRÉES (Comte de). *Annales de l'Extrême-Orient.*
MORICE (Dr). *Voyage en Cochinchine* (1876). Lyon.

PAGÈS (Léon) et BENOIST D'AZY. *Les droits, les intérêts et les devoirs de la France en Cochinchine* (1857).
PALLU (Léopold). *L'expédition de Cochinchine en* 1861.
PETITON (H.). *La Cochinchine française* (1883). Chaix.
POSTEL (Raoul). *A travers la Cochinchine* (1887). Challamel.
— *La Cochinchine française* (1883).

RICARD (Ernest). *Étude sur le climat de la Cochinchine* (1885). Toulouse.

SEPTANS (A.). *Les commencements de l'Indo-Chine française.*
SILVESTRE (P.-J.). *L'Empire d'Annam et le peuple annamite* (1889). F. Alcan.

TAILLEFER (Oswald). *La Cochinchine* (1865). P. Dupont.
TIRANT (Dr Gilbert). *Histoire naturelle de la Cochinchine* (1885).

VIAL (Paulin). *Les premières années de la Cochinchine* (1874). Challamel.
VIENOT (H.). *Étude sur les réformes à accomplir en Cochinchine.* Saïgon.
DE VILLEMEREUIL (A.-B.). *Mémoires de Doudart de Lagrée* (1875). J. Boyer.
WINCKEL (Dr). *La Cochinchine française* (1882). Saïgon.

Collections photographiques de l'Exposition permanente des colonies.
Collections photographiques de la Société de géographie.
Collections photographiques de M. E. Tréfeu.

# LE CAMBODGE

E. LOEVY. Sc

PETIT. SC

Village cambodgien et pagode.

# CAMBODGE

## CHAPITRE PREMIER

### Précis historique.

Le berceau du bouddhisme. — Les colons chinois au Fu-Nam. — Révolte contre la domination chinoise. — Les Khmers au Chin-La. — Le royaume de Kampuchéa ou Cambodge. — Les missionnaires portugais. — Les entreprises des Siamois. — Le général français Bodin. — Ang-Duong, vassal du Siam et de l'Annam. — Mission de M. de Montigny. — Le roi Norodon et Si-Votha. — Le protectorat de la France. — Le traité de 1867. — La mort de Pacombo. — Le traité de 1884.

Le berceau du bouddhisme. — Le Cambodge est sans contredit la moins importante de nos possessions d'Indo-

Chine; cependant elle est fort intéressante elle aussi; et son passé historique est rempli d'événements dramatiques. Plusieurs races d'hommes se sont succédé sur cette terre et y ont laissé des traces de leur passage.

Le Cambodge a exercé autrefois une grande influence sur l'extrême Orient; c'est de chez lui que le Bouddhisme s'est répandu en Chine jusqu'au Thibet et qu'il a conquis le monde asiatique. Aussi, le pays des Khmers est-il resté une Terre sainte où des peuples entiers viennent encore en pèlerinage contempler les ruines des temples magnifiques, qui témoignent de l'état avancé de la civilisation de ceux qui les ont construits.

Ce pays, retourné à la barbarie, possède une légende merveilleuse qui nous échappe en grande partie, mais que nos savants retrouveront probablement, de même que nos pères ont su reconstituer l'empire des Pharaons, à l'aide des inscriptions gravées sur les ruines de Memphis et de Thèbes. Les grandes pagodes d'Angkor ne garderont pas éternellement leurs secrets, et notre pays aura la gloire d'avoir résolu deux des problèmes les plus importants de l'histoire de l'humanité.

Ce que nous en connaissons aujourd'hui est peu de chose; aussi, nous n'insisterons pas longuement sur les commencements de l'histoire du Cambodge; ces détails, aussi longs que compliqués, nous obligeraient à sortir du cadre de cette publication, qui a pour but de faire connaître l'état actuel de notre colonie. Cependant il est impossible de parler du Cambodge sans rappeler brièvement les principaux événements du passé si dramatique de ce pays mystérieux.

Quelques indications sommaires sont indispensables pour se rendre compte du caractère de ses habitants et pour discerner les diverses races qui peuplent le pays et, malgré les siècles écoulés, vivent encore juxtaposées les unes aux autres, sans s'être fondues en une seule race homogène.

Généralement le bouddhisme, en n'admettant pas les castes, a pour conséquence d'unifier les populations qui le pratiquent, mais, au Cambodge, il n'en a pas été ainsi. Malgré cette influence, les habitants du pays ont continué à vivre séparés les uns des autres, sans être réunis par aucun lien moral, de sorte qu'ils ne forment pas une nation, mais une population hétérogène, soumise, en apparence bien plus qu'en réalité, au pouvoir royal que nous protégeons. Le despotisme lui-même a été impuissant à les fondre. Il les a courbés tous sous le même joug, mais sans les rapprocher et sans faire disparaître les différences qui les séparent. C'est en grande partie à cela qu'il faut attribuer, croyons-nous, le peu de résistance opposé par les Cambodgiens à toute invasion sérieuse de leur pays par un peuple étranger.

Le Cambodge était autrefois un pays tout différent de ce qu'il est aujourd'hui. Le delta du Mékong avait alors des dimensions beaucoup moindres que de nos jours, car des observations récentes ont démontré que la masse énorme de limon déposée chaque année par le fleuve exhaussait le fond de la mer, le long des côtes, avec une vitesse qui dépasse celle de presque tous les fleuves connus produisant des effets analogues à leur embouchure. Depuis que ces observations ont été faites régulièrement, on a pu remarquer que ce mouvement était de beaucoup supérieur à celui du Rhône, qui produit cependant en quelques années des effets très appréciables sur notre littoral méditerranéen.

Tout donne donc à penser que le Cambodge se composait autrefois presque exclusivement de sa partie montagneuse et que toutes les plaines qui séparent actuellement cette région de l'Océan Indien n'existaient pas. Cette contrée a commencé par être habitée par des populations sauvages, dont les représentants se trouvent encore de nos jours dans quelques-unes des forêts qui couvrent les montagnes. Ce sont des tribus inoffensives et timides, qui ont fui devant les invasions successives dont leur pays a subi les ravages.

Les colons chinois au Fu-Nam. — La civilisation paraît

avoir été importée de Chine, à une époque très reculée, qu'il est impossible de désigner exactement. Cette opinion, autorisée par la langue et par la plupart des habitudes des populations, est confirmée par les annales de l'empire chinois. Ces annales relatent qu'à une époque voisine du déluge de Noé, l'empereur Yao envoya dans les terres de l'océan du Midi des tribus chargées de coloniser cette vaste région qui comprend non seulement l'Indo-Chine, mais encore la partie de l'empire chinois située dans le sud du Yang-Tsé-Kiang et qui a toujours eu les plus intimes rapports avec la péninsule dont le Cambodge fait partie.

On ne sait ni à quelle époque ni comment les colons chinois ont pénétré jusqu'au Mékong, mais il est incontestable qu'ils y parvinrent, car leur influence se fit sentir dans ces parages.

Après plusieurs siècles de luttes, dont le récit nous entraînerait trop loin, le pays fut partagé en royaumes et en provinces, à la tête desquels on laissa les princes qui les possédaient, en leur imposant l'obligation de reconnaître la suzeraineté de l'empire chinois.

Dans cette organisation, la première dont l'histoire du Cambodge fasse une mention sérieuse, le pays était désigné sous le nom de Fu-Nam.

Cependant un grand nombre de tribus restées indépendantes continuèrent à conserver leurs mœurs dans les montagnes où les envahisseurs ne pouvaient aisément pénétrer. Ces réfugiés formèrent des agglomérations auprès desquelles tous les éléments hostiles aux Chinois trouvèrent un appui et dont le voisinage servit à répandre comme un levain d'indépendance dans toutes les parties du pays.

Révolte contre la domination chinoise. — Ce sentiment de résistance fut si puissant, que les femmes, qui jouent dans l'Indo-Chine un rôle très effacé, se mirent à la tête d'une révolte, qui éclata à l'époque des premiers temps du christianisme. Deux sœurs appelèrent les habitants du Cambodge à la révolte, et l'une d'elles se fit même couronner reine. Cette insurrection fut si sérieuse que l'empereur Kouang-Van-Li, l'un des plus célèbres souverains de la dynastie des Han, fit marcher un de ses meilleurs généraux contre les rebelles. Les Chinois vinrent facilement à bout de la reine indo-chinoise et leur répression fut si violente, que leur domination demeura établie sans conteste pendant plusieurs siècles. Leur influence fut surtout souveraine dans la partie orientale, c'est-à-dire au Tonkin, alors véritable province chinoise, et dont le vice-roi avait pour mission principale de combattre les souverains du Cambodge et de les maintenir dans un état de soumission au moins apparente.

Village de Banam.

Toutefois, à la fin de la dynastie des Thang, qui s'écroula vers le temps où l'empire carlovingien disparut en France, le rôle de la Chine avait cessé presque complètement au Cambodge. Les tributs que payaient encore les souverains avaient un caractère de présents diplomatiques, plutôt que celui d'envois destinés à constater un vasselage réel. Ils suffisaient à peine pour permettre, dans la capitale de l'empire, l'accomplissement des cérémonies traditionnelles auxquelles ce peuple, passionné pour l'archéologie administrative et habitué à vivre dans le passé, attache une importance facile à concevoir et qui n'est qu'une puérilité à notre point de vue plus réaliste.

Bien que l'Inde ait été, depuis les temps les plus reculés,

en relations suivies avec le Cambodge, il est impossible de trouver dans les livres indiens des détails aussi authentiques que dans les livres chinois sur l'histoire du Cambodge. En outre, les bouddhistes et les brahmanistes s'accordent pour mélanger leurs annales d'un tel nombre d'événements fabuleux, qu'on a peine, si l'on n'a pas d'autre guide, à discerner la fiction de la réalité.

Cependant, ce qu'il y a de certain, c'est que les populations brahmanistes, malgré la répugnance des Indiens pour la navigation, arrivèrent au Fu-Nam par mer, à une époque très reculée. Cet État acquit même un degré considérable de grandeur et de puissance, de sorte qu'il put résister sérieusement aux conquérants chinois, et que ceux-ci durent se contenter de lui imposer l'obligation de se reconnaître tributaires du Céleste Empire.

Il est parlé, dans les légendes de cette époque, d'un prince qui aurait construit de grands navires à l'aide desquels il aurait subjugué les îles de la Sonde. On croit que c'est lui qui aurait établi des relations commerciales avec les Romains par la mer Rouge. Le commerce de la Chine se serait trouvé concentré dans ses mains, et il aurait dès lors tracé aux relations entre l'Europe et l'Extrême Orient la voie qu'elles suivront probablement dans l'avenir. C'est à ce souverain que l'on attribue la construction des monuments gréco-romains qui ont été élevés les premiers à Angkor. C'est aussi lui qui aurait fait construire de magnifiques chaussées en granit, émules des voies romaines, dont on retrouve encore de nos jours les traces dans certains endroits éloignés de la capitale.

Le Fu-Nam fut l'un des centres les plus actifs du bouddhisme. Mais sa prospérité fut troublée par une grande révolution qui bouleversa les institutions du pays et qui fut si complète, si radicale que le nom même de Fu-Nan disparut et fut remplacé par celui de Chin-la, sous lequel les livres chinois le désignèrent depuis lors, sans prendre la peine de nous donner la clef de cette métamorphose.

PNOM-PENH. — LE PALAIS DU ROI.

On ignore si cette transformation fut due à l'initiative d'un prince entreprenant, au profit de la religion bouddhiste, ou si elle fut le résultat de guerres sanglantes; mais ce qui est certain, c'est que Bouddha lui-même vint au Cambodge. Le récit de son voyage est, comme toujours, accompagné de fables. On montre encore la trace de son pied, comparable à celle que l'on peut voir à Ceylan.

Les Khmers au Chin-La. — C'est à cette époque que les Khmers quittèrent l'Inde où les bouddhistes étaient exterminés par les brahmines et vinrent apporter une nouvelle force au royaume de Chin-la qui atteint sous son nouveau nom un grand degré de splendeur. Les frontières de cet empire étaient très reculées, et il est permis de croire qu'il comprenait la presqu'île à laquelle on donne aujourd'hui le nom d'Indo-Chine.

Les documents que l'on possède sur cette époque sont peu nombreux; néanmoins il est permis d'affirmer que le rôle de cet empire dans la conversion de l'Asie centrale au bouddhisme fut considérable ; ainsi s'explique comment ce pays a été considéré par les populations de ces régions comme une terre sainte et pourquoi l'on s'y rend encore en pèlerinage, à peu près de la même manière que les musulmans vont à la Mecque. C'est à cette circonstance qu'il convient d'attribuer l'état d'infériorité des populations, car nulle part peut-être plus qu'au Cambodge les moines bouddhistes ne montrent plus de saleté et d'ignorance. Il paraît que ceux du Thibet ne leur sont supérieurs à aucun de ces deux points de vue.

Le royaume de Kampuchea. — La littérature du Cambodge se compose d'un ramassis de traditions insensées qui font voir jusqu'à quel degré de folie peut arriver l'intelligence humaine, lorsqu'elle abandonne la réalité et l'expérimentation. On suppose généralement que le voyage de Bouddha au Cambodge eut lieu vers le cinquième siècle avant notre ère. C'est un peu plus tard, vers le troisième siècle, que le sanscrit fut remplacé par le paali, et que le nom de Chin-La cessa d'être employé. Depuis cette époque ce pays fut désigné sous le nom de Kampuchea, d'où nous avons fait Cambodge.

Après de très longues guerres contre les tribus de race mongole qui, à maintes reprises, descendirent des montagnes de l'Himalaya et envahirent le Cambodge, les Cambodgiens furent vaincus, et Angkor pris et ravagé. Ce fut là

Pagode de Oudong.

le commencement de la décadence du pays, qu'envahirent ensuite plusieurs fois les Annamites et les Siamois.

Enfin, les efforts combinés des rois de Siam et d'Annam eurent pour résultat de réduire le Cambodge à une situation tellement infime que c'est à peine si son nom était connu en Europe. C'est ainsi que l'auteur du volume que publia en 1850 l'*Univers pittoresque* sur l'Indo-Chine ne cite son nom qu'une seule fois, pour le faire figurer au nombre des dépendances de l'Annam. Et cependant, les rapports du Cambodge avec l'Europe sont fort anciens : ils datent du seizième siècle.

L'arrivée des Européens coïncida avec les développements de la piraterie, qui ravagea pendant de longues années les provinces maritimes de ce pays. Les pirates appartenaient à toutes les nations et les Européens y tenaient une place importante. Le gouverneur espagnol de Manille, ayant entendu parler des richesses que les pirates tiraient du Cambodge, organisa une expédition destinée à opérer une razzia. On ignore quel fut le résultat de cette entreprise.

Les missionnaires portugais. — Les missionnaires portugais furent les premiers à entretenir des relations avec le Cambodge.

On a, à ce sujet, le récit très complet d'un voyage exécuté en 1590 par le père Gaspar da Cruz, de l'ordre de Saint-Dominique, qui a été publié à Lisbonne et résumé dans la collection des Pinchas.

Les Portugais furent reçus avec faveur par les rois du Cambodge, qui eurent recours plus d'une fois à leur science militaire et leur donnèrent l'autorisation d'établir une factorerie dans les provinces maritimes, qui constituent aujourd'hui la basse Cochinchine.

De leur côté, les Hollandais reçurent une autorisation analogue en 1635 ; ce furent eux qui, les premiers, cherchèrent à établir des relations avec l'intérieur. Dès 1641, ils avaient fait parvenir une expédition jusqu'à Vin-Thang, alors capitale de tout le Laos et qui est situé à plus de 1,000 kilomètres de la côte.

Les Portugais, jaloux de l'influence des Hollandais, firent assassiner le directeur de la factorerie hollandaise dans un voyage qu'il fit pour se rendre à Pnom-Penh, où se trouvait la cour du roi du Cambodge.

Ils étaient alors tout-puissants ; ils avaient la confiance du roi et rien ne semblait devoir arrêter leurs progrès, lorsque le gouvernement chinois, averti de ce qui se passait, fit des représentations et peut-être même des injonctions au roi. Les Portugais furent disgraciés et à peu près chassés du pays.

En 1616, les Anglais avaient formé un établissement à

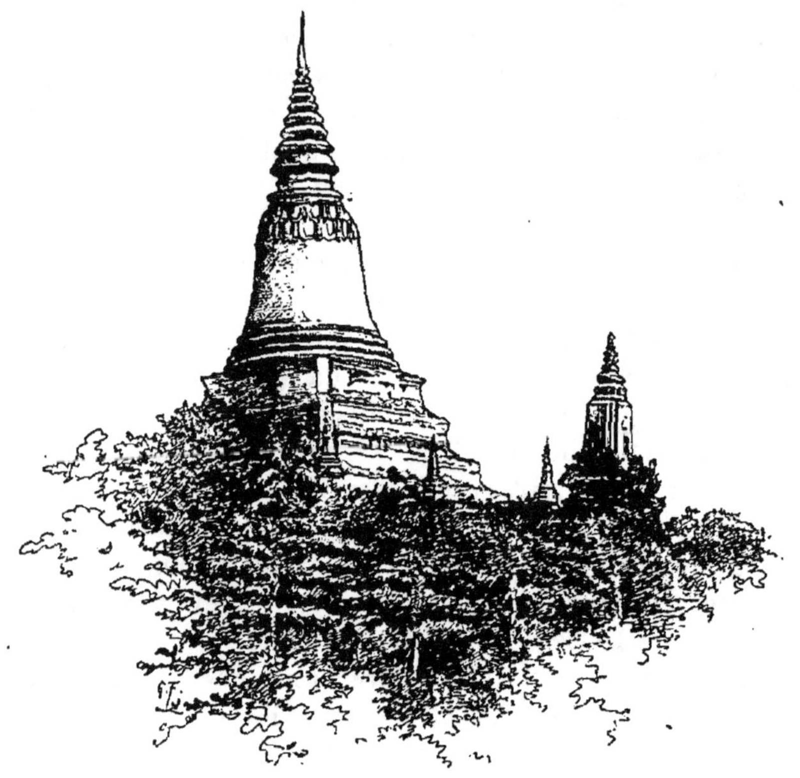

PNOM-PENH. — La pyramide.

Poulo-Condore, dépendance de la Cochinchine française, où se trouve actuellement le pénitencier destiné à renfermer les criminels de nos possessions d'Indo-Chine; mais la garnison était composée de cipayes qui se révoltèrent et massacrèrent les officiers qui les commandaient. Cette révolte mit fin à l'entreprise des Anglais, qui renoncèrent à s'établir au Cambodge.

L'histoire des premiers rapports du Cambodge avec l'Europe pourrait être facilement faite à Lisbonne, et à Amsterdam, à l'aide des récits publiés autrefois. Elle serait fort curieuse et probablement très intéressante pour la France.

Tous ces auteurs s'accordent à représenter le Cambodge comme un pays florissant, ayant un très grand nombre de villes peuplées et prospères sur les bords du Grand Lac, qui était la principale merveille du pays. Les ravages des invasions siamoises du quatorzième siècle étaient donc à peu près effacés, lorsque les Européens le visitèrent.

Les entreprises des Siamois. — C'est seulement vers 1750 que les Annamites s'établirent dans les provinces maritimes du Cambodge et en 1810 que les Siamois pénétrèrent d'une façon définitive dans les provinces du Grand Lac. Mais cette occupation, tolérée par une puissance trop faible pour faire valoir ses droits, n'a, en quelque sorte, aucun caractère légal ou définitif.

Du reste, les Siamois sont complètement hors d'état de tirer parti de ces provinces, qui ne peuvent être exploitées, vivifiées, civilisées, que par les possesseurs du Cambodge, dont elles sont le complément à tous égards.

Le général français Bodin. — Ces dernières conquêtes de Siam furent exécutées par un Français nommé Bodin, qui était au service du roi de Siam, dont il commandait l'armée. Ce Bodin paraît avoir joué un rôle très important dans les guerres de cette époque, et il a laissé un nom illustre dans le pays.

En 1832, le gouverneur d'une province limitrophe de Siam ayant été accusé de trahison, passa la frontière avec une partie de la population et vint se mettre sous la protection des ennemis du Cambodge. Il en résulta une guerre où les Cambodgiens furent battus par les Siamois, commandés par le général Bodin. La défaite fut telle que le roi de Cambodge prit la fuite et se réfugia en Annam. Mais les Cambodgiens, débarrassés de leur roi, se défendirent si bien qu'ils battirent à leur tour les Siamois et donnèrent aux Annamites le temps d'intervenir. C'est ainsi que la dynastie cambodgienne fut sauvée.

Mais le roi de Cambodge mourut peu après, et l'Annam se mit immédiatement en mesure de recueillir la succession de son allié. Cela ne servait pas les intérêts des Siamois, qui soutinrent la candidature du prince Ang-Duong réfugié à Bangkok. Ce prince était le père du roi actuel. Une guerre s'ensuivit.

Ang-Duong, vassal de l'Annam et de Siam. — Cette guerre soulevée entre les royaumes de Siam et de l'Annam, à propos de la succession du Cambodge, dura environ douze ans et se termina par un traité, en vertu duquel le Cambodge reconnaissait à la fois la protection de l'Annam et celle de Siam. En même temps Ang-Duong accepta la vassalité de ses deux voisins qui, l'un et l'autre, profitèrent de l'occasion pour s'établir dans les provinces occupées par leurs troupes. Ces sortes d'annexions que rien n'autorisait, et qui, dans le principe, n'ont été sanctionnées par aucun traité, s'opérèrent avec une astuce profonde. Les Siamois surtout montrèrent une habileté dont plus d'une puissance européenne aurait le droit d'être jalouse. Ils firent administrer leurs nouvelles possessions par des mandarins indigènes, à qui ils abandonnèrent les revenus locaux et se contentèrent d'un maigre tribut, envoyé à Bangkok. Puis ils favorisèrent l'établissement, dans ces provinces, de tous les Cambodgiens qui, à diverses époques, s'étaient refugiés à Siam.

C'est de cette manière, c'est-à-dire à titre essentiellement précaire, que le royaume de Siam a mis la main sur la province de Battambang et sur plusieurs autres, qui, à tous les points de vue, sont le complément indispensable du Cambodge et dont les Siamois ne peuvent tirer aucun parti, tandis qu'elles auraient une très grande valeur si elles étaient administrées par une puissance civilisée.

Les Siamois ont également partagé le Laos indépendant du Cambodge en trois principautés, ayant chacune son autonomie. Il est inutile de dire que cette division essentiellement arbitraire n'est légitimée par rien.

Malgré les difficultés inextricables de sa position, le roi Ang-Duong chercha à opérer des réformes et fit exécuter des travaux importants. C'était un prince intelligent, actif, au courant des événements extérieurs et cherchant à en tirer parti.

Aussitôt après la guerre de Crimée, il pensa que la France, qui exerçait une si grande influence dans le monde, pourrait le sauver des ennemis qui attendaient le moment de se partager ses dépouilles, et il envoya dans le plus grand secret, à Singapour, un mandarin descendant d'une famille portugaise. Cet agent secret se mit en rapport avec le consul de France et lui apprit que le roi du Cambodge désirait se placer sous le protectorat de la France.

Mission de M. de Montigny. — Le ministre des affaires étrangères accueillit cette ouverture, et envoya en mission au Cambodge M. de Montigny avec une corvette.

Mais, au lieu de se rendre directement à Kampot, comme il lui était possible de le faire, ce diplomate eut la malencontreuse idée de se rendre d'abord à Bangkok, et celle, plus malencontreuse encore, de prévenir la cour de Siam qu'il allait signer un traité avec le roi du Cambodge.

La cour de Siam ne souleva aucune objection, mais elle fit embarquer, à bord du navire de M. de Montigny, un mandarin porteur d'une lettre du roi de Siam au roi du Cambodge. Ce mandarin s'acquitta de sa mission. Le malheureux Ang-Duong se croyant trahi (il faut avouer que les apparences lui donnaient raison) refusa de signer le traité que lui-même avait proposé, et qui était des plus avantageux pour la France. En effet, par ce traité il offrait à Napoléon III de lui céder en toute souveraineté les provinces de Basse-Cochinchine que l'empereur d'Annam détenait sans droit, et il mettait le reste de ses possessions sous le protectorat de la France. Nous avions donc, sans être obligés de faire le moindre sacrifice, un titre régulier à la possession de la

Cochinchine, et la possibilité de réclamer contre les empiètements de Siam.

Le roi Norodon. — Au mois de novembre 1859, à la mort du roi Ang-Duong, les cinq ministres chargés, suivant la coutume du pays, de désigner le nouveau roi, choisirent, sous l'œil vigilant de la reine Pre-Ang-Voes, qui jouissait depuis longtemps d'un grand crédit à la cour, un prince de vingt-quatre ans, qui prit en montant sur le trône le nom de Norodon, sous lequel il règne encore aujourd'hui.

Le roi Norodon.

Un de ses frères, nommé Votha, se révolta contre la décision des ministres, et son insurrection donna lieu à une guerre longue et sanglante, au cours de laquelle plusieurs incidents fâcheux se produisirent — entre autres des massacres de chrétiens — qui attirèrent forcément l'attention de l'amiral Bonard, gouverneur de la Cochinchine.

Celui-ci se transporta à Pnom-Penh, et se rendit facilement compte que l'agent siamois était en réalité tout-puissant dans cette capitale. Il proposa alors au roi Norodon un projet de traité qui fut accepté et envoyé en France pour sa ratification. C'est à partir du mois d'août 1863 que notre représentant à Oudong fut officiellement chargé des rapports du gouvernement au Cambodge avec la puissance protectrice.

Le protectorat de la France. — La ratification de ce traité fut longue et laborieuse, elle arriva très opportunément, au moment où la cour de Siam voulait procéder seule à la cérémonie du couronnement de Norodon qu'elle désirait célébrer à Bangkok. Il fut décidé que l'on procéderait à cette solennité à Oudong, et que Norodon recevrait la couronne des représentants de Siam et de la France, comme son père l'avait reçue de ceux de Siam et de l'Annam.

Des troubles graves s'étant produits, le roi demanda en même temps des secours à Bangkok et à Saïgon, mais l'amiral Jurien de la Gravière se chargea de lui faire comprendre qu'il n'avait désormais qu'une protection, et il prit les mesures que nécessitait la circonstance. C'est grâce à notre concours que Norodon triompha de cette insurrection, à la tête de laquelle se mit un forgeron, ancien moine, qui se faisait passer pour un prince royal, sous le nom de Pacombo.

En 1867, la France passa avec Siam un traité par lequel, afin de désintéresser le roi de ce pays de ses prétentions de suzeraineté sur le Cambodge, on lui abandonnait la souveraineté des provinces de Battambang et d'Angkor, que les Siamois détenaient sans droit.

Ce traité fut passé à Paris, à la sollicitation du consul de France à Bangkok, sans consulter le roi du Cambodge, et même sans prendre l'avis du gouverneur de la Cochinchine. Mais le monarque que l'on dépouillait ainsi, sans son assentiment, rédigea une protestation qui n'a pas été retirée et qui pourrait servir de base à de nouvelles négociations.

Peut-être le règlement ultérieur de ces questions sera-t-il d'autant plus facile que, comme nous l'avons fait remarquer plus haut, le Siam ne tire et ne peut tirer qu'un profit très minime de ces magnifiques provinces.

La mort de Pacombo. — L'année 1867 fut remarquable

par une inondation extraordinaire du Mékong, qui s'éleva à 15 mètres au-dessus de l'étiage, et par la mort de Pacombo, qui fut tué dans des circonstances mémorables.

Fatigués de la guerre, les habitants de Compong-Soai résolurent d'y mettre fin en attirant Pacombo dans un piège. Ils écrivirent à cet infortuné qu'ils allaient se soulever en sa faveur; celui-ci, enchanté d'avoir le concours d'une population guerrière, alla au rendez-vous avec 150 hommes de choix. Mais, voyant que la population ne montrait pas assez d'enthousiasme, il campa en dehors du village, sous un figuier sacré planté en face de la pagode.

Princesse cambodgienne.

Le lendemain, à la pointe du jour, les habitants du village vinrent l'attaquer et, après un combat très vif, tous ses compagnons furent tués ou pris. On lui coupa la tête et on l'envoya au roi dans un sac de sel.

En 1876, l'amiral Duperré fit proposer à Norodon un changement dans les lois du Cambodge. Cet acte servit de prétexte au frère du roi, Votha , pour recommencer la guerre. Des renforts furent envoyés de Saïgon, et grâce à ce secours, Votha fut défait. Il se réfugia dans les montagnes, mais son influence ne résista pas à cet échec.

Le traité de 1884. — En 1884, M. Thomson, gouverneur de la Cochinchine, passa avec Norodon un traité par lequel le protectorat de la France était formellement reconnu et déterminé d'une manière définitive. A cette occasion, les bonzes soulevèrent une insurrection qui fut facilement réprimée, mais au cours de laquelle plusieurs villages chrétiens furent détruits et leurs habitants massacrés. M. Guyomard, missionnaire apostolique, fut décapité par ces barbares le 31 janvier 1886. Les rebelles furent châtiés et, depuis cette époque, le pays est si complètement pacifié, qu'une garnison insignifiante est seule nécessaire aujourd'hui.

Un Cambodgien.

BANAM. — Le poste.

## CHAPITRE II

### Description géographique.

Limites du Cambodge. — Le Mékong. — Les lacs. — La marée. — Les montagnes. — Ni canaux ni routes. — Phu-Quoc. — Pnom-Penh. — La fête des eaux. — Les ruines. — Angkor-Vat. — Angkor-Thom.

LIMITES DU CAMBODGE. — Le Cambodge actuel est borné au nord par le royaume de Siam et par des territoires habités par des tribus indépendantes ; à l'est par le royaume d'Annam ; au sud par la Cochinchine et à l'ouest par le golfe de Siam et par le royaume de Siam.

Il s'étend entre le 10°30′ et le 13°30′ de latitude nord et le 101e et 104e de longitude est du méridien de Paris. Sa plus grande longueur dépasse 400 kilomètres et sa largeur est d'environ 300. Sa superficie est d'environ 120,000 kilomètres carrés, c'est-à-dire la cinquième partie de la superficie de la France.

Le Mékong. — Ce pays dont une partie est très montagneuse et dont l'autre se compose de plateaux et de terrains d'alluvions, est arrosé par le Mékong, fleuve très considérable qui prend sa source dans les montagnes du Thibet et, après avoir traversé une grande portion de la Chine, divise le Cambodge en deux. Les divers affluents du Mékong qui viennent grossir son cours pendant son passage sur le territoire du Cambodge ne valent pas la peine d'être nommés ; ce sont de petits cours d'eau, non navigables et n'ayant aucune importance.

Le Mékong est navigable dans la presque totalité de son parcours sur le sol du Cambodge, c'est-à-dire jusqu'à Stung-Treng, point situé à proximité de la frontière de Siam. Quelques travaux sommaires consistant en la destruction de certaines roches qui encombraient le cours du fleuve ont suffi pour le rendre navigable à des bateaux d'un assez fort tonnage. Si des travaux plus sérieux étaient pratiqués, le Mékong pourrait alors servir de voie de transport pour les produits de l'intérieur, et comme ce fleuve est très grand, cette amélioration aurait certainement des résultats considérables.

Les lacs. — Le territoire du Cambodge est occupé par divers lacs, dont l'un est très vaste et a plus de 1,400 kilomètres carrés, ces lacs sont très poissonneux et la pêche est l'industrie principale du pays. Non seulement les indigènes s'y livrent avec ardeur, mais les Annamites et même les Chinois viennent y participer tous les ans, à l'époque des basses eaux. Les poissons salés du Cambodge sont exportés dans tout l'Extrême-Orient, où ils jouent dans l'alimentation un rôle encore plus important que celui de la morue en Europe.

La marée. — On a remarqué que pendant les mois de mars et d'avril les eaux du fleuve sont stationnaires et que la marée se fait alors sentir jusqu'aux rapides d'un côté et de l'autre jusqu'aux extrémités du lac. Mais, dès que les pluies commencent et que le fleuve se gonfle, les marées n'ont plus d'action. Le courant, dans les bras qui vont à la mer, et celui du bras qui se rend dans le lac, s'accélèrent tous les jours. Dans le bras du lac, le courant a une direction opposée à celle qu'il a dans le restant du fleuve. Il remonte dans le nord-ouest, pour aller se perdre dans le lac. Dès que le niveau baisse, le courant se renverse et toute cette masse d'eau retourne à la mer. Lorsque la crue est dans son plein, ce qui arrive tous les ans à l'époque des pluies, le lac renferme plus de 30,000 millions de mètres cubes d'eau.

Certains travaux d'une importance relativement peu considérable permettraient d'utiliser cette quantité énorme d'eau à l'irrigation non seulement d'une partie du Cambodge, mais de toute la basse Cochinchine. De plus il serait facile de doter ce pays d'un système hydraulique, analogue à celui qui fonctionne en Égypte depuis des siècles et qui a pour base le lac Mœris. Il est inutile d'insister sur les avantages qui résulteraient de cette combinaison, car bien qu'elle soit réalisable, elle nécessiterait des efforts d'hommes et d'argent auxquels on ne peut songer pour le moment.

C'est sur le bord du grand lac que se trouvent les ruines d'Angkor, dont nous parlerons plus loin.

La marée est beaucoup moins sensible au Cambodge qu'en Cochinchine. Elle se fait sentir seulement durant les basses eaux, en mars et en avril. Elle monte alors de 60 à 70 centimètres, mais l'eau du fleuve n'est jamais saumâtre et la marée n'est autre chose que le refoulement de l'eau du Mékong. C'est seulement pendant quelques jours qu'elle se fait sentir au grand lac et aux rapides de Sambor.

Les montagnes. — M. Moura, dans son intéressant ouvrage sur le Cambodge, divise le sol de ce pays en quatre catégories :

1° Les montagnes et les collines qui, ordinairement boisées, renferment des carrières et des mines. Les hauteurs sont en général très peu peuplées, par suite de la superstition des indigènes qui les considèrent comme hantées par des esprits.

2° Les plateaux, composés d'immenses plaines couvertes de grandes herbes, où se trouvent de rares villages, dont les habitants peu nombreux cultivent du riz sec et quelques arbres fruitiers.

3° Les terrains de hauteur moyenne, couverts par l'inondation annuelle du Mékong. Ces endroits sont les plus fertiles et les plus peuplés.

4° Les terrains marécageux, couverts de forêts inexploitées et de lotus, la plante sainte du pays, que les habitants récoltent avec soin et dont ils mangent la graine.

Certaines parties du Cambodge sont très montagneuses. Il y a des montagnes dans les arrondissements de Kompong-Soaï, de Pursat, de Thepong, de Krang, de Kompong-Som et de Kampot. Les sommets les plus élevés de ces montagnes ne dépassent pas 12 à 1,500 mètres, mais elles sont en général très escarpées. Leurs flancs sont couverts de forêts, renfermant des essences de bois très variées et très précieuses; mais le manque de voies de communication s'oppose à leur exploitation et il faudra des efforts sérieux et persistants, pour améliorer cette situation.

Ni canaux ni routes. — Le Cambodge n'a pas de canaux pour relier entre eux les divers cours d'eau du pays et faciliter les communications; il n'a pas non plus de routes dignes de ce nom et celles qui ont été construites autrefois ont disparu ou sont devenues impraticables. De vigoureux efforts pour les rétablir ou pour doter le pays de la viabilité qui lui manque seront nécessaires, mais leur résultat promet d'être si avantageux que nous ne doutons pas que le gouvernement de l'Indo-Chine ne s'attache à la solution de ce problème, qui est certainement un des plus importants de tous ceux qui lui sont posés.

Il convient de ne pas oublier que, dans ce pays comme dans tous les autres, la facilité des communications est indispensable pour assurer à la fois la sécurité et la prospérité commerciales.

Au surplus, la configuration du pays est telle que la construction des routes ne sera pas très difficile ni très coûteuse. Quant à celle des canaux, la main-d'œuvre du pays, pratiquement dirigée, suffira très certainement, de sorte que la dépense pourra être considérée comme presque nulle.

Nous ne parlons pas encore des chemins de fer, mais il est évident que le développement du pays, qui sera certai-

Une voiture à buffles.

nement la conséquence de la sécurité que notre présence garantit, nécessitera leur construction dans un avenir peu éloigné. Pour le moment, des routes, des canaux et des travaux destinés à régulariser le lit de certains passages parsemés de roches dangereuses, ou encombrés par la vase et le sable, peuvent être considérés comme suffisants.

Le pays, principalement dans les plaines, est d'une fertilité remarquable, mais le manque de bras s'oppose à ce qu'il soit entièrement cultivé. Le Cambodge ne touche à la mer que du côté de l'ouest et n'a sur cette côte que le port de Kampot, situé sur la petite rivière de Stung-Prey-Sroc.

Kampot est par 10°35′ de latitude nord et par 101°55′ de longitude est. La rivière est inaccessible aux navires, qui doivent mouiller à 3 ou 4 milles au large, dans une rade peu sûre. La population de cette ville est d'environ 3,000 âmes.

L'ILE DE PHU-QUOC. — Sur la côte du Cambodge, se trouve, dans le golfe de Siam, le groupe de Phu-Quoc, composé de la haute terre de ce nom, et de quelques îlots voisins. Cette île, qui a une superficie de 60,635 hectares, n'a encore qu'un millier d'habitants. Elle est admirablement fertile et le gouvernement y a établi un pénitencier agricole où l'on cultive, avec le plus grand soin, le poivre, la vanille, la noix d'arack, le coco, etc. Cette île est couverte de forêts admirables remplies des bois les plus précieux. Sa situation géographique nous en a fait placer ici la description, bien qu'elle fasse partie de notre colonie de Cochinchine.

PNOM-PENH. — Les deux villes principales du Cambodge sont : Pnom-Penh, la capitale, et Kampot, le seul port de mer du pays.

Kampot, situé à l'embouchure d'une petite rivière, aurait besoin de certains travaux pour devenir un port utilisable pour nos navires. Ces travaux sont même nécessaires si on donne suite au projet de percement de l'isthme de Malacca, car alors Kampot serait le port de l'Indo-Chine le plus rapproché de l'Europe. En attendant, ce port ne peut être utilisé que par les jonques chinoises et par les caboteurs. Il est actuellement peu important.

Pnom-Penh doit son nom à un monticule surmonté d'une espèce de pyramide, d'une construction fort ancienne. En dépit des travaux qui y ont été exécutés et des améliorations réalisées depuis l'occupation française, la ville de Pnom-Penh a conservé l'aspect asiatique que les touristes à la recherche du pittoresque aiment tant à rencontrer dans leurs voyages. La pagode, les palais des mandarins, celui du roi, les deux digues qui enferment la ville en lui donnant la forme d'un croissant ; ses rues étroites et malpropres, où grouillent perpétuellement, au milieu des immondices et des détritus de toutes sortes, des enfants, des animaux domestiques et une foule nombreuse, affairée, lui donnent, à l'intérieur, le cachet particulier des villes chinoises. L'air qu'on y respire est imprégné à la fois des odeurs pestilentielles et des parfums asiatiques. Bref, il est impossible de concevoir un ensemble plus complètement différent de celui de nos cités européennes.

A l'arrivée, par la voie du fleuve, l'aspect de la ville est tout à fait grandiose. Elle est assise sur un bassin splendide, de plusieurs lieues de large, où aboutit le grand fleuve, le Barrac, roulant une masse considérable d'eau, encaissé et contenu par des berges taillées à pic. Ces berges s'effritent et parfois s'écroulent par morceaux mesurant des milliers de mètres cubes, qui sont entraînés par le courant, extrêmement rapide sur certains points. La vue de ce fleuve énorme est véritablement majestueuse et la ville de Pnom-Penh lui doit un incontestable air de grandeur.

La famille royale habite Pnom-Penh ; le roi dans un palais bâti d'après le style khmer, ses femmes dans un bâtiment attenant, et ses fils un peu partout.

Pnom-Penh est administrée par une commission municipale qui fonctionne sous l'autorité du protectorat et dans laquelle les Européens sont en majorité. Cette commission ne s'occupe guère que de l'entretien de la ville — surtout de la partie habitée par les Européens — ce qui n'est pas sans difficultés, car, pour faire disparaître les nombreux cloaques qui existent, il faudrait dépenser des sommes énormes que ni le protectorat ni la ville ne sont en état de fournir. La partie occupée par la population européenne, encore peu nombreuse, se compose d'une rue unique, commençant à la Mission, pour aboutir au delà des palais du roi, les longeant sur un parcours de 1,800 mètres environ ; c'est aussi le quartier habité par les commerçants chinois

L'hôtel du protectorat se trouve dans cette partie, près du palais du second roi et de la caserne des troupes françaises. C'est une coquette habitation, ayant vue sur le fleuve et entourée d'ombrages, qui n'a rien d'imposant, mais réunit toutes les conditions pour mettre le haut fonctionnaire, représentant la France, à même de recevoir dignement.

Le tribunal, les travaux publics, le Trésor, les contributions indirectes, enfin, tous les services publics, sont installés dans la rue principale, ce qui, avec le commerce chinois, lui donne de la vie et en fait un quartier très mouvementé.

Pnom-Penh n'est le siège d'aucune industrie digne d'être citée; c'est un lieu de transit, une place de commerce, où arrivent tous les produits du pays, pour y être échangés et dirigés ensuite sur Saïgon, port d'exportation.

Le voisinage du fleuve entretient une température supportable et renouvelle l'air qui, sans cela, serait envahi par les émanations pestilentielles provenant de la ville. Aussi l'état sanitaire est-il presque bon.

Au point de vue de la sécurité, cette place ne laisse rien à désirer, et la vie, la fortune des Européens y sont à l'abri de tout danger.

Pnom-Penh ne renferme aucun monument d'art et, en dehors des fêtes nationales, qui sont toujours très intéressantes, les Européens trouvent peu de sujets de distractions.

Les jeux de hasard asiatiques ne sont ni dans nos goûts ni dans nos mœurs et, s'ils peuvent amuser un instant le spectateur, ils sont impuissants à remplacer les réunions, les théâtres et les autres plaisirs dont nous avons l'habitude.

La fête des eaux. — Il fut un temps où le roi Norodon prodiguait sa personne et invitait volontiers les rares Français, fonctionnaires ou commerçants, qui habitaient Pnom-Penh, à partager ses repas et à assister aux fêtes intimes qu'il donnait dans le palais; mais, depuis plusieurs années, il s'est cloîtré chez lui et n'en sort que pour rendre les visites obligatoires au résident ainsi qu'aux principaux fonctionnaires, et pour aller à la fête des eaux.

Cette fête, qui est tout à fait originale, se rapporte à un phénomène local qui ne se produit probablement nulle part ailleurs; il mérite une mention spéciale.

Tous les ans, le fleuve, qui en arrivant à Pnom-Penh se mire dans un vaste estuaire paraissant sans issue, se

PNOM-PENH. — La rue des cocotiers.

divise naturellement en trois branches, dont deux se dirigent vers la mer, tandis que la troisième remonte vers le Grand Lac qu'elle alimente et dont elle fait monter peu à peu le niveau à la hauteur du fleuve.

Mais, quand le fleuve n'est plus entretenu par les pluies quotidiennes, son niveau baisse et, quand il devient plus bas que celui du Grand Lac, le courant du bas du fleuve, qui se dirigeait vers ce point, cesse, et c'est le lac qui alimente alors le fleuve pendant toute la saison des basses eaux. Ce renversement d'eaux a lieu au mois d'octobre et c'est à l'instant précis où il se produit que se célèbre la fête dont nous parlons.

Les dignitaires de la cour et les gens compétents ont suivi avec soin la marche du fleuve et, grâce à des indices qui ne les trompent jamais, ils ont calculé le moment précis où le courant doit changer de sens. Une corde est tendue en travers du fleuve, qui doit attendre l'ordre du roi avant de laisser le phénomène se produire.

A l'instant indiqué, le roi en grande pompe, tous les mandarins et les invités se rendent dans la jonque royale artistement pavoisée. Le peuple borde les quais et garnit les bateaux amarrés au rivage. Les pirogues, longues de 40 et 50 mètres et montées quelquefois par quatre-vingts rameurs, sont prêtes pour la course.

A un moment, le roi lève une baguette en l'air, en frappe l'eau, la corde est enlevée et le fleuve, à qui la liberté vient d'être rendue, prend son nouveau cours. On verse le champagne, comme à Paris ; la musique fait entendre ses plus beaux morceaux, le peuple hurle et applaudit, les pirogues luttent de vitesse au son du tamtam, et la nuit seule met fin à la fête, en obligeant le roi et ses invités à rentrer chez eux.

Le soir, il y a danse partout et réceptions au palais du roi. Ces réceptions sont fort curieuses et tous les Européens qui y ont assisté ont été unanimes à admirer la beauté plastique des Cambodgiennes qui sont très bien faites et dont les figures régulières ne sont pas dépourvues d'agrément. On dirait de belles statues de bronze, leurs mouvements sont gracieux, mesurés, leurs mains très petites et merveilleusement faites.

Les éléphants du roi. — Autrefois, les éléphants du roi étaient au nombre de trois cents environ et entretenus avec luxe. Il en reste à peine une trentaine aujourd'hui, qui sont cependant encore très curieux à contempler.

Ces énormes pachydermes sont dirigés par des cornacs, avec qui ils sont unis par les liens d'une étroite intimité et ils rendent encore de nombreux services, dans un pays où les moyens de locomotion sont si rares et si défectueux que, sans leur concours, il y a certaines régions qu'il serait impossible de visiter.

Les ruines. — L'une des principales curiosités du Cambodge, ce sont les ruines qui couvrent certaines parties du pays. Elles sont très nombreuses et quelques-unes sont considérables. Leur aspect indique, mieux que ne pourraient le faire les traditions historiques les plus complètes, quel

Une pirogue de course.

fut autrefois le degré de splendeur de cette contrée, car les hommes qui construisirent les monuments dont les restes sont si parfaits et encore si remarquables possédaient certainement une civilisation avancée.

Il est impossible de ne pas éprouver une profonde émotion, à la vue de ces ruines gigantesques, qui dépassent certainement en étendue celles de Karnak et de Balbec.

Malheureusement, elles sont envahies par une végétation luxuriante, qui empêche de bien voir les détails et il faut accomplir un véritable travail pour pouvoir les contempler.

Les principales de ces ruines, du moins de celles qui ont

chagrine ; leur abord est méfiant et respectueux, puis poli et affable.

Comme tous les peuples de l'Indo-Chine du Sud, de l'Inde et de la Chine, ils mâchent le bétel et se noircissent les dents avec une matière colorante.

Malgré les défauts que développe toujours chez un peuple l'autocratie d'un gouvernement, on peut dire que chez l'Annamite, la somme des bonnes qualités l'emporte sur celle des mauvaises. Leur sobriété est très grande ; les riches seuls sont souvent adonnés à l'opium.

L'hospitalité est appliquée sur une grande échelle, et la charité est tellement naturelle chez eux que le mendiant y est inconnu ailleurs qu'à Saïgon.

Un éléphant.

PNOM-PENH. — LA VILLE.

La circonscription de Mytho comprend les arrondissements de Mytho, Go-Cong, Tanan et Cholon. Elle a une superficie de 714,000 hectares, comprend 42 cantons, 574 communes, 74 marchés, et une population de 349,000 habitants.

La circonscription de Vinh-Long comprend les arrondissements de Vinh-Long, Bentré, Tra-Vinh et Sadec; sa superficie est de 680,000 hectares; elle renferme 56 cantons, 587 communes, 48 marchés et une population de 434,000 habitants.

La circonscription du Bassac comprend les arrondissements de Chaudoc, Hatien, Long-Xuyen, Rach-Gia, Cantho, Soc-Trang et Baclieu. La superficie est de 1,960,000 hectares, comprenant 68 cantons, 530 villages et 27 marchés avec une population de 358,000 habitants.

Saïgon se trouvant dans l'intérieur de la Cochinchine, dont la superficie n'est pas très considérable et le pays étant traversé par de grands fleuves facilement accessibles aux bateaux à vapeur du commerce et aux canonnières de la marine, la défense du pays n'offre aucune difficulté.

Depuis l'union indo-chinoise, à la tête de l'administration de la colonie se trouve placé un chef du service local qui s'est alternativement appelé directeur du service local ou lieutenant gouverneur. Il y a un conseil colonial, composé de six membres nommés au suffrage universel de tous les colons français, et de six membres indigènes. Les électeurs français nomment un membre de la Chambre des députés.

Dans chaque arrondissement est un administrateur assisté par un conseil nommé par les notables indigènes, et présidé par lui.

Le secrétariat général de l'Administration de la Cochinchine est divisé en cinq bureaux qui se partagent les attributions de nos différents ministères, sauf celles qui ont trait à la défense du pays. Il y a, en plus, un bureau des interstyle, un lointain massif de verdure dont le pied baigne dans une eau azurée et d'où émergent des bouquets de palmiers, dominés par les sommets des tours, qui s'étagent en pyramides : c'est le temple.

L'ouverture consiste en un massif quadrangulaire à trois gradins contournés chacun d'une galerie. La base de la pyramide mesure $240^m,80$ de l'est à l'ouest et $211^m,70$ du nord au sud.

Les trois gradins qui servaient de soubassement aux galeries ont, le premier 3,96 de hauteur, le second 6,35 et le troisième 13,10. Ce dernier s'élève presque à pic. On le gravit par 12 escaliers que gardaient 96 lions.

Aux angles s'élèvent des tours croissantes ; au centre une énorme tour forme le point culminant.

Il faudrait un volume entier pour donner une idée simplement approximative de toutes les richesses artistiques entassées dans ce sanctuaire et dont les restes sont encore assez visibles pour faire comprendre quel pouvait être le degré de luxe et de splendeur de ce monument, qui n'a jamais été surpassé dans aucun pays ni à aucune époque.

Les sujets des statues et des bas-reliefs sont en général le triomphe de Rama, terrassant Prakshasas ; ces figures sont presque toutes un peu plus petites que nature, d'un très beau mouvement et d'une exécution très réussie et très finie.

Il est impossible de ne pas admirer les belles proportions de cet édifice, l'habileté avec laquelle l'architecte avait su varier ses effets, contraindre le spectateur à envisager son œuvre sous des aspects imprévus, lui procurer à chaque porte, pour ainsi dire, une impression nouvelle. Les longues processions d'apsaras sur les murailles, les riches dentelures des frontons et des tours, le fouillis de rinceaux répandus à profusion semblent caractériser à merveille un art qui, s'inspirant des célestes palais d'Indra, s'était en même temps efforcé de dépasser en richesse l'admirable végétation qu'il domine de toute la hauteur de ses tours, par un frappant contraste.

Angkor-Thom. — Avec ses allées de géants soutenant des nagas énormes, ses lourdes portes flanquées d'éléphants, ornées de la quadruple face de Brahma au milieu de cent personnages; avec ses terrasses fantastiques, soutenues par des rangées d'éléphants arcboutés, de lions, de garoudas superbement dressés; avec son grand temple, plus étrange encore, aux 50 tours groupées en pyramide, et formant 50 têtes quadruples, coiffées de tiares à étages, Angkor-Thom est assurément la création la plus fantastique qui soit sortie d'un cerveau humain.

Mais, pour la comprendre, il ne faut pas, comme le font la plupart des voyageurs, se contenter de jeter un rapide coup d'œil sur ces ruines presque enfoncées sous la végétation, sur ces pierres disjointes où l'harmonie des formes est dérangée, où les figures grimacent, et où l'on n'aperçoit que des restes incompréhensibles : il faut examiner avec attention, reconstituer l'ensemble par la pensée; et si l'on veut exécuter un moulage qui ait un sens, il faut auparavant essayer de reconstruire la pièce que l'on désire avec ses débris écroulés, et la compléter, en prenant où on les peut trouver des fragments analogues à ceux qui font défaut.

C'est certainement à cet état de destruction des monuments qu'il faut attribuer ce fait que l'on ait attendu si longtemps pour apprécier à sa valeur cet art khmer, qu'on n'a pas su voir, et dont les spécimens qui figurent déjà dans nos musées surprennent les rares visiteurs d'Angkor-Thôm presque à l'égal du gros public.

Il n'est pas inutile d'entrer ici dans quelques détails techniques de la construction de ces monuments.

Les fondations reposent sur un lit de sable ou de béton composé avec des débris de briques et de grès concassé.

Quant aux murs d'enceinte, le faîtage est seul en grès; les massifs intérieurs sont en pierre ferrugineuse, poreuse et dure, appelée en Cochinchine pierre de Bien-Hoâ.

Toutes les assises extérieures sont en grès, posées à joints vifs; les joints verticaux, les lits de pose et de ciel dressés par le frottement avec une précision absolue.

Les traces de trous que l'on voit sur les parties cachées rappellent le procédé qui était employé pour manœuvrer les blocs. Toutes les pierres posées en encorbellement étaient armées de crampons de fer scellés avec un métal fusible, sur le lit supérieur. Tous les piliers, pilastres, colonnes, chambranles sont monolithes, et les assemblages des

Un bonze.

chambranles des portes, des baies, sont coupés d'onglets et emboîtés comme de la charpente à tenon et à mortaise.

Les voûtes des galeries formant toiture sont toutes faites d'assises horizontales posées en encorbellement : dans la longueur, les joints verticaux sont à recouvrements symétriques par rapport au milieu ; on plaçait en dernier lieu la pièce médiane, formant clef, pour serrer le tout. Les constructeurs khmers faisaient ainsi pour leurs assises horizontales ce que nous faisons pour nos voûtes. L'avant-dernière assise, qui achève et ferme la voûte, présente au milieu un joint vertical, et la dernière forme la dalle de recouvrement qui elle-même reçoit le faîtage posé à tenons et que couronnait une crête formée d'une suite de petits cylindres terminés en pointe et régulièrement moulurés.

Dans cette période avancée de l'art du Cambodge, les ravalements étaient faits de la même manière que chez nous, aussi bien pour les moulures unies que pour celles destinées à recevoir de la sculpture. Les colonnettes et balustres surchargés de moulures d'une finesse rares ont été tournés.

Enfin, on a enrichi de sculptures toutes les surfaces apparentes : soubassements étagés, moulures, murailles, toits, escaliers, dont le dessus des marches même, ainsi que le seuil des portes, était orné d'une fine gravure imitant un tapis brodé.

Une Cambodgienne.

Les éléphants du roi.

## CHAPITRE III

### Administration.

Avant l'occupation française. — Population. — Les classes de la société cambodgienne. — Le mariage. — Caractère du Cambodgien. — Nouvelle administration du Cambodge. — Le code cambodgien. — Les impôts. — La religion. — Habitation. — La langue.

AVANT L'OCCUPATION FRANÇAISE. — Avant notre arrivée au Cambodge, l'administration de ce pays, ainsi que celle de toutes les parties de l'Indo-Chine, était entre les mains des mandarins, qui obéissaient au roi et à ses ministres. Leur pouvoir était absolu et n'était tempéré que par une réglementation surannée, couvrant tous les abus et ayant pour but de les autoriser, en leur donnant une apparence de régularité quasi légale, bien plus que de les entraver.

Les bonzes seuls étaient à l'abri du pouvoir royal, et ils avaient une certaine autorité, dont ils ne manquaient pas d'abuser; de sorte que les populations étaient pressurées de deux côtés différents.

En outre, une foule de dignitaires et de princes issus de la famille royale, qui, grâce à la polygamie, avait atteint des proportions vraiment incroyables, étaient soustraits à la loi commune; toutes les charges retombaient sur les mêmes individus, taillables et corvéables à discrétion.

Chacun des dignitaires, appartenant de près ou de loin à la famille royale, avait sa petite cour de favoris; ainsi les malheureux qui n'avaient pas la bonne fortune de posséder un puissant protecteur étaient réduits à la situation la plus précaire et la plus misérable.

Population. — Un recensement complet et sérieux de la population du Cambodge n'a pas encore été possible; cependant, d'après tous les renseignements recueillis, il est permis d'évaluer le nombre des habitants du pays à 1,500 ou 1,800,000 âmes, c'est-à-dire à environ 10 habitants par kilomètre carré.

Un pays aussi fertile et arrosé par des cours d'eau nombreux et importants, pourrait certainement être beaucoup plus peuplé. Il a dû l'être autrefois, mais les guerres interminables dont il a été le théâtre et la misère effroyable qui en a été la conséquence ont fait disparaître des populations entières et transformé le pays en de véritables déserts, refuge des bêtes féroces dont elles abondent.

La plus grande partie des habitants du Cambodge appartiennent à la race autochtone, représentée par diverses peuplades, connues sous le nom de Khmers, Samré et Koui. Viennent ensuite les Malais ou Chams, au nombre d'environ 30,000, puis les Chinois au nombre de 100,000 au moins, et les Annamites, encore plus nombreux et dont le nombre s'accroît tous les jours, par suite d'une émigration constante, conséquence des relations commerciales établies entre les deux pays et surtout de l'industrie de la pêche pratiquée avec succès par les Annamites.

Enfin, il y a un nombre relativement considérable de métis, dont quelques-uns sont riches et considérés, mais qui, tout en formant une espèce de caste à part, ne jouissent d'aucune prérogative spéciale.

Les Français sont encore très peu nombreux; cependant depuis quelque temps leur nombre s'est accru et ils ont fondé au Cambodge des maisons de commerce et des établissements, dont quelques-uns promettent de prendre une grande importance.

Le vêtement national du Cambodgien est le *langouti*, pièce d'étoffe dont les bouts sont réunis par devant, passés entre les cuisses et engagés derrière la ceinture, qui se compose d'une pièce de soie. Cette ceinture ne se porte pas

Voiture de course.

toujours autour du corps; on la met quelquefois en bandoulière.

Au Cambodge, il n'y a que le roi qui ait le droit d'être chaussé; cette règle tend à tomber en désuétude.

Les classes de la société cambodgienne. — La religion boudhique étant essentiellement égalitaire, les castes sont légalement abolies au Cambodge; mais cependant le brahmanisme y a laissé ses traces, et la société est divisée en classes parfaitement distinctes les unes des autres.

Ces classes sont au nombre de cinq :

1° *La famille royale*, qui est si nombreuse qu'elle forme, à elle seule, une partie de la population, dont il est impossible de ne pas tenir compte. En effet, le roi Norodon, actuellement régnant, est père de 50 ou 60 enfants, et ses frères en ont à peu près autant que lui. Tous les parents ou alliés de ces princes et de leurs femmes font partie de la famille royale et ont droit, en cette qualité, à certaines prérogatives, entre autres à une exemption à peu près complète d'impôts.

2° *Les Tra-Vongs*, descendants des anciens rois du pays, qui sont, eux aussi, très nombreux. Ils ont des chefs spéciaux et jouissent d'une grande considération. C'est la haute noblesse du pays.

3° *Les Bakers*, descendants des anciens Brahmes. Ces personnages sont vénérés par le peuple. Autrefois, en vertu d'un ancien usage, le roi devait abdiquer, pendant trois jours, entre les mains du chef des Bakers qui exerçait le pouvoir royal à sa place; le roi actuel a aboli cet usage, qui était l'occasion de graves abus.

4° *Les prêtres de Bouddha*, qui sont très vénérés, mais qui peuvent d'un moment à l'autre rentrer dans les rangs des simples mortels, en quittant leurs fonctions sacerdotales.

5° *Les Cambodgiens libres*, c'est-à-dire la véritable population, qui travaille, paye les impôts, et constitue la bourgeoisie du pays. C'est dans cette classe que sont choisis les fonctionnaires et les mandarins qui, au Cambodge, ne passent pas d'examens.

Le mariage. — La loi autorise la polygamie, et les hommes peuvent avoir jusqu'à trois femmes, mais les Cambodgiens usent très peu de cette permission.

Généralement les veuves se font bonzesses, et elles ne peuvent se remarier qu'après trois ans de veuvage. C'est à l'âge de seize ans que les hommes et les femmes se marient d'ordinaire.

Les mariages se célèbrent avec une certaine solennité et, ainsi que chez la plupart des peuples orientaux, ils nécessitent l'emploi d'une foule d'intermédiaires, de démarches dont quelques-unes sont publiques, tandis que certaines autres doivent demeurer secrètes. Le père d'une jeune fille ne donne jamais son consentement avant d'avoir consulté les devins.

Ce n'est que dans le cas où l'avis de ces personnages est favorable que se fait l'échange des cadeaux.

En principe le divorce existe, mais il est peu en usage.

Les femmes jouissent d'une certaine considération ; dans les ménages polygames, elles s'entendent en général très bien.

Les enfants sont aimés de leurs parents, mais leur éducation est livrée à peu près au hasard. Jusqu'à quinze ans environ, ils sont très intelligents, mais, à partir de cet âge, ils s'alourdissent, deviennent épais et ne sont plus guère susceptibles du moindre travail intellectuel. Ils sont atteints d'une indolence incurable et deviennent maladroits, paresseux, à tel point que les Européens ont dû renoncer à les utiliser pour les besognes demandant une certaine intelligence et un peu d'activité.

Caractère du Cambodgien. — En général les gens du peuple sont honnêtes et peu portés au vol. Mais les mandarins ont l'habitude de la prévarication et s'y livrent sans la moindre pudeur.

Bien que la justice ne fonctionne qu'incomplètement dans le pays, les attentats contre les personnes sont très rares et les meurtres presque inconnus.

Les Khmers sont très hospitaliers et prennent plaisir à rendre service aux voyageurs. L'un des principaux caractères de ce peuple est l'irrésolution ; ils le poussent à un point extrême et rien n'est plus difficile que de leur faire prendre une résolution prompte, même dans les cas les plus urgents. Leur fatalisme les pousse à laisser les choses suivre leur cours. Il y a aussi très souvent un peu de calcul de leur part dans cette inertie, qui leur permet de se livrer à leur goût pour l'intrigue et d'user de toutes leurs ruses, avant de conclure une affaire.

Les enfants respectent beaucoup leurs parents et leur obéissent avec la plus grande docilité.

Les Khmers sont très pudiques et, même dans les anciennes sculptures du pays, on ne trouve pas de personnage à l'état de nudité. Ils sont d'une politesse excessive dans leurs relations et ils observent tous, avec la plus grande ponctualité, les règles d'une étiquette souvent fort compliquée.

Ils sont très sobres et ne boivent des liqueurs fortes que depuis notre arrivée dans le pays. Ils boivent du vin et des liqueurs de France avec un certain plaisir, mais ils ne sont pas portés à en abuser.

En résumé, le peuple cambodgien est doux, paisible, de mœurs simples et d'un caractère docile. L'éducation seule lui manque pour développer ses qualités et pour se corriger de ses défauts.

L'usage de brûler les morts est général et les gens qui, par économie ou par négligence, ne brûleraient pas un mort de leur famille, seraient absolument déshonorés.

Nouvelle administration. — Les diverses conventions passées entre le roi Norodon et le gouvernement français ont eu pour résultat de simplifier et de modifier complètement l'administration du pays, nous avons tout lieu de nous applaudir du résultat obtenu. Bien que notre administration laisse encore à désirer, qu'elle soit loin d'être parfaite, elle constitue cependant un progrès si incontestable, si considérable que le pays s'est réveillé de sa torpeur et que tout permet d'espérer, si nous continuons dans cette voie, qu'une véritable prospérité sera la conséquence de nos efforts.

La convention de 1884 a régularisé le pouvoir royal; désormais le roi devra se contenter d'attributions analogues à celles d'un monarque européen dans un pays constitutionnel.

Au lieu d'un nombre énorme de petites provinces sans importance et sans vitalité propre, on a divisé le pays en 8 provinces, subdivisées elles-mêmes en 32 arrondissements.

A la tête de chacune de ces provinces est placé un résident français, chargé de la direction politique et administrative, et de la surveillance des autorités cambodgiennes.

Il préside le tribunal provincial, qui juge en dernier ressort les affaires de peu d'importance et qui, pour les autres, joue le rôle d'un tribunal de première instance.

Le code cambodgien. — Le code cambodgien comportait une série de supplices barbares qui peu à peu disparaissent et disparaîtront entièrement au fur et à mesure que, par

Salle des fêtes du palais du roi.

notre contact, les idées humanitaires pénétreront de plus en plus dans le pays.

Les dépositions des témoins font l'objet de règles spéciales qui excluent les témoignages des enfants, des vieillards, des mendiants et des gens sans aveu. Une disposition spéciale repousse le témoignage des bonzes qui, même dans l'intérêt de la justice, ne sauraient causer un préjudice à leur prochain sans faire tache à la vie religieuse ; toutefois ce témoignage est admis s'il doit innocenter un accusé.

Les juges convaincus d'avoir infligé à tort une peine sont condamnés au double de cette peine.

Dans un grand nombre de cas, les peines corporelles sont rachetées par des amendes.

VILLES PRINCIPALES. — Nous avons parlé plus haut de Kampot et de Pnom-Penh. Ce sont à peu près les deux seules villes du Cambodge dignes de ce nom qu'on ne saurait vraiment donner aux autres agglomérations d'habitants.

Les chefs-lieux des provinces sont des bourgades de peu d'importance, de véritables villages, auxquels notre action administrative ne tardera pas à donner une vie qui leur manque presque complètement aujourd'hui.

Quelques-unes de ces provinces sont destinées, par leur situation et par la richesse de leur sol, à acquérir rapidement une véritable prospérité ; mais d'autres sont très peu peuplées et absolument misérables. Il nous faudra du temps et de persistants efforts pour les galvaniser ; mais nous devons ajouter que partout des symptômes favorables se produisent. Le pays semble se réveiller et les Cambodgiens, comprenant que notre présence sur leur sol est le meilleur gage de leur sécurité, se montrent très disposés à suivre notre impulsion. La guerre civile, qui désolait ce royaume depuis des siècles, a fait place à une tranquillité qu'il ne connaissait plus. Les rebelles découragés sont hors d'état d'entreprendre aucune hostilité contre nous, et le pouvoir royal, que nous protégeons et dont nous nous servons, pour le bien du pays, n'est plus contesté. Nous examinerons plus loin quels sont les résultats obtenus jusqu'à ce jour. Ils sont de nature à nous encourager et à nous faire persévérer dans la politique paternelle, modérée et ferme que nous avons adoptée.

LES IMPÔTS. — Les principaux impôts sont : la corvée, évaluée à 20 ligatures par an ; l'impôt foncier, fixé à un dixième de la production du pays ; la location des terrains domaniaux ; les droits de douanes prélevés sur le coton, le tabac, l'indigo, le mûrier et les légumes de toutes espèces.

Le bétel est imposé à 30 sapèques (0 fr. 04) par pied, plus un dixième de la quantité qui est livrée au commerce; le poivre à peu près 2 piculs et demi par 1,000 pieds : cet impôt peut se payer en nature; le sucre de palmier 1 franc environ par personne se livrant à cette fabrication. L'impôt sur les forêts est fixé au dixième des arbres abattus. Le droit d'abatage des arbres est fixé au dixième de leur valeur.

Exécutée par des fonctionnaires payés d'une manière insuffisante, la perception des impôts est l'occasion de nombreux abus. Des efforts sérieux ont été tentés pour remédier à cet état de choses, mais il y a encore beaucoup à faire à ce point de vue.

L'Esclavage. — L'esclavage existait au Cambodge avant notre arrivée, mais il a été légalement aboli par la convention du 17 juin 1884. Cependant on assure que beaucoup d'esclaves continuent à travailler pour leurs maîtres et que l'abolition n'a été qu'apparente. Il est probable que peu à peu cette institution barbare disparaîtra complètement; ce n'est qu'une simple question de temps et de persévérance de la part de nos résidents.

L'esclavage était presque toujours la conséquence de dettes ou de condamnations judiciaires, dont le condamné n'avait pu se libérer pécuniairement et, sauf quelques cas particuliers, pouvait presque toujours se racheter.

Il y avait autrefois et il y a encore aujourd'hui des serviteurs volontaires qui, pour s'assurer la protection d'un homme riche ou puissant, s'enrôlent de leur plein gré sous ses ordres, mais ils ne sont pas esclaves, et il leur est loisible de reprendre leur liberté.

Si l'esclavage n'est pas encore totalement aboli en fait au Cambodge, cela tient à ce qu'il est tellement dans les mœurs et dans les lois du pays, que pour l'abolir il faudra procéder à une transformation complète des codes et des coutumes, ce que nous n'avons eu ni le temps ni le pouvoir de faire jusqu'à ce jour.

La religion. — La science astronomique. — Il serait bien difficile, pour ne pas dire impossible, de donner une idée complète de la religion des Cambodgiens. Ils sont bouddhistes, cela est vrai, mais, chez eux, la doctrine de Sakiamouni a subi des transformations et des altérations nombreuses, parmi lesquelles figurent une foule de croyances grossières, empruntées aux brahmes. Le bouddhisme est cependant réputé la religion officielle du pays.

Les Cambodgiens n'adorent pas un dieu unique, créateur de toutes choses ; cette conception n'entre pas dans leur esprit. Le Bouddha, à leurs yeux, n'est même pas un dieu, ni même un être parfait, c'est tout simplement un être supérieur, qu'ils vénèrent par habitude, et à qui ils attribuent certains pouvoirs et certaines prérogatives.

La fin du monde, la transmigration des âmes, et d'autres croyances, ne sont chez eux qu'un ramassis de fables plus anormales les unes que les autres, et variant à l'infini, de sorte qu'il est impossible de déduire des explications des bonzes un corps de doctrine régulier, accepté par un certain nombre d'entre eux. Il y a autant de religions que de pagodes et même que de bonzes. Toutes les croyances cependant sont inspirées par les traditions brahmaniques et bouddhiques mêlées et corrompues par l'imagination des générations qui se les sont transmises.

Cependant, les Cambodgiens croient généralement que le monde sera détruit un nombre plus ou moins considérable de fois, soit par le feu, soit par le vent ou par l'eau et reconstitué par les mêmes éléments.

La métempsychose est admise en principe, mais avec une multitude de variations.

D'après les plus répandues, l'âme des gens vertueux ou sages passe dans une sphère céleste, celle des coupables dans le corps de différents animaux, suivant leur degré de culpabilité, et celle des véritables criminels dans les végé-

ANG-KOR. — A L'INTÉRIEUR DE LA PAGODE.

taux. Après différentes transmigrations, si cette âme est reconnue incorrigible elle descend dans les régions infernales, d'où elle ne sort plus.

Les paradis et les enfers varient à l'infini, suivant la condition et les mérites des âmes qui y sont admises. La création et la fin du monde sont les sujets de légendes aussi nombreuses qu'interminables, dont l'intérêt est absolument nul.

De même le commencement des sociétés et l'origine des grands est diversement expliquée, mais toujours de manière à assurer aux rois et aux principaux chefs une origine divine destinée à rehausser leur prestige.

Les Cambodgiens aiment beaucoup les fêtes, et les bonzes, qui trouvent dans les cérémonies dont elles sont l'occasion les principales causes de leurs bénéfices, agissent de manière à contenter leurs ouailles, car ils les multiplient de leur mieux. Cependant, quelques-unes, consacrées par la tradition, sont obligatoires, entre autres les fêtes du jour de l'an, qui donnent lieu à des cérémonies destinées à s'assurer la bienveillance des dieux pendant l'année qui commence.

A cette occasion, les Cambodgiens se font réciproquement des cadeaux, ainsi que cela se fait chez nous, mais ils ne doivent surtout pas oublier d'en faire aux bonzes.

Le palais du roi est le théâtre de réjouissances de toutes sortes, entre autres de combats de gladiateurs, cause souvent d'accidents graves pour les combattants. Mais cette partie du programme est de tradition et elle est fort goûtée des assistants, qui sont choisis parmi les princes et les grands personnages du royaume.

De même que chez nous, il y a au Cambodge quatre dimanches par mois, mais ces jours de fête sont déterminés par les phases de la lune. Ceux de la nouvelle et de la pleine lune sont célébrés avec plus de pompe que les autres. L'eau bénite joue un grand rôle dans toutes les cérémonies du culte, et la marque de dévotion la plus distinguée est de faire de riches cadeaux aux bonzes, qui, la plupart du temps, n'ont même pas besoin de se montrer reconnaissants, car la suprême distinction exige que le donataire cache rigoureusement son nom.

Aussi, pour atteindre ce but, il n'est pas de ruse que les dévots n'emploient ; comme les bonzes ne cherchent pas à pénétrer le mystère, le secret est assez facilement obtenu et tout le monde est content.

Une religion aussi compliquée, pratiquée par un peuple aussi ignorant, ne pouvait manquer de favoriser la superstition ; aussi, le nombre des divinités de second ordre, adorées par les Cambodgiens, est-il absolument incroyable. Non seulement ils adorent leurs anciennes divinités brahmaniques, mais aussi les anciennes divinités du pays. Ils vénèrent, en outre, une foule de petits dieux locaux, de génies, de démons, et ils croient aux revenants et aux sorciers.

L'esprit de ces peuples est tellement rétréci par ces croyances, qu'ils sont incapables de comprendre une philosophie plus relevée et que les chrétiens eux-mêmes, car il y en a un certain nombre dans le pays, ajoutent tout simplement le Dieu chrétien et tous les saints du paradis à la liste de leurs divinités. Il est incontestable que le christianisme constitue un véritable progrès pour ces peuples arriérés ; mais il faudra peut-être des siècles pour débarrasser les chrétiens eux-mêmes de cet amas de superstitions et pour en faire de simples fervents, comme ceux de nos provinces les plus attachées à leurs croyances.

L'œuvre des missionnaires dans ces contrées peut donc être considérée comme une œuvre civilisatrice. Elle commence en réalité l'émancipation de ces peuplades qui, il faut l'espérer, échapperont ainsi, tôt ou tard, à un état moral dont l'infériorité est effrayante.

Aussi, les prêtres catholiques sont-ils, au Cambodge, de véritables auxiliaires de la civilisation, dont les efforts doivent être encouragés prudemment pour ne pas froisser les bonzes, mais néanmoins avec énergie et, surtout, avec persistance. Toutefois, de quelque manière qu'on s'y prenne, il faudra probablement des siècles avant que les habitants du Cambodge deviennent des hommes véritables, capables de raisonner par eux-mêmes et de se soustraire à l'influence religieuse.

En attendant cette émancipation morale, les Cambodgiens sont le jouet et la proie des imposteurs de toute nature qui les exploitent. En première ligne figurent les sorciers qui, au Cambodge, comme partout, se font payer très cher leurs exorcismes et vivent grassement aux dépens de leurs dupes pendant tout le temps que durent leurs simagrées.

En temps d'épidémie, la crédulité publique redouble et les manœuvres des sorciers prennent des proportions souvent extraordinaires; aussi, quand l'épidémie cesse, tout le monde est-il convaincu que c'est à leur intervention qu'est dû ce résultat favorable et leur influence s'accroît d'autant plus.

Le nombre des sorciers est, du reste, très considérable, car il suffit souvent d'une circonstance insignifiante pour faire attribuer à un individu une puissance surnaturelle. Les Européens qui habitent dans le pays passent en général pour des sorciers; les Cambodgiens leur voient faire une foule de choses qu'ils ne peuvent comprendre et cela suffit pour que leur pouvoir soit admis d'une manière incontestable. Certains Cambodgiens qui les fréquentent sont, par ce seul fait, réputés sorciers eux aussi, ou tout au moins acquièrent une grande influence sur leurs concitoyens.

On cite l'exemple d'un habitant d'une des principales villes du pays qui avait acheté d'un Européen un appareil pour fabriquer de la glace artificielle et qui de retour chez lui, lorsqu'il voulut tirer parti de son instrument, se vit tout à coup l'objet de la vénération publique, parce qu'il partageait avec la divinité le pouvoir de changer l'eau en glace. Au lieu de gagner sa vie en pratiquant son industrie, il fit une grosse fortune en exploitant la crédulité publique.

. Les habitudes des Cambodgiens diffèrent peu de celles des habitants des autres parties de l'Indo-Chine; cependant ils considèrent comme une grave insulte l'acte de leur trancher la tête. Les autres Indo-Chinois ne partagent pas ce préjugé, qui est commun aux Cambodgiens et aux musulmans.

Une bonzesse.

Les revenants sont une des plaies du pays, par suite du mal qu'on se donne pour s'en débarrasser; tout est mis en œuvre pour les forcer à fuir. La nuit, dans certains moments, il se fait un tel bruit dans les maisons habitées par les Cambodgiens, qu'il est souvent impossible de dormir. Non contents de faire du bruit eux-mêmes, ils inventent des machines qui ne les secondent que trop bien et qui rendent le vacarme, non seulement très violent, mais perpétuel.

Au nombre des instruments qu'ils emploient pour effrayer les revenants et les mauvais esprits, nous citerons des cerfs-volants armés de sifflets, dont le bruit incessant devient très désagréable quand ils sont nombreux, ce qui arrive toutes les fois qu'il fait du vent. Nous mentionnerons aussi de petites clochettes qu'ils suspendent à l'extrémité de bambous longs et flexibles, et qui font aussi beaucoup de bruit lorsque le vent est assez violent pour les agiter.

Les Cambodgiens peuvent donc rester tranquilles lorsqu'il fait du vent, car les esprits malfaisants et les revenants sont tenus en respect; mais ils se croient exposés lorsque le vent cesse, parce que le vacarme cesse avec lui. Pour ne pas être la proie de leurs ennemis imaginaires, ils ont l'habitude de battre du tambour. Aussi, la nuit, dans une agglomération cambodgienne, est-elle un véritable supplice pour les Européens, qui sont presque absolument privés de sommeil. Le seul parti à prendre c'est de vivre la nuit et de dormir toute la journée. C'est du reste ce que font les Cambodgiens, et les Européens qui peuvent les imiter s'en trouvent en général fort bien.

Un usage fort répandu dans le pays est celui des talismans, qui sont aussi nombreux que variés. Il n'est pour ainsi dire pas de bon Cambodgien qui n'en ait un ou plusieurs. Les dents de chiens et de caïmans préservent des revenants et les défenses avortées des éléphants ainsi que les défenses de sangliers ont le pouvoir de rendre leurs possesseurs invulnérables aux balles.

L'une des cérémonies les plus importantes est celle de la tonte du toupet qui orne la tête des petits enfants. C'est à l'âge de douze ans que les jeunes gens y sont soumis. Elle est l'occasion de fêtes publiques, quand il s'agit d'un jeune prince et elle a lieu avec un apparat des plus compliqués; on suppose que cette cérémonie, fort ancienne, est l'un des vestiges de la religion des Brahmes.

Dans le pays, les prêtres ou bonzes sont très vénérés; ils jouissent d'une véritable puissance. Leur organisation est à peu près analogue à celle du clergé catholique. Il y a également des couvents, habités par des moines soumis à une discipline : ces couvents sont dirigés par un supérieur dont les pouvoirs et les attributions ressemblent tout à fait à ceux des supérieurs de nos couvents de Chartreux et de Trappistes. Les religieux de ces couvents sont soumis à un régime assez sévère, presque exclusivement végétal. Ils pratiquent la confession, et à une foule de détails de leurs cérémonies, il est impossible de méconnaître la similitude qui existe entre le bouddhisme et la religion chrétienne.

Le roi, qui professe la plus grande vénération pour le clergé, ne réclame de lui aucun impôt et le comble de présents, de faveurs, en reconnaissance desquels les prêtres et les moines font perpétuellement son éloge.

Où la ressemblance entre les deux cultes est absolument manifeste, c'est lorsque les officiants psalmodient un chant religieux et bénissent les assistants. Il est impossible d'assister à ces cérémonies sans en être frappé. Les bonzes font un usage très fréquent de l'eau bénite; ils l'emploient comme les catholiques, elle leur sert à des exorcismes.

Un bonze.

Ce peuple superstitieux ne pouvait négliger l'astrologie ; elle est en effet pratiquée par des astrologues qui sont les descendants dégénérés des *Horas*, anciens astronomes qui étaient chargés de rédiger les calendriers, de déterminer l'époque exacte des éclipses et de tous les autres phénomènes célestes. Les anciens astronomes ont laissé des ouvrages fort curieux : le *Macha-Sangeram* et le *Phyéa-Ka*. Le premier est un traité d'astronomie et le second un manuel d'astrologie, comprenant une partie destinée à l'astrologie judiciaire.

Les matières de ces deux volumes se composent presque exclusivement de formules et de tableaux, dont les *Horas* d'aujourd'hui savent encore se servir. Il leur suffit d'introduire les inconnues et de faire certains calculs arithmétiques fort simples, pour résoudre un grand nombre de problèmes astronomiques. Mais ils ignorent absolument les raisonnements et les calculs qui ont servi à établir ces tableaux.

Il serait très curieux d'étudier ces documents et nous pensons que leur examen scientifique, accompli par quelques-uns de nos savants, pourrait amener des remarques intéressantes sur le degré de science auquel étaient parvenus les anciens Khmers.

La langue. — Le parler cambodgien est une langue monosyllabique; l'alphabet est syllabique; il se compose de vingt-quatre caractères, comprenant des consonnes, des voyelles et des diphtongues; puis de trente-cinq consonnes et d'une série de voyelles dont deux seulement, *a* et *o*, sont simples. La structure grammaticale est très simple; il n'y a jamais d'inversion dans la phrase qui commence invariablement par le substantif ou le pronom, puis vient l'adjectif et ensuite le verbe et l'attribut.

Cette langue est riche en mots usuels, mais on constate son excessive pauvreté si l'on veut sortir de la conversation ordinaire. Le même mot a souvent plusieurs significations.

Les mots sont écrits les uns à la suite des autres, sans séparation même pour les phrases qui sont confondues les unes avec les autres.

On assure qu'il suffit d'un mois ou deux d'étude pour écrire convenablement le cambodgien. Les Cambodgiens écrivent sur un papier grossier, ou bien sur des feuilles de latanier, ainsi que le font les Indiens.

Le fond de la littérature se compose d'ouvrages philosophiques et religieux, écrits en langue pali qui, dit-on, viennent de l'Inde. La poésie jouit d'une grande estime et il y a encore des poètes renommés.

Il circule dans le pays une foule de chansons, pièces de théâtre, romans, légendes, toutes plus ou moins empreintes des fables religieuses des Khmers, où les géants et les dieux tiennent une place importante. Ces compositions sont généralement très dramatiques et ont presque toujours trait à des disparitions ou des substitutions d'enfants.

L'instruction publique est nulle; ce n'est que dans les bonzeries que les enfants peuvent apprendre à lire et à écrire. L'enseignement est fait sans ordre ni méthode et ne donne que des résultats presque insignifiants. Nous avons beaucoup à faire de ce côté, et nous aurons besoin d'une grande énergie, pour arracher les Khmers à leur ignorance séculaire. Les missionnaires ont fait quelque chose, mais le gouvernement n'a pas encore fait tout ce qu'il aurait pu. C'est une question des plus importantes pour nous, car c'est seulement par l'instruction que nous pouvons relever ce peuple. L'instruction des femmes est absolument nulle ; c'est

Cambodgien de garde.

à peine si les princesses de la cour savent écrire quelques mots.

Habitations. — Nourriture. — Les habitations cambodgiennes sont des paillottes bâties sur les berges du fleuve qui forment bourrelet. Ces cases bâties sur pilotis ont un ameublement peu compliqué : le plancher en clayonnage est élevé à mesure que l'inondation monte. Il arrive quelquefois que les Cambodgiens sont obligés de se réfugier avec leurs porcs et leurs poules, qui habitent pêle-mêle la paillotte, sur le toit de leur misérable demeure.

Comme l'Annamite, le Cambodgien mange beaucoup et souvent, ce qui tient à la composition de ses aliments, riz, poissons frais, sec ou salé, patates, racines, tiges et fleurs du nénuphar, courges, pastèques et fruits.

Il boit l'eau des arroyos sans autre précaution que celle de la passer à travers un linge. Les plus délicats mettent un morceau d'alun dans le creux d'un bambou percé de plusieurs trous et remuent l'eau du vase pour précipiter les corps étrangers. D'autres font infuser dans leur eau du thé ou d'autres végétaux. Les Cambodgiens connaissent l'eau-de-vie de riz, mais ils sont sobres, comme nous l'avons dit, et en usent avec modération.

Un Laotien.

Village des plaines inondées.

# CHAPITRE IV

## Économie sociale et politique.

Climatologie. — Productions du sol. — Flore. — Faune. — Commerce. — Moyens de communication. — Poids et mesures. — Monnaies. — Industrie.

Climatologie. — Par sa situation géographique le Cambodge se trouve placé dans la zone torride. Cependant la température qu'on y subit est modérée par l'humidité de l'atmosphère. Le thermomètre, pendant l'été, n'y monte jamais au-dessus de 40° centigrades et il descend souvent à 20°. Pendant neuf mois de l'année, la température reste toujours la même et le climat présente beaucoup d'analogie avec celui de la Cochinchine. Mais pendant les trois mois d'hiver, c'est-à-dire à partir de la mi-novembre jusqu'au milieu de février, le thermomètre baisse souvent pendant le jour jusqu'à 15°, et pendant la nuit la fraîcheur est très agréable.

Du mois de novembre au mois de mai il ne pleut que très rarement; c'est cette période que l'on nomme la saison sèche. Pendant la saison des pluies, de mai en novembre, il pleut au contraire presque tous les jours; les orages sont très violents.

Au Cambodge la durée des jours est sensiblement la même pendant toute l'année : ils commencent à 5 heures du matin et finissent à 6 heures du soir. Du mois de novembre au mois de mars, ils ont leur maximum de durée.

Pour les Européens, le climat est moins difficile à supporter qu'en Cochinchine; par suite de l'abaissement de la température pendant l'hiver, les maladies sont moins fréquentes au Cambodge et nos soldats y ont moins souffert. Il est probable aussi qu'ils ont profité de l'expérience faite en Cochinchine, et que les précautions hygiéniques, dont l'utilité a été reconnue dans ce pays, ont été appliquées par eux dès le principe, car, à de rares exceptions près, l'état sanitaire de nos colonnes expéditionnaires a toujours été satisfaisant.

A ce point de vue important, l'avenir est très rassurant, car les faits ont démontré que si on fournissait à nos hommes des casernements confortables et un régime approprié au climat, la mortalité ne serait pas plus élevée que dans nos autres colonies situées sous les tropiques et qu'elle serait même notablement inférieure à celle que nos garnisons subissent à la Guyane et au Sénégal.

La saison sèche est assez saine; l'air alors est sec et la température des nuits supportable. On peut dormir sans être incommodé par la transpiration et par la présence des moustiques.

Il faut seulement prendre garde au soleil très ardent et nullement voilé par les nuages fort rares dans cette saison. La splendeur des clairs de lune devient incomparable et les Cambodgiens en profitent pour rester éveillés, faisant de la nuit le jour et réciproquement.

La saison pluvieuse est moins salubre, l'humidité est

considérable et atteint tous les objets. La chaleur est aussi très forte.

La cause principale des maladies chez les indigènes naît, en grande partie, de la légèreté ou de l'insuffisance des vêtements. On pourrait en dire autant des Européens imprudents, qui ne prennent aucune précaution contre l'humidité et les variations brusques de la température. Les nuits sont souvent assez fraîches. L'humidité ainsi que les variations de la température déterminent fréquemment des maladies de ventre et des bronchites, souvent très dangereuses. Les brouillards sont rares, mais ils sont parfois très intenses.

Au Cambodge les épidémies sont rares, aucun cas de peste ni de fièvre jaune n'a été observé depuis notre occupation.

La variole, qui est une maladie endémique dans ces contrées, n'atteint guère que la population indigène et plus particulièrement les enfants. La vaccine, que nous avons introduite, a produit d'heureux résultats. Les fièvres endémiques et marécageuses appauvrissent le sang des Européens. La dysenterie est la maladie la plus fréquente. On meurt souvent en Europe des suites de dyarrhées contractées dans ce pays.

Éviter les insolations, les transitions brusques de température et surtout les excès alcooliques, tels sont les moyens de préservation les plus indispensables.

On a remarqué que les changements de mousson sont les moments où l'on se porte le plus mal. Une sécheresse exceptionnelle pendant la saison des pluies et les orages pendant la saison sèche sont les occasions de nombreuses maladies, ou produisent tout au moins un malaise général.

Les productions du sol. Céréales. — La culture du riz est la principale occupation de la population. Il y a un nombre considérable d'espèces de cette plante; les unes ne viennent que dans les terrains irrigables, tandis que les autres poussent dans les terrains secs. Dans les terrains irrigables, le riz est d'abord planté très serré, dans des sortes de pépinières et, quand il est suffisamment levé, on le repique dans un champ soigneusement labouré. Le travail de ces champs se fait à l'aide des buffles qui, seuls, peuvent labourer dans des terrains où ils enfoncent dans la vase jusqu'au ventre. Les bœufs ni les chevaux ne résisteraient à ce travail pénible.

Ainsi planté le riz a besoin d'être arrosé plusieurs fois, car il lui faut beaucoup d'eau; aussi, les années où les arroyos ne sont pas suffisamment gonflés pendant la saison favorable sont-elles des années de disette. Le riz qui pousse dans les terrains secs est moins répandu; les Cambodgiens brûlent tous les végétaux qui existent sur le champ qu'ils veulent ensemencer et la cendre sert d'engrais.

La charrue employée est tout à fait primitive et ne défonce le sol qu'à une très faible profondeur.

Les Cambodgiens font tout leur possible pour obtenir des récoltes hâtives, parce que le premier riz se vend beaucoup plus cher que l'autre. Le riz du Cambodge est très beau, surtout celui qui vient dans les endroits irrigués. On récolte aussi du riz sauvage, mais il est mauvais et sert d'ordinaire à alimenter les chevaux; cependant les pauvres le mangent aussi et dans les années de disette tout le monde l'utilise.

Le maïs est aussi cultivé, mais d'une manière secondaire; est surtout employé à la nourriture des animaux domestiques.

Légumes. — Les Cambodgiens pratiquent peu la culture des légumes, qui est l'une des principales industries des Chinois. Cependant, la plupart des légumes d'Europe peuvent être récoltés au Cambodge et quelques-uns même y viennent fort bien, à la condition, bien entendu, de fumer convenablement la terre où on les plante et d'avoir de l'eau en abondance pour les arroser fréquemment. Les patates, les ignames, et une foule d'autres tubercules y sont cultivés avec succès et sont fort appréciés des Cambodgiens, qui, s'ils n'aiment pas cultiver les légumes, aiment beaucoup les manger.

FRUITS. — Tous les fruits des tropiques, depuis le coco, l'arbre à pain et le jaquier, jusqu'à la goyave et à l'ananas, poussent à merveille au Cambodge. Les indigènes les mangent quand ils sont encore verts.

PLANTES INDUSTRIELLES. — En tête des plantes industrielles

PNOM-PENH. — Une rue.

nous placerons le coton qui vient fort bien et qui est superbe; puis la canne à sucre, le caféier dont les produits peuvent rivaliser avec le meilleur café de Bourbon; la cannelle, qui est excellente et pourrait devenir la base d'exploitations fructueuses; le poivrier dont le fruit est très estimé et qui vient très bien.

Le bétel, sorte de poivrier dont la feuille est mâchée par les Asiatiques et qui est, en Indo-Chine, l'objet d'un commerce fort important, est très répandu. Sa culture est facile et lucrative.

Suivant l'exposition, le tabac présente une grande analogie avec celui de Manille et de Sumatra ; c'est assez dire qu'il est très utilisable.

L'indigo pousse spontanément presque partout et, pour peu qu'on prenne la peine de le cultiver, devient superbe.

Le palmier à sucre produit un sucre grossier mais excellent, qu'il serait facile d'améliorer en le récoltant d'une manière moins primitive.

Le mûrier donne des feuilles toute l'année, de sorte que l'élève des vers à soie n'est jamais interrompue. L'espèce de vers élevée au Cambodge produit de petits cocons, donnant une soie très fine. Les Cambodgiens le dévident très mal, mais cependant ils parviennent à faire de très belles étoffes.

Rien ne serait plus facile que de leur enseigner nos procédés de dévidage.

La race des vers paraît excellente ; avec quelques soins et notamment en pratiquant bien la sélection pendant plusieurs années, elle pourrait s'améliorer. Cette race, malgré ses défauts, est très précieuse, car elle est très rustique et n'est presque jamais attaquée par les maladies qui déciment presque toutes les autres. La production de la soie a un grand avenir et elle pourra être une source de richesse pour l'industrie française, en lui fournissant une excellente matière première à bon marché.

Bois. — Les forêts sont très étendues mais peu exploitées, faute de chemins. Cependant elles renferment de véritables trésors, car les bois du Cambodge sont merveilleux. Le cadre de cette publication ne nous permet pas de les mentionner tous, et leur nomenclature aride n'aurait que peu d'intérêt pour nos lecteurs, que nous renvoyons au volume publié par M. Moura. Celui-ci en donne une liste détaillée, accompagnée de renseignements précieux.

Ces bois peuvent se diviser en bois de charpente, en bois de mâture pour les navires, en bois de menuiserie, en bois d'ébénisterie et en bois de teinture.

Chacune de ces catégories est représentée par de nombreuses espèces, dont quelques-unes sont aussi rares que précieuses. Les forestiers auront, dans quelques années, beaucoup à faire dans ce pays.

Minéraux. — Le Cambodge n'est pas très riche en minéraux; le seul métal actuellement exploité est le fer, dont il y a de nombreux gisements dans les montagnes. Quelques-uns des minerais extraits de ces gisements produisent d'excellent fer, que les Cambodgiens travaillent d'une ma-

Dans la pagode d'Ang-Kor.

nière assez adroite, bien que leur outillage soit très grossier. M. Moura nous donne le résultat des expériences faites à Saïgon sur du fer indigène de la province de Kampong Sodi. Doublé plusieurs fois sur lui-même et soudé, il a bien supporté l'action du feu et a donné des soudures parfaites. En l'étirant on a constaté qu'il était très doux et très malléable. La cassure est nette, à grain serré et fin. Soumis à la forge, au chauffage du charbon de bois on a obtenu, au bout de quelques minutes seulement, un acier ordinaire fin. C'est avec cet acier que les Cambodgiens confectionnent des armes qui, une fois trempées, sont assez bonnes.

La chaux est très commune et utilisée par les naturels.

Les principales pierres sont le grès et le granit. On rencontre aussi des gisements de craie, des carrières d'ardoises, et une pierre poreuse mais très dure, que l'on nomme pierre de Bien-Hoa et qui sert à faire les fondations des édifices et à empierrer les routes. On assure même qu'il y a de la houille, mais jusqu'à présent on n'a pas encore découvert de traces sérieuses de sa présence.

On rencontre aussi des salines, dont le sel se trouve à de grandes profondeurs, et des tourbières qui ne sont pas exploitées.

Animaux domestiques. — Il faut placer d'abord l'éléphant, qui se trouve à l'état sauvage dans les forêts du Cambodge, mais qui a été domestiqué depuis un siècle et rend les plus grands services dans un pays où les routes font presque complètement défaut.

Cet animal, dont l'intelligence est véritablement merveilleuse, est inappréciable pour son maître et constitue une des richesses du pays. Les rois et les mandarins en nourrissent un grand nombre que l'on utilise en temps de guerre. Bien dressés, ils sont très redoutables pour des combattants dont les mieux armés n'ont que de mauvais fusils, et dont les autres se servent d'armes primitives impuissantes contre des animaux aussi forts que la nature a pourvus de défenses formidables et que leur peau très épaisse et très dure garantit contre les flèches.

Les Khmers sont très heureux quand ils peuvent posséder un éléphant blanc, ou plutôt orné de taches blanches placées symétriquement à la tête et dans certaines parties du corps. Ils considèrent la possession de cette bête comme un gage de bonheur et ils l'entourent des plus grands soins.

Bien qu'on ait prétendu le contraire, il est reconnu aujourd'hui que l'éléphant se reproduit très bien en captivité. Mais comme la croissance de la bête est lente, son éducation est coûteuse et les Khmers préfèrent les prendre sauvages, à l'état adulte, plutôt que de s'imposer des sacrifices inutiles. Du reste, l'éléphant, même pris quand il est adulte, s'apprivoise très facilement ; il affectionne son cornac lorsque celui-ci le soigne bien, et se montre très docile. Quand on le brutalise, il se révolte, et comme il a beaucoup de mémoire, tôt ou tard il sait tirer une vengeance éclatante des gens qui lui ont fait du mal, ou qui l'ont mystifié. On cite de nombreux exemples de la persistance de sa rancune.

Après l'éléphant viennent :

1° Le cheval qui est très petit, mais excellent. Il est trop petit pour être monté et est utilisé seulement comme bête de trait.

2° Le buffle qui est la bête de travail par excellence du pays et sans lequel il serait impossible de cultiver la région. Cet animal est très docile et les Khmers vivent avec lui sur le pied de la plus grande intimité. Mais, lorsqu'il n'a pas l'habitude de voir des Européens, il entre en fureur à leur aspect et devient très dangereux pour eux.

3° Le bœuf à bosse, dont la viande est excellente. Ce bœuf est utilisé comme bête de trait ; il trotte aussi vite qu'un cheval et il est beaucoup plus fort.

4° Le cochon, appartenant à la race désignée en France sous le nom de cochon du Tonkin et qui est répandue dans toute l'Indo-Chine. Ces animaux ont les pattes très courtes et le ventre très gros, de sorte qu'ils marchent littéralement sur leur ventre. Ils sont excellents, surtout quand ils sont nourris par des Européens, car les Indo-Chinois ont l'habitude de les nourrir avec des herbes aquatiques, qui ne les rendent pas aussi savoureux qu'ils sont suceptibles de le devenir. Néanmoins, tels qu'ils sont, ils constituent une des principales ressources alimentaires du pays, et nos soldats ont été très heureux de disposer en grande quantité d'une aussi précieuse nourriture.

5° Le chien, qui a l'aspect et le poil du renard, et qui abonde dans les villages. Cet animal est peu sociable et déteste les étrangers; il ne se laisse même toucher que difficilement par son maître.

6° Le chat, qui ne diffère de nos chats d'Europe que par sa queue laquelle, au lieu d'être droite, est tordue d'une manière singulière et peu gracieuse.

7° Les poules, dont le nombre est considérable et les canards qui barbotent dans les mares, auprès desquelles les maisons sont presque toujours bâties.

Animaux sauvages. — On trouve comme animaux sauvages:

1° L'éléphant sauvage, qui est très redoutable quand on le chasse et qui ravage les plantations situées auprès des forêts. Les Cambodgiens tâchent de s'en emparer et de les apprivoiser, mais la prise en est ordinairement difficile.

2° Le bœuf sauvage, animal de grande taille, et farouche, impossible à dompter.

3° Le buffle sauvage, aussi redoutable que le précédent. La chasse de cet animal est pleine de danger, car il est fort, très agile et armé de cornes énormes dont il se sert avec beaucoup d'adresse.

4° Le rhinocéros, qui est assez commun dans certaines parties du pays. Cet animal est très farouche et peu intéressant. Cependant les Cambodgiens mangent sa peau, quand elle a subi de nombreuses préparations.

5° Les cerfs et les élans, dont plusieurs espèces peuplent les forêts; la plus remarquable et la plus commune est celle du cerf-cochon, qui a des soies comme le sanglier et dont la chair est excellente.

5° Le tigre, qui est représenté par deux espècces, aussi redoutables l'une que l'autre. Le plus grand, le tigre royal, vit dans les terrains élevés; c'est un magnifique animal dont la présence dans une région suffit pour la désoler. L'autre, beaucoup plus petit, mais non moins dangereux, est nommé le tigre de marais; son pelage diffère peu de celui du tigre royal. Ces fauves dévorent tous les ans un nombre considérable d'animaux domestiques et en moyenne cinquante ou soixante hommes. Leur chasse est fort dangereuse; aussi les prend on plus souvent avec des piéges, que les Cambodgiens construisent avec beaucoup d'adresse.

7° Les singes, qui sont très communs et très variés; ils sont assez nombreux pour commettre de véritables ravages

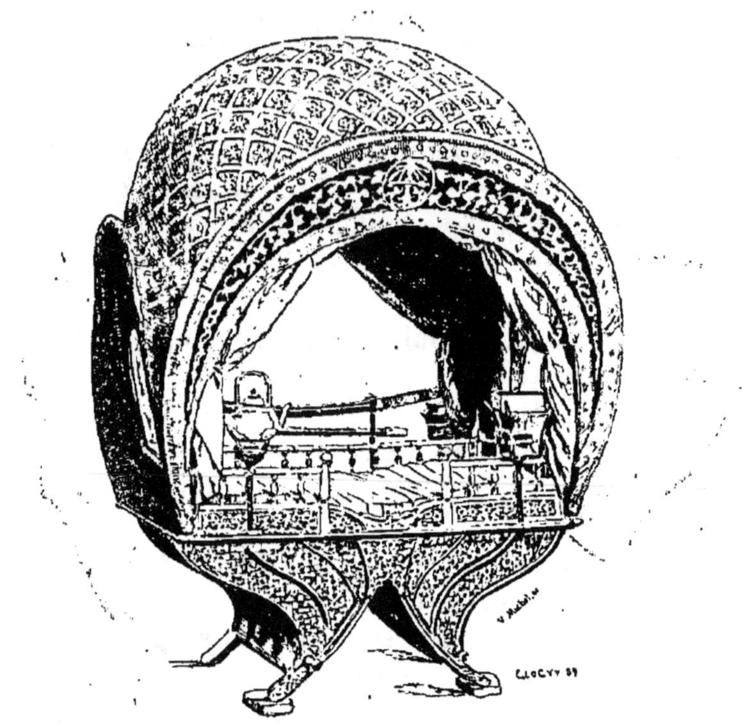

Un palanquin.

dans certaines plantations, et il est quelquefois très difficile de s'en débarrasser.

On trouve aussi des hérissons, des loutres, des faisans, des chats sauvages.

Les rats et les souris sont une des plaies du pays, car ils se multiplient avec une excessive rapidité et dévorent tout ce qu'ils rencontrent.

Les oiseaux sauvages sont innombrables et d'une incroyable variété d'espèces; depuis l'aigle jusqu'au colibri, toutes les espèces connues sont représentées. Leur chasse est très amusante et beaucoup d'entre eux sont excellents.

Mentionnons entre autres :

Le coq sauvage, qui ressemble beaucoup au coq domestique, mais qui est plus petit; cet oiseau difficile à approcher est délicieux.

Le faisan, qui est representé par plusieurs variétés.

Le paon, le canard et l'oie sauvage, la poule d'eau, la poule sultane, la caille, la perdrix, le dindon, etc.

Si nous laissons de côté les préoccupations gastronomiques, nous devons citer les pélicans, les cormorans, les manchots, les hérons, les cigognes, les grues, l'ibis, l'aigrette, le martin-pêcheur et une foule d'oiseaux plus beaux les uns que les autres, dont l'aspect apporte beaucoup de charme aux paysages.

N'oublions pas l'hirondelle, qui, au Cambodge, est plus intéressante que partout ailleurs, puisque son nid est comestible et est très recherché dans tout l'Extrême-Orient.

Insectes. — Ce sont, on peut le dire, les véritables rois du pays; si les hommes vivent en Indo-Chine, c'est que les insectes daignent le leur permettre, car il leur suffirait de vouloir pour les en chasser.

En effet, dans ce pays chaud et humide, les insectes pullulent avec une fécondité véritablement effrayante. Le plus terrible de tous est sans contredit le moustique. Il a beau être petit, il n'en est pas moins redoutable et rien ne peut soustraire ses malheureuses victimes à sa rage implacable. Les moustiquaires les plus perfectionnées sont impuissantes, car il y a toujours un trou, une fissure par laquelle l'insecte s'introduit et, alors, plus de repos possible.

Le savant qui inventerait un moyen de se débarrasser de cette engeance maudite serait un véritable bienfaiteur pour le pays. Il y a plusieurs espèces de moustiques, mais toutes sont plus désagréables les unes que les autres.

On rencontre aussi des mille-pieds, dont la piqûre est très

dangereuse, des scorpions terribles et des araignées d'une multitude d'espèces. On assure que l'une de ces dernières, qui est énorme, pond des œufs comestibles. Certaines autres espèces sont venimeuses, entre autres celle des scolopendres dont la morsure est très douloureuse.

On voit, en outre, des fourmis, dont les espèces sont innombrables. Toutes sont malfaisantes, mais la plus redoutable, celle qui commet les plus grands ravages, c'est l'espèce dite termite, fourmi blanche armée de mandibules terribles, auxquelles rien ne résiste. Les fourmis géantes, dont les fourmilières ont plusieurs mètres de haut, sont redoutables pour l'homme et même pour les animaux les plus robustes. Ces insectes commettent quelquefois de véritables ravages dans les plantations.

Le seul insecte dont on n'ait pas à dire de mal, c'est l'abeille, qui est plus petite qu'en France, mais qui produit un miel délicieux.

C'est par légions que volent les coléoptères qui produisent des dégâts considérables, surtout à l'état de larves, car alors ils sont insaisissables. Il y en a qui vivent dans l'eau, de sorte que le riz lui-même ne leur échappe pas. Certaines espèces sont superbes ; leurs élytres brillent comme de véritables pierres précieuses, mais toutes sont funestes, car toutes s'acharnent à dévorer les récoltes, avant même qu'elles aient poussé.

Les aptères, poux, puces, tiques, punaises des bois, pullulent aussi. La punaise des lits est presque inconnue.

Une foule de tarets dévorent les charpentes des maisons, et en peu de temps ruinent les poutres les plus épaisses. On ne les voit pas, mais on les entend pendant la nuit creuser avec une patience infatigable leur trou dans les bois les plus durs. Ce bruit monotone et agaçant ne cesse jamais, aussi est-on dans l'obligation de renouveler fréquemment certaines pièces de charpentes, sans quoi on serait exposé à des accidents.

Les nuits dans ce pays ne sont pas silencieuses comme dans

nos climats ; de tous côtés on est assourdi par des bourdonnements, des grincements, des bruits étranges, produits par des insectes inconnus et invisibles.

Ce concert commence avec le coucher du soleil et ne cesse que lorsque le jour se montre. Il est quelquefois si bruyant, qu'il devient impossible de dormir, même quand les moustiques ne vous dévorent pas.

Reptiles. — Les reptiles du Cambodge sont aussi nombreux que variés ; la tortue caret, célèbre par sa belle écaille dont l'industrie tire un si admirable parti, est assez fréquente dans les îlots du golfe de Siam. Elle est l'objet d'un commerce assez important. On trouve aussi de nombreuses tortues d'eau douce ; les œufs de certaines espèces sont très recherchés.

Également nombreux et variés sont les lézards que les Khmers mangent avec plaisir.

Le crocodile abonde dans la plupart des arroyos ; il atteint souvent des dimensions considérables. Les indigènes, qui aiment beaucoup sa chair, le parquent dans des mares et l'engraissent, puis ils le portent sur les marchés où ils le vendent au détail, sans prendre la peine de le tuer.

Bien que cet animal soit affreux et très méchant, on ne peut s'empêcher de le plaindre quand on le voit encore tout vivant être découpé en menus morceaux, au fur et à mesure qu'un client veut en acheter une portion. Les Cambodgiens, qui ont eu la précaution de lui lier solidement les pattes et le museau, sont absolument indifférents aux tortures de ce malheureux, et ils le découpent froidement en tranches, sans avoir l'air de s'apercevoir des regards furibonds de l'animal décelant les tortures horribles qu'il éprouve.

Les serpents sont nombreux, et quelques-uns sont très venimeux, entre autres le naya, ou serpent à lunettes, dont la blessure est mortelle. Des jongleurs exhibent de gros serpents de cette espèce redoutable et les font danser aux sons de la flûte. On croit généralement qu'ils leur ont arraché les dents à crochet, mais c'est une erreur. Tout leur

UNE FERME CAMBODGIENNE.

secret gît dans la dextérité avec laquelle ils manient ces animaux, de manière à ne jamais leur offrir l'occasion de les mordre.

Ce spectacle n'est pas très curieux, mais il est dangereux, surtout pour les spectateurs qui n'ont pas l'habitude de vivre avec les serpents et qui pourraient très bien être mordus, si le dompteur avait un seul instant d'inattention.

Les grenouilles foisonnent dans les mares. La plus remarquable est la grenouille bœuf, de très petite taille; elle doit son nom à sa voix formidable, laquelle imite assez bien le mugissement du bœuf. Cette grenouille est très répandue dans le pays et, pendant certaines nuits d'orage, elle pousse des cris véritablement effrayants.

Non moins nombreux sont les crapauds; ils ne diffèrent pas de ceux d'Europe, et rendent de réels services à l'agriculture en dévorant une foule de limaces et de larves malfaisantes.

Poissons. — Les poissons sont abondants et variés; certaines espèces, principalement celles des lacs, sont l'objet d'une industrie considérable. Ces poissons appartiennent en général à l'espèce des *silures* et sont presque tous dépourvus d'écailles. Leur chair est excellente et se conserve très bien.

Dans le Mékong, il y a des marsouins, des requins et plusieurs autres poissons voraces, dont quelques-uns, spéciaux aux pays, sont dangereux.

Il y en a qui ont la faculté de vivre assez longtemps hors de l'eau pour accomplir de véritables trajets par terre et passer d'un arroyo dans un autre.

Importations et exportations. — La valeur des importations et celle des exportations au Cambodge sont sensiblement égales. On peut les évaluer de 10 à 12 millions de francs, sans y comprendre la valeur des produits du Laos et de certaines provinces de Siam, dont le Cambodge est le chemin de transit naturel.

Dans ce chiffre, le poisson salé entre pour plus de 3 millions de francs, et comme son prix est peu élevé, cette somme représente une quantité relativement considérable, que l'on peut évaluer à 10 millions de kilogrammes. Ce poisson est transporté en Cochinchine, d'où il est exporté dans tout l'Extrême-Orient et jusqu'en Chine où il est très estimé.

Puis viennent ensuite par ordre d'importance :

1° Le coton égréné, près de 6 millions de kilogrammes. Ce coton est excellent et, avec quelques efforts, il serait facile d'augmenter la production dans des proportions considérables.

2° Les haricots, 350,000 kilogrammes.

3° Le cardamome, 180,000 kilogrammes.

4° Le sucre de palmier, 100,000 kilogrammes. Ce produit est presque en entier consommé en Cochinchine et en Annam; nous ne sachons pas qu'il en soit exporté en France, et cependant, au point de vue de la production de l'alcool, ce sucre pourrait rendre de grands services. L'alcool qu'on en retire est, en effet, d'une excellente qualité et sa rectification est très facile. Il est probable que cette culture, qui est très simple et déjà assez fructueuse, sera dans l'avenir l'une des sources de richesse du pays.

Nous ne citons que pour mémoire les autres articles dont quelques-uns cependant sont susceptibles d'acquérir une importance, ce sont :

La colle de poisson; les peaux; les matelas dits cambodgiens, dont l'usage est général dans l'Extrême-Orient et qui réunissent les avantages d'une extrême légèreté à celui d'une solidité très remarquable.

Ces matelas, en coton, sont composés de petits cylindres en étoffe, juxtaposés comme des tuyaux d'orgues. Grâce à cette disposition, le matelas peut facilement se plier et chacune de ses parties conserve son élasticité propre, ce qui prolonge sa durée. Nous serions surpris si le procédé cambodgien n'était pas tôt ou tard imité par nos fabricants de coussins et de matelas, car il est véritablement original et présente, dans certains cas, de sérieux avantages.

Les Cambodgiens confectionnent aussi des nattes fort jolies et fort solides.

Au nombre des articles dont le commerce déjà établi promet de s'étendre, nous devons mentionner les bois de construction et ceux d'essences précieuses, dont une partie du pays est littéralement couverte; le poivre qui est excellent et très apprécié; et les gommes, que certains arbres produisent en abondance.

Les articles d'importation comprennent : le sel, nécessaire pour la conservation du poisson et dont la consommation est très considérable; les vins et spiritueux; les tissus; les armes et outils; les faïences; les articles de Paris.

En majeure partie ces articles proviennent de France et le reste vient d'Angleterre. Le thé, dont les Cambodgiens font une grande consommation, provient de Chine ainsi que l'opium, dont une partie seulement est fournie par l'Inde anglaise.

Les Cambodgiens fument l'opium, mais à de rares exceptions près, ils le font avec modération, de sorte que cette habitude ne produit pas les effets funestes qu'on a pu remarquer dans certaines provinces de Chine.

En résumé, le commerce du Cambodge est déjà avantageux pour la France, qui commence à trouver un débouché sérieux dans ce pays et qui, dans l'avenir, y trouvera certainement une clientèle précieuse et assurée.

Le transport des marchandises lourdes et encombrantes est encore aujourd'hui fait par des jonques chinoises ou par des sampans annamites; celui des marchandises plus précieuses est effectué par les navires de la Compagnie des Messageries fluviales de Cochinchine, qui a établi un service régulier desservant les points les plus importants du pays.

Voies de communications commerciales. — Le Cambodge est en relations avec la Cochinchine par les bateaux à vapeur de cette compagnie, trois fois par semaine.

Ces bateaux partent de Saïgon les mardi, jeudi et samedi

dans la soirée, l'heure varie entre 8 heures et minuit suivant les marées.

Ils arrivent à Pnom-Penh les jeudi, samedi et lundi matin après un voyage d'environ trente-six heures.

Ils repartent de Pnom-Penh pour Saïgon les lundi, mercredi et samedi à 7 heures du matin pour arriver à Saïgon les mardi, jeudi et dimanche dans la matinée. Le

Dépendances d'une usine.

voyage de retour, facilité par les courants, ne dure guère en moyenne que de vingt-quatre à trente heures.

Pendant six mois de l'année, aux hautes eaux, de juillet à janvier, le bateau partant de Saïgon le samedi, au lieu de suivre le bras principal du fleuve dit bras de Banam, passe par le bras dit de Bassac. La circulation des passagers est très active sur ce bras du fleuve entre Chaudoc et Pnom-Penh.

Pendant la même période, le bateau partant de Saïgon le mardi remonte au delà de Pnom-Penh, jusqu'à l'extrémité du Grand Lac, desservant ainsi hebdomadairement, outre les postes situés entre Pnom-Penh et le Grand Lac, la ville et la province siamoise de Battambang.

Il y a quelques années les produits de cette province étaient exportés sur Bangkok, par la voie de terre, longue, difficile et coûteuse. Aussi le commerce y était-il peu actif. Depuis que les bateaux à vapeur y viennent régulièrement chaque année, la production a augmenté dans des proportions considérables, et la province de Battambang est assurément, à l'heure actuelle, l'une des plus riches du royaume de Siam.

Elle exporte en Cochinchine par la voie du fleuve des quantités très grandes de riz, du poisson salé et séché, des peaux, des cornes, du cardamome, de l'ivoire, de la soie, etc.

Jusqu'à cette année, le transit des riz de Battambang à travers le Cambodge était grevé, au profit de ce dernier pays, d'un droit de transit qu'il acquittait à Pnom-Penh. Ce droit était en ces derniers temps de cinq cents (soit f. 0,20 environ) par picul. Il a été supprimé au mois de juillet dernier en vue, disent les considérants de « l'arrêté », d'attirer ces riz ou paddys en « Cochinchine par la voie du fleuve », et parce qu'il importe d'en favoriser le transit « par le Cambodge et la Cochinchine. »

Une ligne annexe, desservie par un petit vapeur de 150 tonneaux, en correspondance avec les grands bateaux arrivant de Saïgon, part de Pnom-Penh chaque semaine et remonte sur le grand fleuve Mékong jusqu'à Kratié et Sambor (aux hautes eaux), au pied des premiers rapides qui coupent le cours du fleuve.

Il est très probable qu'avant peu ce service sera prolongé au delà des rapides, plus loin que la frontière actuelle du Cambodge et des provinces du Laos inférieur, au moins jusqu'aux chutes de Khon.

Un lieutenant de vaisseau, M. de Fésiguy, a, en effet, l'année dernière, fait une étude très complète de tous les rapides de cette région, balisé certains passages praticables aux hautes eaux et, comme sanction de ces études, conduit lui-même jusqu'au pied des chutes de Khon (août 1887) une chaloupe à vapeur des Messageries fluviales, franchissant successivement les rapides de Samboc-Sambor, de Prasco et de Preapatang.

Il résulte des travaux de M. de Fésiguy que la navigation du haut fleuve jusqu'aux chutes de Khon est possible pour des vapeurs de petit tirant d'eau et de bonne marche pendant au moins trois mois de l'année, aux hautes eaux.

D'autre part, à la même époque un voyageur français, M. Gauthier, a parcouru le bassin supérieur du grand fleuve, de Luang-Prabang à Khon, et reconnu également que la navigation y est possible dans les mêmes conditions. Il est donc permis d'espérer que la vallée entière du Mékong, de la Cochinchine française au Yun Nan par le Cambodge, et les principautés laotiennes, sera prochainement ouverte au commerce français. Le Cambodge et la Cochinchine profiteront du mouvement d'affaires considérable qui résultera de cette ouverture.

Pnom-Penh est tout indiqué, par sa situation exceptionnelle sur le fleuve, pour être le grand entrepôt du commerce intérieur. C'est lui qui a le plus profité du mouvement qui s'est produit, comme il est dit plus haut, dans la province siamoise de Battambang. Il n'est pas douteux qu'il profite bien davantage encore du mouvement analogue, mais beaucoup plus important, qui se produira.

En dehors des voies de communications fluviales, les moyens de transport sont le cheval, le char à bœuf et à buffles, l'éléphant.

Les chevaux sont assez rares, d'une taille un peu plus élevée que les chevaux annamites. Les indigènes les montent habilement, sans étriers.

Les chars à bœuf sont légers et très étroits ; ils sont munis d'un petit toit qui protège contre le soleil et la poussière. On est contraint à s'y tenir presque toujours les jambes croisées.

Les chars à buffles sont beaucoup plus lourds et servent de moyen de transport et de déménagement. Ils sont solides, élevés, longs et peuvent servir d'habitations mobiles. Toute une famille avec ses hardes et son chétif mobilier peut s'entasser sous ce toit ambulant.

L'éléphant est excellent dans les routes peu frayées pour enlever les obstacles de la route et sonder les profondeurs de l'eau. Il fait une lieue et demie à l'heure.

Poids et mesures. — La série des poids en usage en pays khmer est calquée sur celle de la Chine, qui est généralement adoptée dans la plupart des pays de l'extrême Orient.

L'unité des poids est le *hap* ou *picul*, dont la valeur, soumise en Chine à de nombreuses variations suivant les localités et la nature des marchandises, est également subordonnée au Cambodge à la nationalité des acheteurs et aux usages commerciaux.

On peut prendre comme moyenne de la valeur du picul le chiffre de 60 kilogr. 474 gr., adopté depuis 1863 par les commerçants de Hong-Kong et les Chinois.

SUBDIVISION DU HAP.

| | |
|---|---|
| 1 *thong* ou demi-picul | 30k237 |
| Le *néel* (1/100e de picul), qui équivaut au *can* annamite | 0 60474 |
| Le *damlong* (1/16e de néel), qui équivaut au *taël* chinois | 0 3779 |
| Le *chi* (1/10e de damlong) | 0 378 |

Au Cambodge, comme en Cochinchine, il y a deux unités de longueur : une coudée pour les longueurs prises en général et une autre mesure pour les étoffes. Les mesures de superficie varient beaucoup, suivant les localités, bien que portant les mêmes noms.

L'unité de mesure de longueur est le *hat* ou coudée, espace compris entre le coude et l'extrémité des doigts.

On distingue trois sortes de *hat* : le *hat-thom*, grande coudée, du coude à l'extrémité du doigt moyen, n'est employé que pour les mesures de terrain comme le *thuoc-sao* des Annamites ; le *hat-néang-day*, du coude à l'extrémité de l'annulaire ; le *hat-kham-day*, du coude à l'extrémité du petit doigt.

Ces deux dernières coudées sont celles qu'on emploie

Une petite ferme cambodgienne.

pour mesurer des étoffes et pour les usages ordinaires, comme le *thuoc-vai* des Annamites.

Le peu de fixité de ces mesures fait que le choix de la coudée à adopter est dans tous les marchés un élément qu'on discute comme le prix, le mode de livraison ou les autres conditions d'une affaire.

Monnaies. — Aucune monnaie d'or ne circule au Cambodge. Il existe bien un certain nombre de barres d'or dont la valeur varie, mais elles ne figurent jamais dans les transactions et sont, du reste, excessivement rares. Le *vien* ou barre d'argent est de beaucoup la monnaie la plus estimée du Cambodgien, dont elle est la véritable unité monétaire. La barre est un lingot d'argent allongé, arrondi sur l'une des faces, creusé sur l'autre et d'un poids de 10 *damlong* 2 *chi;* la barre d'argent pèse conséquemment 385 gr. 86, dont 377 gr. 90 en argent fin. La plupart sont fabriquées à Saïgon ou à Cholon par des Annamites qui refondent à cet effet de gros lingots chinois, dont ils altèrent le titre.

Le cours du vin est très variable et sujet à des fluctuations aussi fréquentes que considérables. Cependant, on peut considérer la barre d'argent comme représentant cent ligatures.

Il existe encore dans la circulation quelques pièces anciennes d'argent très minces et de forme circulaire, qui ont été frappées au Cambodge. Les plus communes sont le Bat qui vaut quatre ligatures, le Slangtham qui vaut une ligature, le Dam-tanch qui a approximativement la valeur de nos pièces de 0 fr. 50.

La ligature vaut 0 fr. 60 et il faut environ 8 sapèques pour représenter la valeur de 1 centime. La ligature se compose donc généralement de 450 à 500 sapèques. Elle est très irrégulière, car les sapèques ne se comptent ni ne se pèsent. Ces pièces, qui sont percées d'un trou, sont enfilées sur des liens en fibre de bambous et on en mesure la longueur.

C'est la monnaie la plus usitée du pays, pour les usages quotidiens et les échanges des Annamites entre eux. Mais, avec les Européens, ces derniers emploient la piastre dont le taux varie de 3 fr. 75 à 4 francs.

Ces piastres sont pour la plupart des piastres mexicaines; le gouvernement français a fait frapper des piastres françaises d'une valeur identique, mais, par suite de l'opposition des Anglais qui refusent de les accepter, leur usage est encore assez limité.

Il faut espérer que le gouvernement persévérera dans cette voie et que les progrès de nos établissements en Indo-Chine seront bientôt tels que notre piastre s'imposera. Alors notre influence commerciale pourra seulement être considérée comme solidement établie, car, tant que ce résultat n'aura pas été obtenu, notre commerce restera tributaire du commerce anglais, qui le spolie périodiquement par des variations de la piastre habilement calculées, que nous sommes condamnés à subir tant que nous ne serons pas assez forts et assez habiles pour nous y soustraire.

L'INDUSTRIE DU PAYS. — LA PÊCHE. — La principale industrie du pays est la pêche et la conservation du poisson. La pêche est pratiquée non seulement par les Khmers, mais aussi par des Malais, des Chinois et, surtout, par des Annamites, qui viennent tous les ans dans le pays comme il a été dit plus haut, à l'époque favorable, de la même manière que les marins de certains de nos ports se rendent tous les ans à Terre-Neuve et en Islande pour pêcher la morue. On évalue le nombre des pêcheurs à quinze mille en moyenne.

La pêche se fait avec des filets, que les pêcheurs fabriquent eux-mêmes et qu'ils emploient avec une grande habileté. La salure du poisson s'opère de la même façon qu'à Terre-Neuve. On décapite le poisson, on le tranche, c'est-à-dire qu'on lui fend le ventre et on l'aplatit après l'avoir saupoudré de sel, puis on l'empile pendant quelque temps, pour laisser le sel pénétrer suffisamment, et enfin, on le met sécher au soleil en le retournant de temps en temps.

Comme le soleil est très ardent, il suffit de quatre jours — six jours pour les plus gros — pour obtenir une dessiccation complète. L'opération est alors terminée et le poisson peut être vendu.

Le prix indiqué par M. Moura est de 3 fr. 20 les 68 kilos.

Ce poisson est excellent et très estimé dans l'extrême Orient. Il ne serait pas impossible qu'on pût en vendre en France.

LA CHASSE. — L'éléphant offre une prise si riche que sa

chasse est celle que les Cambodgiens pratiquent avec le plus d'empressement. Mais elle est fort dangereuse ; aussi se contentent-ils la plupart du temps de blesser la bête et de la suivre de loin jusqu'à ce qu'elle tombe. Alors ils l'achèvent et la dépècent. Les défenses ont beaucoup de valeur.

On chasse aussi le bœuf et le buffle sauvages, ainsi que le rhinocéros. Ces chasses avaient lieu au moyen de flèches empoisonnées, mais aujourd'hui on se sert de fusils. Ces bêtes sont difficiles à tuer, car il est très périlleux de les approcher.

Il est très rare qu'on chasse le tigre au fusil. Presque toujours on lui tend des pièges auxquels il se laisse prendre assez facilement. Ce piège se compose généralement d'une trappe fort lourde, qui tombe sur l'animal quand il vient saisir la proie qu'on a placée pour lui servir d'appât ; ainsi le tigre meurt étouffé, sans que la peau soit endommagée. Cependant quelquefois la trappe n'est pas assez lourde et alors on achève l'animal à coups de lance.

Les cerfs et les sangliers sont pris au moyen de filets très grands, disposés de manière à permettre à l'animal d'entrer dans l'enceinte qu'ils forment et qu'on referme aussitôt qu'ils y ont pénétré.

Les Cambodgiens ne chassent pas le singe ; ils le respectent et se bornent à l'effrayer pour l'éloigner de leurs plantations qu'il ravage.

Mais ils chassent certains oiseaux, dont les plumes leur servent à faire des écrans et des éventails. Ils font aussi un commerce de ces plumes, dont quelques-unes sont fort belles et arrivent jusqu'en Europe.

La soie. — Les Cambodgiens sont favorisés sous le rapport de la soie, car leurs vers ne connaissent pas les maladies qui ont fait tant de ravages dans d'autres pays. Mais ils ont de mauvais procédés pour étouffer leurs cocons pour les dévider.

Cependant ils parviennent à faire de très jolies étoffes

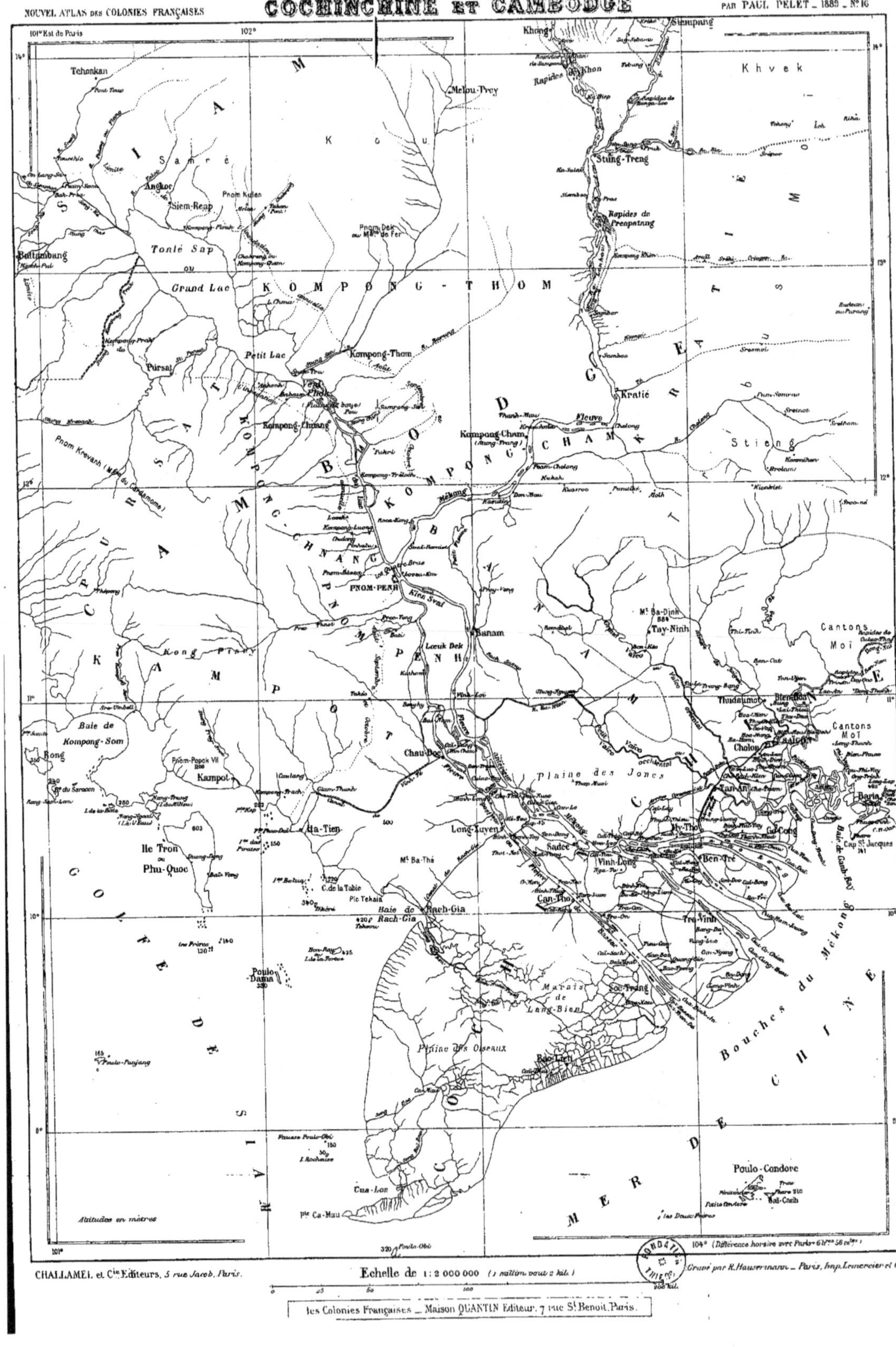
NOUVEL ATLAS DES COLONIES FRANÇAISES
COCHINCHINE ET CAMBODGE
PAR PAUL PELET _ 1889 _ N° 16
101° Est de Paris
102°
104° (Différence horaire avec Paris - 6h.m 58 m.
S I A M
Tchonkan
Angkor
Siem-Reap
Battambang
Tonlé Sap
ou
Grand Lac
Petit Lac
Pursat
Pnom Krevanh (Mts du Cardamome)
Melou-Prey
K o u i
Khong
Stiempang
Rapides de Khon
Khvek
Stung-Treng
Rapides de Prenpatang
KOMPONG - THOM
Kompong-Thom
Kompong-Chnang
Kompong-Cham
KOMPONG CHAM
Kratié
Fleuve
Stieng
Mékong
PNOM-PENH
Banam
Tay-Ninh
Mt Ba-Dinh
Cantons Moï
Thudaumot
Bienhoa
Cholon
Saigon
Tan-An
My-Tho
Go-Cong
Ben-Tré
Baria
Cap St Jacques
Plaine des Joncs
Chau-Doc
Long-Xuyen
Sadec
Vinh-Long
Can-Tho
Tra-Vinh
Soc-Trang
Marais de Lang-Bien
Plaine des Oiseaux
Bac-Lieu
Baie de Kompong-Som
Kong
Kampot
Ha-Tien
Ile Tron ou Phu-Quoc
Mt Ba-Thé
C. de la Table
Pic Tekaia
Baie de Rach-Gia
Rach-Gia
Poulo-Dama
Poulo-Panjang
Cua-Lon
Pte Ca-Mau
Poulo-Obi
Poulo-Condore
Bouches du Mékong
G O L F E D E S I A M
M E R D E C H I N E
C O C H I N C H I N E
Altitudes en mètres
CHALLAMEL et Cie Editeurs, 5 rue Jacob, Paris.
Echelle de 1: 2 000 000 (1 millim. vaut 2 kil.)
0 25 50 100 200 Kil.
Gravé par R. Hausermann _ Paris, Imp. Lemercier et Cie
les Colonies Françaises _ Maison QUANTIN Editeur, 7 rue St Benoit, Paris.

avec des métiers primitifs, qui remontent à la plus haute antiquité, et dont ils se servent avec une excessive habileté.

Ce sont les femmes qui exécutent ces travaux délicats qui demandent une grande patience, car non seulement elles tissent la soie, mais elles la teignent et lui font subir toutes les nombreuses préparations indispensables quand on veut la mettre en œuvre.

Il est véritablement surprenant qu'avec les moyens imparfaits dont elles disposent, elles puissent faire d'aussi jolies étoffes que celles qu'elles tissent.

Tisserands de nattes.

Le sucre. — Les cannes à sucre sont broyées, soumises à la pression et le jus est cuit jusqu'à ce qu'il ait pris une certaine consistance, puis on le laisse refroidir. Le sucre ainsi obtenu est très grossier, mais les Cambodgiens le préfèrent à tous les autres.

Les Cambodgiens extraient également le sucre d'une variété de palmiers à éventail dont la tige élancée est très gracieuse ; c'est le palmier dom-tenot. On obtient un sirop de sucre au moyen d'incisions faites au-dessus du fruit; on fait ensuite bouillir le sirop de palme dans les tubes de bambou qui ont servi à le recueillir. Pour cela on creuse horizontalement la terre en forme de four, dont la voûte est percée de trous au-dessus desquels on place les tubes. Cette première opération produit un vin sucré fort agréable à boire. Le résidu de l'évaporation est un sucre noir, incristallisable, qui se vend dans les divers marchés du Cambodge en tablettes rondes et superposées. Un palmier de bon rapport peut emplir quatre tubes par jour, ce qui rend à peu près un kilogramme de sucre, pendant quatre mois de l'année : décembre, janvier, février et mars. Ce sucre est très noir, mais très sucré et point désagréable au goût.

La gomme gutte. — La cire. — La gomme gutte se recueille simplement au moyen d'incisions d'où la liqueur découle dans les tiges de bambou. Comme il est très difficile d'atteindre la tige de palmier dont le tronc est lisse, les indigènes, pour y arriver, font avec un lien autour de l'arbre une série d'anneaux parallèles qui leur servent de point d'appui, ou enfoncent horizontalement des lames de bois dur sur lesquelles ils grimpent comme sur une échelle.

Ils emploient le même procédé pour aller chercher la cire qu'ils détachent avec un long bambou, après avoir enfumé et chassé l'essaim.

L'alcool. — Le riz est la seule substance dont les Cambodgiens tirent de l'alcool. Cet alcool est très impur et chargé d'huiles empyreumatiques, par suite de l'imperfection de sa fabrication; il pourrait être excellent, car l'alcool de riz passe en Europe pour le meilleur de tous, après l'alcool de vin.

Mais les indigènes n'ont pas le goût de l'ivrognerie, aussi la distillerie est-elle peu importante.

La métallurgie. — Les Cambodgiens savent travailler le minerai de fer; ils emploient des fourneaux au bois et, comme la qualité du minerai est excellente, ils obtiennent du fer utilisable, avec assez de facilité.

Ils font même de l'acier.

Leurs bijoutiers sont d'une grande habileté manuelle, mais leur outillage est imparfait. Cependant ils fabriquent d'assez jolis objets, dont le principal défaut est l'uniformité, car ils ne varient pas leurs modèles. Ils ont pourtant un goût

Famille de marchands annamites.

incontestable pour le dessin d'ornement, mais ils n'appliquent pas cette faculté à la confection des bijoux, qui sont tous la reproduction de types adoptés depuis des siècles et qu'ils ne varient pas. Ils confectionnent néanmoins des objets en or et en argent repoussé qui ne sont pas sans mérite.

Le bois. — Bien que les bois précieux abondent, les Khmers savent fort peu les travailler : ils emploient pour les charpentes de leurs maisons des bambous qui facilitent leur œuvre.

Ils construisent cependant de très bonnes embarcations

dont la forme est fine et élégante, ce qui est surprenant, car ils ne se servent pas de la scie et obtiennent leurs planches en fendant le bois au moyen de coins et en les dressant à la hache.

Les ébénistes fabriquent des meubles assez gracieux, mais peu solides et dont les joints sont très imparfaits. Ils connaissent aussi l'art de l'incrustation, mais ils sont bien moins habiles que les Annamites, qui, au point de vue du goût, font de véritables merveilles.

Dans le pays les sculpteurs sont assez habiles : ils connaissent le tour et s'en servent bien.

Le riz. — La décortication du riz se fait sur une aire avec des bufles. Ce procédé a une foule d'inconvénients, mais il est si bien adapté aux habitudes de paresse des Cambodgiens qu'ils semblent peu disposés à y renoncer. L'établissement de machines à décortiquer ne saurait manquer de réussir, car elle répond à une nécessité.

Le coton. — On égrène le coton au moyen d'un moulin très primitif : les Cambodgiens roulent le fil et le tissent, mais ils ne font que des étoffes très grossières.

Le salpêtre. — Les cavernes et les mines produisent du salpêtre qui est recueilli. Le commerce de ce produit a acquis une certaine importance.

Conclusion. — Envers le Cambodge la nature a été prodigue; elle l'a comblé de tous ses dons, mais les hommes l'ont réduit à un état misérable, voisin de la sauvagerie. Nulle part ailleurs, il n'a été fait de démonstration plus complète de l'impuissance d'un gouvernement basé sur l'autocratie religieuse et confié à un monarque absolu, conseillé ou plutôt dominé par la superstition ignorante.

Une race d'hommes intelligents, énergiques, capables d'efforts sérieux et persistants, ainsi que cela est démontré par la grandeur et la beauté des monuments anciens dont les ruines couvrent le pays, s'est épuisée en quelques siècles, au point de ne plus être capable de se défendre contre ses voisins, jadis ses tributaires et, sans l'intervention de la

France, elle aurait été réduite à un esclavage définitif.

Aujourd'hui, grâce à nos exhortations, à notre exemple et à notre appui, le pays se relève de ses ruines; les habitants sentent leurs efforts encouragés, et, certains de rester les maîtres du fruit de leur travail, ils ont repris les cultures abandonnées. Ils paraissent disposés à faire preuve d'une activité toute nouvelle pour eux.

La paix est assurée et les affaires ont pris un cours normal, que rien ne semble plus pouvoir arrêter désormais. Aussi, un avenir de prospérité inattendue semble-t-il promis à ce beau pays, dont la fertilité extraordinaire et la situation merveilleuse seront à l'avenir utilisées.

Dès aujourd'hui, le Cambodge est donc une colonie tranquille, où notre domination est incontestée. Il deviendra, avant peu, un débouché sérieux pour nos produits et un champ prodigieux d'exploitation ouvert à ceux de nos nationaux que leurs aptitudes et leur esprit entreprenant entraîneront à s'y établir.

Le Cambodge était le complément indispensable de notre groupe de colonies indo-chinoises et sa possession était une nécessité pour nous, aussi bien au point de vue commercial qu'au point de vue politique.

Nous ajouterons que les frais de sa conquête, ainsi que ceux de son occupation, ont été et sont presque nuls, de sorte que la constitution de notre protectorat peut être considérée comme une opération très avantageuse et pour nous et pour les Cambodgiens.

La République en étendant notre influence dans ces régions éloignées et inconnues a donc agi au mieux des intérêts de notre patrie, comme de ceux de la civilisation.

## Bibliographie.

ASTER. *La France représentée au Cambodge* (1883). Moniteur des colonies.

AYMONIER. *Épigraphie cambodgienne* (1885). Saïgon.

BARTH (A.). *Inscriptions sanscrites au Cambodge* (1885). Imprimerie nationale.

BERGAIGNE (Abel). *Découvertes récentes sur l'histoire ancienne du Cambodge* (1886). Paris, Leroux.

BOUILLEVAUX (Abbé). *Visite aux ruines cambodgiennes en* 1850 (1883). Saint-Quentin.

BOUINAIS (A.) et PAULUS (A.). *Le Cambodge* (1884). Berger-Levrault.

FAQUE (L.). *Le Cambodge* (1887). F. Alcan.

FILOZ (A.-A.-H.). *Cambodge et Siam* (1886). Thonon.

JULIEN (Félix). *Doudart de Lagrée au Cambodge* (1885). Challamel.

LEMIRE (Ch.). *Indo-Chine, Cambodge*. Challamel.

— *La Cochinchine française et le royaume de Cambodge*. Challamel.

MOURA (L.). *Le royaume de Cambodge* (1883). Leroux.

NEÏS (Dr). *Exploration du Cambodge* (1883). Lorient.

PARAVEY (Ch. de). *Royaume de Cambodge* (1864). Donnaud.

ROUX (L.-C.) et VIDAL (J.-M.). 15 *jours au Cambodge* (1885). Montpellier.

TESTOIN (Ed.). *Le Cambodge* (1886). Tours.

WINCKEL (Dr). *Relations de la Hollande avec le Cambodge* (1882). Saïgon.

*Collections photographiques de l'Exposition permanente des colonies.*

*Collections photographiques de la Société de géographie* (collections de Mlles Marie et Fany Lemire, de M. Simoni.

ANNAM

Une pagode.

# ANNAM

## CHAPITRE PREMIER

### Précis historique.

Origines. — Traité de 1787. — Nguyen-Anh. — Expédition de l'amiral Rigault de Genouilly. — Expédition de Francis Garnier. — Traité du 5 janvier 1874. Rivière. — Expédition du Tonkin. — Mort de l'empereur Tu-Duc. — MM. Armand et Courbet. — Traité du 25 août 1883. — Traité du 6 juin 1884. — Notre protectorat. — Mort de l'empereur Dong-Khanh. — Le roi Than-Tai.

Origines. — Les origines du peuple annamite sont assez incertaines. On ne pourrait dire exactement s'il est de race chinoise, comme l'affirment certaines légendes, ou s'il est autochtone, comme semble l'indiquer son nom de Giao-Chi. Ce nom désigne une particularité anthropologique que l'on constate encore aujourd'hui chez tous les Annamites : l'écartement du gros orteil du pied.

Deux mille ans avant l'ère chrétienne, le peuple des Giao-Chi était en relation avec les Chinois, dont il subissait l'influence. Mais il s'émancipa peu à peu et résista aux changements introduits en Chine par les diverses dynasties. Le pays fut longtemps en proie à des guerres civiles, que se firent entre eux différents chefs, jusqu'au jour où il passa sous l'autorité d'un empereur de la dynastie Lé, représenté au Tonkin par un seigneur de la famille Trinh et en Cochinchine par un seigneur de Hué, de la famille des Nguyen.

Vers 1775, la population se révolta contre le successeur illégitime d'un seigneur de Hué. Alors Trinh, Chua du Tonkin, voulut en profiter pour se débarrasser de ses rivaux. Il envahit la Cochinchine et s'empara de Hué, mais les révoltés, les Tay-Shon, ainsi qu'ils se nommèrent, se retournèrent contre les Tonkinois qu'ils battirent à leur tour ; la famille des Trinh fut massacrée, et l'empereur de la dynastie Lé s'enfuit en Chine. Le descendant des seigneurs de Hué, Nguyen Anh, essaya en vain de résister aux rebelles et s'enfuit, de son côté, au Siam.

C'est un peu avant cette époque que les missionnaires français parurent en Annam. Mgr Pigneau de Béhaigne, évêque d'Adran et vicaire apostolique, proposa alors à Nguyen-Anh un traité, aux termes duquel ce prince cédait à la France la presqu'île de Tourane et le droit de circulation et de commerce, pour nos nationaux, dans tout le pays. En échange, la France fournissait à Nguyen-Anh les moyens de reconquérir le pouvoir.

Traité de 1787. — Pigneau de Béhaigne vint à Versailles accompagné d'une ambassade annamite, et un traité fut signé le 28 novembre 1787. Le gouverneur de nos établissements de l'Inde devait envoyer un corps de troupes et du matériel en Annam.

L'évêque se rendit à Pondichéry, mais il ne put obtenir du gouverneur les soldats dont il avait besoin ; il ne ramena que des munitions de guerre et une mission composée de quelques officiers français, dont était le colonel Olivier, qui construisit plus tard les citadelles qui couvrent l'Annam et le Tonkin et dont certaines ont servi contre nous dans ces dernières années,

NGUYEN-ANH. — Nguyen-Anh, aidé des conseils de nos officiers et de l'évêque, parvint à reconquérir l'empire d'Annam en 1802. Maître du pays, du golfe de Siam aux frontières de Chine, il se substitua à la dynastie des Lê, dont les représentants avaient disparu et se fit proclamer empereur sous le nom de Gia-Long (souveraine extension).

Il mourut en 1820, laissant pour successeur son fils Minh-Mang. Sous ce prince et ses successeurs, Thieu-tri et Tu-Duc, les étrangers furent tenus à l'écart et les missionnaires furent persécutés. A plusieurs reprises, des bâtiments de guerre français vinrent faire des démonstrations sur la côte, mais sans grand résultat. En 1847, le commandant Lapierre arriva à Tourane avec la *Gloire* et la *Victorieuse*, et, voyant ses réclamations méconnues, il bombarda et détruisit les forts.

EXPÉDITION DE L'AMIRAL RIGAULT DE GENOUILLY. — Dix ans plus tard, en 1857, à la suite d'insultes à un de nos envoyés, il fallut recommencer ces démonstrations hostiles.

L'orgueil des mandarins se montra intraitable. Le meurtre de Mgr Diaz, évêque espagnol, vint combler la mesure. Le gouvernement se décida à agir vigoureusement. Notre expédition fut renforcée d'un contingent fourni par l'Espagne, et l'amiral Rigault de Genouilly attaqua Tourane, qu'il détruisit. Il se porta ensuite sur Saïgon, où il s'établit. La campagne de Chine l'obligea à suspendre les opérations, qui furent reprises plus tard, et se terminèrent par la conquête de la Cochinchine. Tourane fut évacuée en 1860.

EXPÉDITION DE FRANCIS GARNIER. — En 1873, les mandarins ayant molesté un de nos compatriotes, M. Jean Dupuis, le gouverneur de la Cochinchine envoya au Tonkin, pour régler ce différend, un officier, Francis Garnier, avec une escorte de cent soixante-quinze hommes. Garnier fut contraint d'employer la force, et malgré l'infériorité numérique de sa troupe, il s'empara de la citadelle de Hanoï et des places voisines du delta.

Malheureusement ce brave officier trouva la mort dans une embuscade et ne put recueillir les fruits de ses habiles efforts. Son successeur fut impuissant à obtenir de la cour les concessions qu'elle ne lui aurait pas marchandées à lui-même, en raison de la frayeur qu'il avait inspirée.

Traité de 1874. — Un traité fut signé par M. Philastre le 5 janvier 1874. Il stipulait, à notre avantage, la navigation libre du Fleuve Rouge, l'ouverture au commerce des ports de Qui-Nhon en Annam, de Haïphong et de la ville d'Hanoï au Tonkin. Mais nous nous engagions à évacuer les autres places du delta conquises par Garnier, et à défendre le royaume contre tous ses ennemis. Les mandarins n'exécutèrent pas ce traité. Ils mirent toutes sortes d'entraves à l'établissement de nos nationaux et se montrèrent insolents vis-à-vis des représentants que nous avions nommés dans les ports, ainsi qu'envers notre plénipotentiaire même, à Hué. La cour encourageait en secret les bandes chinoises de Pavillons-Noirs qui s'étaient répandus sur le Tonkin et menaçaient nos concessions.

Rivière. — Le gouverneur de la Cochinchine se vit contraint d'envoyer le commandant Rivière au Tonkin avec quelques troupes. Rivière, harcelé sans cesse par les bandes chinoises, périt, dans les mêmes conditions que Garnier, le 19 mai 1883. La cour n'en devint que plus insolent , et notre représentant, menacé, quitta Hué.

C'est alors que le gouvernement français, décidé à en finir, résolut l'expédition du Tonkin.

Mort de Tu-Duc. — Sur ces entrefaites, l'empereur Tu-Duc vint à mourir. Il fut remplacé, le 17 juillet 1883, par son frère Hiep-Hoa.

M. Harmand et l'amiral Courbet. — M. Harmand, nommé commissaire général civil au Tonkin, voulut profiter du désarroi causé par la mort de Tu-Duc pour frapper un coup énergique à Hué. Le 18 août, l'escadre de l'amiral Courbet vint s'embosser devant Tuan-An, qui fut bombardé et dont les forts furent enlevés par les compagnies de débarquement. Les mandarins s'inclinèrent alors et demandèrent la suspension des hostilités. M. Harmand revint à Hué et adressa à la cour un ultimatum énergique qu'il formula ainsi : La guerre ou l'acceptation franche et loyale du Protectorat de la France.

Traité du 25 aout 1883. — La cour capitula et signa le traité du 25 août 1883, qui nous concédait l'occupation de Thuan-An et ouvrait à notre commerce les ports de Tourane et de Xuan-Day ; les douanes étaient remises entre nos mains.

Des agents français placés auprès des mandarins provinciaux, et appuyés par une force militaire, étaient préposés à la surveillance de l'administration des provinces tonkinoises ; enfin, le représentant de la France, réinstallé à Hué, avait le droit d'audience personnelle auprès du roi.

Traité du 6 juin 1884. — Ce traité, envoyé en France, subit quelques modifications et fut remplacé par celui du 6 juin 1884, que M. Patenôtre fut chargé de négocier à Hué. C'est à cette occasion que le sceau impérial chinois, donné autrefois à l'empereur Gia-Long, fut détruit solennellement dans le salon de la légation, en présence de notre plénipotentiaire et des délégués de la cour.

Notre protectorat. — Par ce traité du 6 juin 1884, notre protectorat fut définitivement établi en Annam et au Tonkin.

Rébellion des deux mandarins Thuong et Thon-That-Thuyet. — Cependant la cour n'avait pas encore désarmé. Hiep-Hoa, mort quelque temps après, fut remplacé par un enfant, Kien-Phuoc, neveu de Tu-Duc. Le régent Nguyen Van-Thuong, notre principal ennemi, exerça le pouvoir. Mais Kien-Phuoc allait bientôt disparaître lui aussi. Thuong fit proclamer le prince Ung-Lich, frère du défunt, sous le nom de Ham-Nghi et continua d'exercer le pouvoir avec l'autre régent Thon-That-Thuyet. Ces deux mandarins, hostiles à l'influence française, se mirent en rébellion ouverte et essayèrent d'anéantir par surprise nos troupes dans la citadelle de Hué le 4 juillet 1885. Ils firent également attaquer la légation où se trouvait le général de Courcy, venu pour présenter ses lettres de créance. L'agression, dirigée par Thuyet, fut repoussée et les régents s'enfuirent. Thuyet enleva le jeune roi Ham-Nghi et l'emmena dans les montagnes.

Le roi Dong-Khanh. — Le général de Courcy, reconstituant le gouvernement avec l'aide de la reine-mère et des princes de la famille royale, fit appeler au trône le frère de Ham-Nghi qui régna sous le nom de Dong-Khanh.

Nos troupes eurent encore pendant ces dernières années à dompter la rébellion organisée par Thuyet, enfin le prince Ham-Nghi tomba entre nos mains vers la fin de 1888, et fut envoyé prisonnier à Alger. Malheureusement, S. M. Dong-Khanh qui nous avait donné les preuves d'une amitié sincère mourut prématurément presque au même moment.

Le roi Than-Thaï. — Son successeur, le roi actuel, est le jeune prince Bun Lan proclamé le 31 janvier dernier sous le nom de Than-Thaï.

Sur le fleuve Rouge.

# CHAPITRE II

## Géographie. — Ethnographie.

Géographie physique. — Population. — Race. — Langue. — Société. — Religion. — La famille. — Culte des ancêtres. — Le deuil. — Droit civil. — Loi pénale. — Gouvernement. — Monarchie. — Récit d'un fonctionnaire français. — Mandarinat. — Science. — Théâtre, musique et danse. — Arts plastiques.

GÉOGRAPHIE PHYSIQUE. — L'Annam s'étend le long de la côte orientale de la presqu'île indo-chinoise, en une longue bande de terre étroite entre le 10° et le 20° de latitude Nord, suivant une ligne convexe, dont les points extrêmes sont compris entre le 101° et le 107° de longitude orientale; sa largeur moyenne n'excède pas 150 kilomètres.

FRONTIÈRES. — Ses frontières sont : au nord, le Tonkin ; à l'est, la mer de Chine; au sud, la Cochinchine; les limites ne sont pas déterminées d'une façon précise vers l'ouest, où elles bordent des territoires cambodgiens et laotiens.

Côtes. — L'Annam se déroule ainsi sur une étendue de côtes d'environ 1,200 kilomètres, depuis la frontière de Cochinchine au cap Ba-Ké jusqu'à la limite de la province tonkinoise de Ninh-Binh en dessous de l'embouchure du Daÿ.

Les côtes, très découpées, sont bordées de hautes montagnes.

Iles, caps et baies. — Tout le long, on rencontre des îlots. En allant du sud au nord, on voit : l'île de la Vache, l'île du Tigre, l'île de Hon-Cau, un peu plus au large ; le cap Padaran, la baie de Phan-Rang, le cap Faux-Varéla, la magnifique baie de Cam-Ranh, la grande île Thré ou Thil; la baie de Nha-Trang, la baie de Binh-Cang, profonde et suivie d'un enfoncement dont elle est séparée par quelques îlots; la baie immense de Hon-Coh, à l'entrée de laquelle se trouve l'île montagneuse de Coua; la baie de Hon-Gom se terminant par le port de Vung-Ro. Ces trois dernières baies forment entre elles des presqu'îles étroites. Au delà sont : le cap Varéla, la baie superbe de Xuan-Dai, l'île de Poulo-Gambir, la baie de Qui-Nhon, le cap Batangan, le cap Bantan, la baie de Ki-Quick ; l'île de Culao-Cham, en avant de la rivière de Faï-Foo, la presqu'île de Tien-Cha, qui précède la baie de Tourane; la lagune de Truoï, qui précède l'entrée de la rivière de Hué ; l'embouchure de la rivière de Dong-Hoï, le Cua-Hoï, le Cua-Trap et enfin le Cua-Chao.

Montagnes. — Une longue chaîne de montagnes parcourt l'Annam du nord au sud. Cette chaîne, qui se rattache par les montagnes du Tonkin au plateau du Yun-Nan et limite le bassin du Mékong, couvre à peu près tout le pays et vient prendre fin dans le nord-est de la Cochinchine française; de nombreux contreforts s'en détachent et se dirigent vers la mer en formant un enchevêtremenent de pics, dont les plus élevés atteignent 2,000 mètres. La hauteur moyenne de la chaîne est de 600 à 700 mètres.

PLAINES, DUNES ET COLLINES. — Ces montagnes sont séparées par de petites vallées; alentour, le long de la côte, s'étendent des plaines basses. On cite principalement celles de Phu-Yen et de Hué. Les rivages du Quang-Binh vers le nord sont bordés de dunes basses; partout ailleurs, la mer est dominée par des hauteurs, généralement boisées, qui rendent l'aspect du pays extrêmement pittoresque.

RIVIÈRES. — Des rivières, en assez grand nombre, s'échappent des montagnes. Leur cours est peu long. La plupart d'entre elles ne sont que des torrents qui descendent droit à la mer, dans des directions presque parallèles. Elles sont généralement peu profondes, mais elles subissent de fortes crues pendant les grandes pluies.

Les plus importantes sont : le Da-Rang qui arrose la plaine du Phu-Yen; la rivière de Tourane, qui communique avec celles de Han-Hoa près de la baie de Ki-Quick et celle de Tourane, par un canal parallèle à la côte; la rivière de Hué assez profonde, mais dont l'entrée est obstruée par une barre; la rivière de Dong-Hoï; le Song-Giang formé par la réunion du Ngan-Nam et du Ngan-Noï dont les sources sont situées près de la ligne qui sépare les eaux du Mékong et de ses affluents, de celles des fleuves de l'Annam; le Song-Hoï formé par la réunion du Song-Ca et du Song-Sao. Enfin le Song-Ma, qui descend du Laos, en suivant un instant un cours parallèle à celui de la Rivière-Noire dont il n'est pas très éloigné.

COMMUNICATIONS. — Avec une semblable configuration, on conçoit que les communications soient difficiles à établir. Aussi les routes font-elles presque défaut en Annam.

Il n'y a qu'une grande route, celle qui suit le littoral et relie la capitale avec la Cochinchine, d'une part, et Hanoï, de l'autre, d'où elle repart vers Lang-Son et la Chine. Elle est encore loin de répondre aux exigences des communications européennes. Elle traverse toutes les provinces de l'Annam, qui toutes confinent à la mer, en desservant leurs chefs-lieux situés sur la côte même ou à peu de distance sur les rivières qui s'y embouchent.

Le reste des voies de communications se réduit à des sentiers de montagne, qui traversent, en quelques endroits, la chaîne pour pénétrer dans le Laos. Le principal est celui qui, s'embouchant à la route mandarine, au nord de Quang-Tri, se dirige sur Cam-Lo et passe dans la vallée du Mé-Kong. Un autre chemin, partant de Binh-Tuan, remonte au nord et pénètre dans le Cambodge.

Voie fluviale. — Une voie fluviale relie encore l'Annam au Tonkin par une série de canaux joignant entre eux les différents fleuves du Nord. Cette voie, qui commence dans le Hatinh, suit la côte et met en communication le Song-Giang, le Song-Hoï et le Song-Ma avec le Fleuve Rouge.

Population. — La population de l'Annam est évaluée à 2 millions d'habitants par les uns, à 5 millions par les autres. Les bases de constatation manquent pour un calcul même approximatif.

Races. — Les indigènes de la race annamite proprement dite habitent les vallées ou les collines avoisinant la mer. Les plateaux et les montagnes, à l'ouest, sont occupés par des peuplades qui vivent dans une assez grande indépendance vis-à-vis du gouvernement annamite. Ces tribus de Moïs représentent les restes des anciennes populations du pays que les Giao-Chi (1), en s'avançant vers le sud, refoulèrent sur les montagnes.

L'Annamite est chétif, sa taille diminue à mesure que l'on avance dans le Sud. On constate là une influence du climat. Les Chinois qui immigrent en Cochinchine, très différents pourtant des Annamites, finissent, au bout de quelques générations, par être confondus dans le type annamite. Les montagnards sont grands et forts et le teint de

(1) Nom originel des Annamites.

TOURANE. — GROTTES DE MARBRE.

leur peau est plus foncé. L'Annamite est cultivateur dans les vallées, ou pêcheur. Les Moïs vivent dans la forêt, par tribus séparées indépendantes les unes des autres, parlant des dialectes différents (1).

Langue. — Dans tout l'empire, la langue annamite est invariable, sauf quelques petites différences de prononciation entre les provinces du Sud et celles du Nord. Sa caractéristique, c'est d'être monosyllabique et chantée. Mais les monosyllabes ne peuvent pas exprimer toutes les idées. On a alors augmenté le nombre des mots, en étendant le sens de chacun par les différences d'intonation. Ainsi des mots en apparence semblables revêtent une signification différente suivant qu'ils sont dits dans le ton grave, dans le ton égal ou dans le ton aigu, suivant aussi que leur prononciation est brève ou longue. Le sens d'un mot est encore modifié, suivant que l'accent se rapproche de notre interrogation ou de notre exclamation. Une phrase en langue annamite est donc un morceau de musique qu'il faut chanter juste. Chaque mot est une note; changer son ton, c'est changer son sens.

L'écriture de cette langue ne peut se faire exactement qu'au moyen des caractères chinois dont chacun représente spécialement un mot, une idée différente. Cependant la notation factice des sons de la langue annamite a pu se faire d'une façon approchée, pour la langue vulgaire, au moyen des caractères latins, suivant un système inventé par les missionnaires portugais.

Cette écriture, à laquelle on a donné le nom de Quoc-Ngü (coc-gneu), tient de son origine portugaise une orthographe qu'il faut connaître pour pouvoir lire une pièce annamite. Ainsi le *c* se prononce toujours *k;* le *ch* comme *ti*, ainsi *cho* se dit *tio*. Le *d*, à peu près comme *dzi*. *Duong* équivaut à *dzuong* presque *ziuong*. Le Ð, d barré, est notre D. *Nh* correspond à *ni*, *nha* se prononce *nia* (maison); l'*r*, très rare, se prononce difficilement par un roulement pres-

(1) Pour l'ethnographie, voir le Tonkin, chapitre II.

que insensible. S fait un *ch* doux. *Song*, rivière, se prononce *chong*. Enfin *x* est un zézayement, quelque chose comme une *s*, ou un *sch* à peine articulé. Les autres consonnes se prononcent comme en français. Des accents marquent les tons : l'accent aigu le ton élevé; l'accent grave un ton plus sourd; le point sous la voyelle, un ton très bas et rauque; le ton normal n'est indiqué par aucun signe.

Les accents suivants marquent : (*ă*) l'abréviation; (*ả*) le ton interrogatif; (*ã*) une modulation exclamative comme s'il y avait ah! ah! L'*o* se prononce ouvert comme dans *or* ; *ô* comme *eau*; *o˘* comme *oeu : co˘ m* (riz) se prononce *cœume:* *So˘n-Taï, Cheune-taille; u* se prononce *ou; u˘* se prononce *eu*.

Ces nuances, que l'on saisit malaisément dans la bouche des indigènes, créent à l'Européen une très grande difficulté pour apprendre la langue annamite. Ce n'est qu'après une longue pratique qu'il parvient à la posséder.

Société. — Le peuple annamite forme une société où tous les citoyens sont égaux. Point de castes, aucune classe privilégiée. Les seules distinctions sociales se renferment dans les charges de l'État qui sont accessibles à tous. C'est donc le mérite seul qui différencie les citoyens.

Distinctions nobiliaires. — Les services exceptionnels rendus au pays peuvent être récompensés par des titres de noblesse. Mais la dispensation de ces titres n'a pas créé, ainsi que dans les monarchies européennes, une classe aristocratique. Ils n'accordent aucun privilège, aucune part d'influence dans le gouvernement. Ceux qui en sont pourvus jouissent tout au plus de quelques immunités d'impôt et d'un droit de préséance dans les cérémonies officielles.

Afin d'honorer davantage les serviteurs éminents de l'État, ces titres peuvent être transmis au fils aîné, « héritier de la faveur du père », mais cette transmission n'établit pas l'hérédité. A chaque succession cette noblesse descend d'un degré; elle s'efface entièrement au cinquième degré, ne pouvant subsister, au maximum, dans une famille que durant cinq générations si le bénéficiaire était du premier degré. Il ne faut pas confondre cette organisation nobiliaire avec la hiérarchie du mandarinat.

Religion. — La religion officielle de l'empire est basée sur la doctrine philosophique de Confucius. Le chef du gouvernement est le souverain pontife, il est le mandataire du ciel chargé d'assurer le bonheur du peuple. Il prend le nom de « Fils du ciel », mais ce titre n'emporte pas une idée d'orgueil et ne crée pas une assimilation à la divinité; il marque au contraire la soumission au suprême empereur des choses et des âmes et impose le devoir de pratiquer la vertu. Le souverain offre, pour la nation, le sacrifice au ciel et l'implore pour écarter les calamités publiques. Confucius a tracé toutes les règles de sa conduite.

Il n'y a pas de clergé pour ce culte. Ce sont les fonctionnaires mêmes de l'empereur qui en accomplissent les rites dans les circonstances ordinaires comme dans toutes les occasions où de nouvelles cérémonies peuvent être commandées par l'intérêt général ou par l'intérêt d'une région.

Ces cérémonies sont assez rares, elles reviennent au commencement des saisons. Une telle religion, d'essence toute philosophique, ne peut guère être comprise que des lettrés.

Le peuple pratique une autre religion qui n'est qu'une forme abâtardie du bouddhisme et qui renferme nombre de croyances superstitieuses auxquelles on doit toutes ces pagodes dédiées à des génies et à des divinités chimériques.

Culte des morts. — Une croyance singulière, répandue dans une grande partie de l'Asie, et qui remonte aux époques primitives, enseigne que les âmes des trépassés ne peuvent être heureuses que si elles sont honorées et entourées de l'affection des leurs après la mort. De là vient que les devoirs des descendants envers leurs ancêtres constituent un véritable culte, avec des rites que la tradition a consacrés et des prescriptions rigoureuses édictées par la loi.

D'après cette croyance, les fils seuls sont en état de rendre le culte aux morts et d'honorer leur mémoire. De là, dans chaque famille, la préoccupation d'avoir des descendants mâles.

On doit des offrandes à tous les ancêtres collectivement au premier jour de l'an et à d'autres époques déterminées; on honore les descendants individuellement jusqu'au troisième degré, aux anniversaires de leur mort, dans la ligne paternelle; dans la ligne maternelle, la mère seule est honorée. Ces offrandes sont accompagnées de véritables sacri-

Un canon chinois.

fices faits par le chef de famille, qui est le grand prêtre de la religion des ancêtres.

Tous les Annamites, riches et pauvres, croyant que le bonheur éternel est à ce prix, s'attachent à inculquer dans le cœur de leurs enfants cette idée qu'ils devront les honorer après leur mort. Le riche voue une part de ses biens au culte de sa mémoire. Ce legs est inaliénable. La loi couvre de sa protection la volonté du testateur qui se transmet dans la branche aînée, de mâle en mâle.

Lorsqu'un père meurt *ab intestat*, les héritiers doivent

une part de ses biens au culte. La loi ne se mêle pas de fixer cette part, parce qu'elle juge inutile d'accroître indéfiniment les biens du culte. Elle intervient pour en empêcher l'aliénation, mais seulement lorsqu'une plainte d'un membre de la famille l'avertit. L'administration annamite ne regarde jamais, d'elle-même, dans l'intérieur des familles. Les biens voués au culte ne sont pas la propriété de celui qui les possède, il n'en a que l'usufruit; ses parents ont le droit de veiller à leur conservation et à l'emploi de leurs produits. Le père ne peut se dispenser de transmettre les biens du culte à son fils aîné. A défaut de descendance directe, le droit de succession est réglé par les rites et par la loi. En cas d'extinction de la descendance masculine, ces biens perdent leur attribution sacrée et se transmettent dans l'héritage des femmes.

PUISSANCE PATERNELLE. — Cette religion établit la puissance paternelle d'une manière absolue. A l'origine, le père avait droit de vie et de mort sur ses enfants. Ce droit n'existe plus aujourd'hui. Le père ne peut plus même aliéner la liberté de ses enfants et la coutume lui interdit de disposer de leurs biens. En revanche, la loi ne lui impose aucune obligation vis-à-vis d'eux, tandis qu'ils sont tenus de pourvoir à son entretien, s'il est infirme.

Indulgent pour les fautes du père, le code punit, au contraire, avec une extrême sévérité celles du fils. Le parricide est puni de la torture, de la mort lente. De simples voies de fait entraînent la décapitation. Un père qui tue son enfant est condamné au bâton; la loi l'absout même, si c'était un enfant irrespectueux.

LA FAMILLE. — Le chef de la famille dispose souverainement de ses propres biens. Il en dispose en toute liberté et peut n'en rien laisser à ses enfants après sa mort; il pourrait même leur reprendre ceux qu'il leur aurait donnés sans qu'ils puissent réclamer, puisque la loi défend aux descendants de porter plainte en justice contre leurs ascendants.

Les enfants demeurent indéfiniment sous la dépendance du père de famille. Ils ne peuvent se marier sans son consentement, ni accomplir aucun des actes importants de la vie de famille sans avoir recours à son autorisation. Par le mariage, les filles sortent de la famille et leur postérité y est étrangère pour tout ce qui est relatif au culte des ancêtres. Les fils, malgré leur mariage, appartiennent toujours à la famille, ils deviennent chefs de leurs propres descendants, à la condition de quitter le toit paternel.

Le père est le chef direct de ceux de ses enfants qui vivent dans sa maison, et le chef secondaire de ceux qui ont fondé un établissement séparé.

Chaque famille a pour chef immédiat le père ou le grand-père, et pour chef général de la parenté l'ascendant commun ou le plus âgé de ses fils survivants ou de ses petits-fils, c'est-à-dire le membre le plus âgé de la génération la plus rapprochée de l'ancêtre commun. Ce chef général est le juge naturel et légal de toutes les contestations qui s'élèvent entre ses descendants, ou entre parents de diverses branches. Il tient la place du père dans chaque famille partielle, quand elle en est privée. Enfin il veille à la célébration du culte des ancêtres.

La mère a droit au même respect que le père, mais ses droits sont moins étendus. Elle est soumise à l'autorité de son époux. Celui-ci n'a que l'administration des biens de sa femme et ne peut en disposer sans son consentement. Devenue veuve, la femme conserve ses droits sur ses enfants tant qu'elle reste dans la famille de son époux, mais lorsque, en se remariant, elle va honorer d'autres ancêtres, ses enfants passent sous l'autorité de la famille de leur père décédé.

Polygamie. — En Annam, la polygamie existe pour permettre à l'homme de s'assurer une descendance masculine. Cependant un homme ne peut avoir qu'une femme de premier rang, qui est son épouse véritable et la mère de toute la famille. Elle a sur les enfants des autres femmes les mêmes droits que sur ses propres enfants. Les concubines lui doivent le respect; en cas d'offense, leurs enfants sont punis de peines plus fortes que s'ils avaient manqué de respect à leur propre mère. Son fils demeure l'aîné de la famille, lors même que les femmes de second rang ont donné précédemment des enfants mâles à leur époux. A sa mort, tous les enfants sont également astreints aux obligations de la loi sur le deuil. Pour chaque autre femme, le deuil ne s'impose qu'à ses propres enfants. En matière de succession, la part de chaque femme retourne exclusivement à ses enfants; tous les enfants ont droit à une part égale dans l'héritage du père, à moins qu'il n'en dispose autrement.

Lorsque la femme de premier rang vient à mourir, son mari peut la remplacer, soit par une de ses femmes de second rang, soit épouser une nouvelle femme qui remplacera la première dans tous ses droits. En cas de décès du père de famille, cette première épouse conserve ses droits sur tous les enfants tant qu'elle reste veuve.

La loi autorise le divorce dans la mesure la plus large et par simple consentement mutuel.

Adoption. — En fait, la polygamie se pratique peu. L'adoption fournit aux Annamites, sans descendance masculine, un autre moyen de filiation. Elle est, dans ce cas, soumise à des règles spéciales.

Pour continuer véritablement la postérité de l'adoptant il est nécessaire que l'adopté soit de la famille, qu'il ait les mêmes ancêtres et de plus qu'il appartienne à la branche la plus proche. En un mot il doit être descendant de l'ancêtre commun au même degré que l'eût été le fils de l'adoptant.

Le deuil. — Une loi réglemente la durée du deuil, pour tous les degrés de parenté. Le deuil des enfants, à la mort de leurs parents, et le deuil de la femme, à la mort de son mari, sont de trois ans. Pendant ce temps il ne peut y avoir ni mariage ni partage d'héritage.

Administration de la famille. — Le législateur annamite, qui a accordé au père une autorité presque absolue sur ses enfants, le laisse libre d'administrer sa famille comme il l'entend. Il a édicté des pénalités rigoureuses pour assurer l'obéissance et le respect des enfants envers leur père. Celui-ci ne doit compte, pour son administration, que lorsqu'il trouble l'ordre public. La loi borne là son intervention dans les affaires de famille. Elle n'apparaît pas même dans la constitution des actes de l'état civil.

Musiciens ambulants.

En matière de droit civil, l'individu se trouve presque complètement négligé. Le code annamite ne se préoccupe de lui qu'au point de vue général, dans ce qui intéresse directement l'État. Mais aucune prescription ne vient régler les droits et les devoirs respectifs des personnes dans leurs relations individuelles.

Droit civil. — La loi protège bien la propriété, mais elle ne fixe pas les conditions, ni la forme des contrats, qui est laissée à l'arbitraire des parties. Cela amène à conclure que le droit civil annamite n'existe pas. Ce n'est qu'un amas de coutumes orales. On conçoit parfaitement cet état de choses dans un pays où le commerce est encore peu développé et où les intérêts privés n'ont que de rares occasions de conflits.

Dans toutes les conventions, c'est le consentement libre qui fait la loi des parties : les juges, quand une contestation surgit, s'attachent à faire exécuter la volonté des contractants. Le chef de famille est le juge naturel entre les parents. Les affaires des particuliers sont tranchées par des notables. Si les parties se refusent à exécuter les décisions de ces sortes de tribunaux de conciliation (les seules juridictions civiles de l'Annam) et portent l'affaire devant un tribunal d'État, le juge, après avoir rendu sa sentence en équité, d'après la coutume, inflige une peine correctionnelle à la partie qui succombe et qui est déclarée coupable d'une injustice envers la partie adverse. Cette législation ne favorise pas la chicane et engage à regarder de près avant de faire un procès.

L'intention des contractants est constatée par des actes écrits, sous seing privé ou certifiés par les notables. Les commerçants ont des cachets qui, apposés sur leur nom, tiennent lieu de signature. Les illettrés marquent une empreinte de leurs doigts qui est ponctuée ensuite à l'encre et qu'on peut facilement vérifier. C'est d'après ces engagements que le juge prononce ses jugements, la preuve par témoins n'étant pas réglée par la loi.

La vente d'une propriété immobilière n'est définitivement valable que lorsqu'elle a été faite dans la forme authentique, c'est-à-dire signée par les notables et transcrite sur les rôles de la commune. Le droit de propriété comprend le droit de jouissance et le droit de disposer. Il arrive souvent qu'un Annamite vend sa terre avec faculté de rachat ; il cède alors simplement son droit de jouissance. L'acheteur peut, à son tour, vendre son droit d'usufruitier.

Loi pénale. — Si les Annamites n'ont pas, à proprement parler, de droit civil codifié, par contre ils possèdent une loi pénale complète et détaillée. Celle-ci ne laisse presque rien à l'appréciation du juge. Une classification minutieuse des actes punissables, avec la désignation de la peine correspondante, sans maximum ni minimum, limite le rôle du magistrat à l'application rigoureuse de la peine. Il n'a qu'à constater la nature du délit sans avoir à peser aucune circonstance particulière.

Chatiments. — Les châtiments sont : l'emprisonnement, le bâton, les travaux pénibles, l'exil ou plutôt la déportation à l'intérieur ou à une distance d'autant plus grande que la faute est plus grave, la mort avec sursis, condamnation qui laisse au coupable le temps de s'amender en maintenant suspendue sur sa tête une menace d'exécution ; la décapitation simple pour les meurtres, la mort lente pour les crimes atroces contre l'État, le roi ou les parents.

La mort lente. — Ce dernier supplice consiste soit dans la strangulation, soit dans la mort sous le bâton, soit dans des tortures : écartellement, ablation des membres, et enfin, comme dernière aggravation, le déchirement du cadavre et sa dispersion à tous les vents, avec privation de sépulture. Toutefois ces peines, bien qu'inscrites dans le code, sont rarement appliquées. Depuis notre occupation, aucune exécution de ce genre n'a eu lieu au Tonkin. Les condamnations capitales devant être soumises à l'approbation royale ne s'exécutent qu'en automne et en hiver. Les Annamites, qui considèrent ces deux saisons comme l'époque du deuil de la nature, les choisissent, d'ordinaire, pour l'examen des procès criminels. Au printemps, époque de joie et de bonheur, la clémence royale éclate par la dispensation des grâces.

Le baton. — Le bâton, qui est le châtiment le plus commun pour les fautes légères, accompagne presque toujours les condamnations graves ; il se combine avec la prison et les travaux pénibles. L'application de cette peine varie, entre dix coups pour le vol d'une once d'argent, par exemple, et cent coups. Le nombre de coups se proportionne exactement au degré de la faute. Lorsque la faute mérite plus de vingt coups, on remplace, pour les donner, le rotin ou rôï par le truong. C'est un petit bâton de la grosseur d'un doigt, long de 70 ou 80 centimètres. Le patient est étendu par terre, sur le ventre, les bras allongés en avant et attachés à un piquet, les pieds également fixés. L'exécuteur se plaçant à droite contre les reins du coupable frappe en se fendant de la jambe gauche et se remet en garde par des mouvements réglés comme dans un exercice d'escrime.

Le bâton est aussi employé par le juge pour arracher l'aveu aux inculpés ou pour délier la langue des témoins qui semblent hésiter dans leurs dépositions, par crainte de représailles.

La cangue. — Durant leur incarcération, les prisonniers sont chargés d'une cangue dont le poids varie également avec la peine. Cet instrument ne les quitte pas de toute la durée de l'emprisonnement.

La cangue, qu'elle soit en bambou et légère, ou en bois dur et pesante, se compose de deux montants longs de plus d'un mètre, reliés par deux traverses qui emprisonnent le cou et par deux autres barres aux extrémités. Elle ressemble assez à une petite échelle. Le condamné maintient la cangue avec ses mains pour marcher, et, pour se coucher, il la tourne en travers, appuyant l'un des montants à plat sur le sol.

Dans les prisons, qui ne sont le plus souvent que des cases peu solides, en bois, les malfaiteurs ont de plus les pieds maintenus entre deux barres de bois percées d'entailles, ce qui les oblige à se tenir assis ou couchés.

Gouvernement. — Le gouvernement de l'Annam est la monarchie pure. Le roi est souverain absolu. Son pouvoir, qui s'exerce sans le contrôle d'aucune assemblée, n'a d'autres limites que celles que lui imposent la doctrine de Confucius et des traditions puissantes, transmises de dynastie en dynastie et observées depuis un temps immémorial.

La couronne est héréditaire et sa dévolution est régie par les lois ordinaires de la famille à l'exclusion des femmes.

Monarchie. — La conception politique des Annamites dérive de l'idée religieuse primordiale. La nation est gouvernée par un mandataire du ciel. Le monarque est le représentant de la morale purement rationnelle de Confucius et le chef du culte. Les Annamites ne peuvent comprendre le gouvernement impersonnel, la puissance souveraine exercée par délégation des citoyens.

Nous avons dit que le titre de « fils du ciel » n'emporte pas une idée d'orgueil, il impose au contraire au roi le devoir de pratiquer toutes les vertus et l'oblige à suivre les

L'escrime en Annam.

règles de conduite tracées pour les empereurs. S'il s'en écarte il attire sur son peuple toutes sortes de calamités. L'empereur n'est donc point un Dieu, mais il a reçu l'investiture du ciel. C'est un être auguste et saint envers lequel tout manquement est un sacrilège. Un cérémonial rituel qui ne se relâche, en aucune circonstance, des coutumes conservées à travers les âges, donne à la personne royale un caractère sacré qui la sépare du reste des hommes. Elle doit échapper aux regards de ses sujets ; son nom même ne peut être prononcé par le peuple.

A l'occasion de la signature des divers traités qui sont

intervenus depuis quinze ans entre la France et l'Annam, l'étiquette annamite s'est trouvée fort embarrassée pour la réception de nos plénipotentiaires. Il a fallu concilier les exigences des rites avec celles de l'étiquette européenne, et satisfaire aux traditions sans blesser nos représentants. Les derniers empereurs d'Annam, contraints de plier, sauvèrent quelquefois les apparences au moyen d'habiles subtilités. Les portes du palais, par exemple, ne paraissaient s'ouvrir que devant la lettre et les cadeaux destinés au roi, nos ambassadeurs leur faisaient escorte. Un chemin différent suivi au retour, un détail quelconque suffisait aux mandarins pour faire considérer comme un hommage rendu à leur souverain une visite à laquelle ils ne consentaient que par force.

Dong-Khanh a dédaigné ces artifices. Comprenant qu'il n'abaissait nullement sa dignité en rendant à nos ambassadeurs les honneurs qui leur sont dus, il a simplement abandonné ce que les rites de la cour présentaient d'inconciliable avec nos coutumes.

Récit d'un fonctionnaire français. — On jugera, par le récit suivant d'une réception faite à l'un des chefs de notre protectorat, de ce que sont encore les coutumes de cette curieuse cour d'Annam.

« L'audience royale avait été fixée pour 3 heures, et dès le matin déjà nous pouvions voir les soldats annamites formant la haie de la porte de notre légation à la rivière qui la sépare de la citadelle. La discipline n'est pas sévère dans cette armée et chaque homme, après avoir planté en terre sa lance ornée d'un large étendard ou d'une touffe de crins, se couchait à côté ou même s'absentait sans se soucier de sa faction. Des éléphants armés en guerre, caparaçonnés d'étoffes voyantes, vinrent aussi se ranger sur les deux rives, de distance en distance, jusqu'à l'entrée du palais. Puis, arrivèrent longtemps avant l'heure les sampans royaux avec le ministre des rites, remplissant les fonctions d'introducteur. Son escorte apportait deux petits autels en bois laqués de rouge, agrémentés de dorures et surmontés d'un dôme, sortes de chaises à porteurs dans lesquelles furent placés les cadeaux destinés au roi et les lettres de créance de notre ministre; celles-ci furent déposées dans une boîte spéciale et accompagnées par les parasols jaunes du roi.

« Nous prîmes place avec le ministre dans une grande embarcation conduite par les nageurs royaux. Ceux-ci habillés de vêtements sans manches, sortes de chasubles rouges bordées de jaune, serrées à la taille, et coiffés du petit chapeau conique, étaient montés sur de longues gondoles extrêmement étroites et remorquaient les sampans, en ramant debout avec beaucoup d'ensemble. Un bateau de musiciens, jouant sur des flûtes de bambou, précédait notre embarcation.

« Le débarcadère royal est relié à l'enceinte du palais par un long couloir à ciel ouvert, mais dont les murs élevés cachent la majesté royale à la vue de ses sujets. Deux éléphants nous en firent les honneurs. Nous nous engageâmes dans cette allée toute bordée de fantassins annamites portant des étendards multicolores, nous passâmes ainsi devant des bataillons de tigres et de dragons, de braves dont tout l'uniforme consiste dans le petit surtout décrit plus haut. A voir les nuances douteuses de ces étranges tuniques, on peut penser que la tenue de parade est aussi celle de campagne. Si l'équipement que nous voyons était à l'honneur, il devait s'être bien souvent trouvé à la peine!

« Dirigés par le ministre des rites, nous pénétrâmes dans l'enceinte du palais en passant la fortification sous une large voûte. Nous eûmes à traverser encore une série innombrable de cours immenses, toutes dallées de carreaux vernissés qui nous renvoyaient un soleil de feu et à franchir un certain nombre de portes épaisses, surmontées de triples toits. Les deux premiers ministres, grandes colonnes de l'Empire, nous attendaient auprès de la dernière. Ils étaient enfouis dans d'immenses robes de soie rose, décorées de fleurs aux vives couleurs, leurs bras et leurs mains disparaissent dans des manches démesurées. Ce vêtement bizarre est orné dans le dos de deux ailes étroites et pointues. Ils étaient coiffés d'un bonnet de carton avec deux bandelettes horizontales sur le derrière. Des bottes relevées, à épaisses semelles de feutre, les obligeaient à une démarche lente et embarrassée. Ces deux hauts personnages nous introduisirent dans une dernière enceinte au fond de laquelle se dresse la pagode réservée aux audiences. Celle-ci est précédée d'une pièce d'eau traversée par un pont cintré, dont les deux têtes sont ornées d'un portique de bronze, sur lequel des plaques d'émail de couleur font une décoration très curieuse.

« La salle du trône occupe une vaste et lourde construction dont la haute toiture à quatre pans constitue toute l'architecture; elle descend près de terre et se retrousse aux quatre coins, toutes ses lignes sont courbes et c'est ce qui lui donne son originalité; le faîte est surmonté d'énormes dragons. La façade, entièrement à jour, éclaire seule l'intérieur; plusieurs lignes de gros piliers de bois laqués de rouge, sur lesquels serpentent des dragons dorés, soutiennent une charpente artistique.

« Rangés sur les deux côtés, les mandarins se faisaient face, immobiles et comme figés dans la contemplation d'une petite baguette d'ivoire qu'ils tiennent des deux mains dans les cérémonies, pour ne point fixer la personne de l'empereur. Le trône est au milieu de cette salle sur une estrade élevée. C'est un siège de bois doré assez simple. Au moment où nous entrâmes, Dong-Khanh était assis. Nous ne distinguions qu'un flot de soie jaune d'où émergeait un visage frais et jeune, immobile comme celui d'une statue. L'immobilité et le silence de tout ce monde étaient d'un effet surprenant.

« Dès que notre ministre s'approcha, Dong-Khanh se dressa avec une majestueuse lenteur. Son costume était, pour la forme, en tous points pareil à celui de ses mandarins. Il tenait, comme eux, une petite baguette à la main.

UNE JONQUE.

Une petite tiare, dorée et enjolivée d'ornements d'or, couvrait sa tête. Il écouta, toujours impassible, le discours de notre ministre qui fut traduit par un interprète annamite courbé près du trône, puis il répondit d'une voix basse qui expirait sur ses lèvres. Ses mots coupés de longs intervalles arrivaient à peine jusqu'à nous. Enfin il nous fit prier de passer dans ses appartements privés, vers lesquels il nous guida d'un pas attardé et automatique. Alors commença une longue promenade dans un méandre de couloirs, au milieu de ce palais désert, à l'aspect sombre. Quatre porte-sabres, tout rouges, précédaient le roi et, à chaque détour de la galerie, un garde, la face contre la muraille, annonçait la venue du cortège par un cri aigu prolongé.

« Nous arrivâmes dans une salle immense, aux proportions tout à fait monumentales, au milieu de laquelle était dressée une table. Dong-Khanh prit place à l'un des bouts, sur un siège dominant les nôtres et l'on nous servit du thé dans un service européen composé des pièces les plus diverses, seule la tasse du roi était en jade. Des serviteurs la lui remplissaient à genoux. Quelques rares paroles s'échangèrent, toujours d'une voix à peine saisissable et avec la même sobriété de gestes. Les deux premiers ministres, les seuls des mandarins qui eussent été admis, se tenaient debout, les yeux toujours fixés sur leur baguette. Le soir, Dong-Khanh nous invita à un dîner servi à l'européenne et dont il fit les honneurs avec beaucoup de grâce et avec une véritable entente de nos coutumes. Il se départit entièrement de la rigueur des rites ; il nous pria d'être gais et donna lui-même l'exemple, montrant dans sa conversation des qualités réelles de finesse et d'esprit. S'étant informé de la famille de notre ministre, il marqua quelque étonnement en apprenant qu'il était célibataire, puis presque aussitôt il déclara qu'il devait s'en féliciter, car une Française n'aurait pas consenti à un pareil éloignement de son mari et il n'aurait pas alors le plaisir de le traiter comme en ce moment. Ses traits, très fins, rendent sa physionomie fort douce et intelligente, tout son extérieur respire une grande distinction. A diverses reprises il répéta avec grande modestie que le poids d'un royaume était bien lourd pour son âge et qu'il comptait beaucoup sur les représentants de la France pour alléger son fardeau. Dong-Khanh n'a guère plus de vingt ans en effet, mais il possède déjà des connaissances politiques précieuses. D'un esprit très ouvert, il voit les affaires de son pays avec netteté et les dirige avec des idées larges que n'avaient guère les hommes d'État qui ont gouverné sous ses prédécesseurs.

« Quelques jours après, Dong-Khanh vint en grande pompe à la résidence de France rendre sa visite à notre ambassadeur. La traversée de la rivière s'opéra sur une immense jonque fermée, le dissimulant aux regards, remorquée par une véritable flottille de sampans. Du débarcadère à la légation, ce qui fait environ 60 mètres, il fut porté dans une chaise fermée. Il avait revêtu pour la circonstance un gracieux costume, composé d'une tunique de soie, recouverte d'ornements et de bijoux, avec deux curieuses plaques d'or joliment ciselées sur les épaules; aux massives et incommodes bottes chinoises il avait substitué des bottes vernies de fabrication française. »

Le souverain annamite vit dans son palais au milieu de son harem. La polygamie est pour lui obligatoire et c'est à la cour seulement qu'on trouve des eunuques chargés de la garde des femmes. Bien que la condition de ces dernières diffère de beaucoup de celle des odalisques dans les pays orientaux, les concubines du roi ne possèdent pas la même liberté que les autres femmes annamites.

La famille du roi est régie d'après les lois ordinaires, l'épouse légitime, investie du titre de reine, se trouve dans la condition juridique de la femme de premier rang dans le peuple. La reine peut être chargée de la régence. Elle a pris souvent une grande part aux affaires du pays. La mère de l'empereur Tu-Duc, qui vit encore actuellement, a exercé une grande influence dans la politique annamite. Son autorité se fait sentir encore aujourd'hui. On l'entoure, à cause de son grand âge, d'une vénération particulière. Il est d'usage aussi pour nos représentants de rendre visite à cette vieille princesse.

Chez elle, des rites encore plus rigoureux que chez le roi et un cérémonial inflexible donnent à ses audiences un caractère des plus impressionnants.

« Elle habite dans le palais impérial, qui est une véritable ville par l'étendue, une partie très retirée. Lorsque nous nous rendîmes à sa réception, une députation de mandarins et une escorte de gardes nous prirent à l'entrée et nous firent franchir un certain nombre de guichets, puis les gardes changèrent et nous fûmes confiés à des eunuques qui nous conduisirent, au travers d'une zone de transition, à la frontière du domaine des hommes. De là, une escorte de femmes nous amena jusqu'à l'entrée d'une cour qui précède la salle d'audience, et qui était occupée par une troupe de femmes en armes, bizarrement équipées et coiffées d'un casque de carton noir. Toute cette vieille garde, irrésistible sans doute sous Tu-Duc, mais qui n'avait plus maintenant dans ses carquois que des flèches bien émoussées, se tenait rangée dans une attitude martiale, musique en tête.

« Nous fûmes rejoints là par le roi et nous entrâmes dans une immense pièce assez semblable à celle des audiences de Dong-Khanh. Ces salles des palais annamites se ressemblent d'ailleurs toutes par la même sobriété de décor. Trois sièges avaient été préparés, un fauteuil assez élevé pour Sa Majesté, un plus bas, tout auprès, pour notre ministre, et un banc en arrière pour sa suite. On prit place et un grand store situé sur notre côté fut soulevé par deux des femmes de service. Nous pûmes alors apercevoir, dans une sorte de grande alcôve, la vieille princesse vêtue d'une longue robe jaune, assise sur une estrade. Ce ne fut qu'une apparition, car les deux femmes replacèrent aussitôt la natte qui la cachait. On nous servit ensuite le thé et un entretien extraordinaire s'engagea. Les paroles de notre chef de mission, traduites au roi, étaient transmises par lui à voix basse à l'une des femmes, qui les portait, par un long détour, à l'oreille de sa souveraine, et la souveraine envoyait sa réponse par cette femme sans qu'on entendit autre chose qu'un chuchotement mystérieux. On conçoit qu'un pareil mode de correspondance prête difficilement à de longs discours. La conversation se borna à l'échange de quelques compliments et nous nous retirâmes, reconduits par nos étranges guides que nous échangeâmes successivement, comme à l'aller, jusqu'à la porte extérieure où nous attendait notre escorte d'éléphants. Ces longues promenades dans ces cloîtres déserts, toutes ces cérémonies dont le rituel, transmis intact de l'antiquité la plus haute, atteste la puissance, l'autorité redoutable d'un maître presque égal à un dieu, — cet ensemble de choses immuables, continuant un passé fabuleusement lointain, frappe l'imagination et emporte l'esprit bien loin de la réalité. En nous retrouvant au dehors, il nous semblait que nous avions rêvé. »

S. E. Nguyen-Trong-Hiep, actuellement régent.

Mandarinat. — Nous avons dit plus haut que le savoir donne seul accès aux fonctions publiques. Les mandarins, à quelque degré qu'ils appartiennent, ont tous subi des examens. Ils sont choisis parmi les lauréats des divers concours et sont pourvus de charges en rapport avec le diplôme qu'ils ont obtenu. C'est ainsi que certains lettrés débutent dans des postes élevés, sans aucun service antérieur dans l'administration. Les gradués inférieurs n'ont qu'un avancement très limité, ils s'élèvent rarement au-dessus des fonctions subalternes de chef d'arrondissement. Cependant, les connaissances exigées par les concours ne préparent que médiocrement au rôle d'administrateur. L'enseignement des lettrés ne comprend en effet que des notions de philosophie, de littérature et d'histoire, il les laisse ignorants des choses scientifiques qui leur seraient d'une plus grande utilité. Souvent les mandarins passent par les fonctions enseignantes avant de parvenir à celles de l'administration.

La hiérarchie du mandarinat est établie par sept degrés, chaque degré comprenant deux classes. Les fonctionnaires, civils ou militaires, reçoivent un traitement d'après le degré et la classe, sans distinction entre les services différents auxquels ils peuvent appartenir. Les soldes sont dérisoires, elles ne dépassent pas quelques centaines de francs pour les mandarins les plus élevés, plus un certain nombre de rations de riz pour eux et les gens de leur maison. Cette quasi-gratuité des fonctions a créé l'usage de faire des présents aux fonctionnaires et c'est de là que leur vient la réputation de vénalité qu'ils ont auprès des Européens. Quelques-uns d'entre eux, qui ne se sont pas assez pénétrés de la doctrine de Confucius, sont en effet capables d'abuser de leur immense autorité pour frapper leurs administrés d'impôts illégaux.

Il ne faut pas cependant considérer comme un fait de corruption, en justice, l'acceptation, par le juge, de cadeaux qui lui sont toujours offerts par les deux parties. Ce principe n'en est pas moins d'une immoralité déplorable. Le seul moyen d'y remédier serait de payer convenablement les fonctionnaires.

SCIENCE. — La littérature enseignée dans les écoles du gouvernement est la littérature chinoise, la philosophie est celle de Confucius dont le but est de faire des hommes parfaits dans la famille et la société. Les livres canoniques d'où dérivent toutes les coutumes civiles du pays enseignent les vertus familiales, les devoirs mutuels des hommes entre eux, les devoirs réciproques du souverain et des sujets, et ceux des fonctionnaires. Tel est l'unique aliment d'étude dont se nourrit l'esprit des lettrés annamites. Au bout de longues années de travail, ils n'arrivent ainsi qu'à acquérir un bagage de connaissances conventionnelles. Leur science est souvent puérile, ingénieusement compliquée, mais sans utilité pratique. Elle rappelle, par ses fastidieuses subtilités, la science scolastique du moyen âge. Les sciences naturelles et les sciences mathématiques sont totalement exclues des programmes.

Cet enseignement défectueux a développé chez les mandarins l'esprit de finasserie qui fait d'eux des diplomates habiles et retors, mais il les a laissés dans l'enfance pour tout ce qui touche aux questions économiques les plus élémentaires. De là est résulté pour le pays une infériorité très grande au point de vue industriel et commercial.

INSTRUCTION. — Dans le peuple, l'instruction primaire est assez répandue, mais elle ne rappelle pas tout à fait la nôtre, car, tandis que pour nous, savoir lire et écrire (ce qui est le fond de l'instruction primaire) consiste à connaître les combinaisons de vingt-quatre caractères, pour un Annamite le même résultat exige l'étude de plusieurs milliers de caractères usuels et du sens des mots.

Ces hiéroglyphes n'ont pas, comme notre écriture, pour but de figurer un son, d'écrire la parole, mais de représenter les idées par un signe propre à chacune d'elles. L'écriture annamite est idéographique et non pas phonétique. Il est clair que dans un idiome monosyllabique on ne peut pas exprimer toutes les pensées par la représentation phonétique du langage, à cause de la multitude des mots homophones. Il faut non seulement reproduire la prononciation, mais le ton; par conséquent l'écriture « quoc-ngu » dont nous avons parlé précédemment, qui peut rendre le langage vulgaire, ne peut pas reproduire la signification des nombreux hiéroglyphes homophones.

L'ensemble des mots représenterait un chiffre de quatre-vingt mille hiéroglyphes environ. La série des mots usuels n'en renferme que trois à quatre mille. Les lettrés ne connaissent guère plus de cinq à six mille caractères. Le dictionnaire leur donne la signification des mots techniques qui n'entrent qu'accidentellement dans les ouvrages.

Une mémoire spéciale, que l'atavisme et l'influence du milieu ont singulièrement développée, permet aux Annamites d'apprendre assez vite cette écriture. Dans tous les villages il existe des maîtres libres qui enseignent les caractères. Les enfants reproduisent en chantant à haute voix la signification des caractères tracés par le professeur. Les sentences qui composent les leçons d'écriture sont choisies de telle sorte qu'en apprenant les hiéroglyphes les élèves reçoivent, en même temps, des préceptes d'éducation morale et acquièrent des connaissances pratiques pour les besoins usuels.

Théâtre. — Le théâtre tient une assez grande place dans les œuvres littéraires annamites. Le répertoire comprend des pièces historiques et des drames. Chez ce peuple, le genre tragico-burlesque est surtout en faveur. Les sujets héroïques ou fabuleux sont, le plus souvent, les luttes de plusieurs prétendants pour la possession d'un trône ou bien la délivrance d'une princesse prisonnière d'un Génie. La pièce se déroule interminable, dans une succession embrouillée d'épisodes dramatiques, entremêlés de scènes bouffonnes. L'interprétation et la mise en scène surtout sont des plus naïves.

D'ordinaire le théâtre est une grande halle. La scène, fort petite, est enserrée par les spectateurs qui l'envahissent en partie; un simple rideau, qui en forme le fond, sert de retraite aux acteurs; aucun décor ne donne l'illusion du lieu dans lequel se meut l'action, et ne vient aider l'imagination des auditeurs. Les scènes se succèdent sans interruption, séparées seulement par le passage bruyant de deux files de jeunes figurants, porteurs de drapeaux, qui font diversion en entrant, de deux côtés à la fois, sur le théâtre qu'ils traversent en se croisant et en poussant des cris aigus.

Le directeur de la scène siège au fond, assis devant une table, et les valets de théâtre rangés sur le côté disposent les quelques accessoires indispensables. Les artistes revêtus de costumes éclatants, porteurs de bonnets extraordinaires, de masques ou de têtes fantastiques, débitent leur rôle d'un ton déclamatoire fatigant, passant alternativement du son rauque au suraigu. Les acteurs accompagnent cette diction bizarre d'un jeu compliqué et de contorsions de toutes sortes, pendant qu'un orchestre fait rage de ses tams-tams et de ses gongs dont les vibrations produisent un vacarme discordant des plus pénibles pour les oreilles européennes.

Les Annamites prennent, à ces divertissements, un plaisir des plus vifs; à l'occasion des fêtes publiques, ils assistent sans se lasser à des représentations qui durent des journées entières.

Musique et danse. — Ils goûtent aussi beaucoup les chants de femmes et les danses, si l'on peut donner ce nom à un exercice qui ne comporte que quelques déplacements des danseuses entre elles, quelques tournoiements lents sur elles-mêmes. Toute leur agilité consiste dans des mouvements des doigts et des poignets, peut-être remarquables par leur souplesse, mais dont les indigènes peuvent seuls apprécier la grâce. Leurs chansons ne sauraient davantage nous charmer. La musique, assez harmonieuse, plutôt douce, se traîne avec monotonie sur quelques notes chantées à bouche close d'une voix nazillarde.

PEINTURE ET SCULPTURE. — Le théâtre et la musique sont les seuls arts qui aient reçu quelque développement en Annam. La peinture et la sculpture sont encore dans l'enfance, la peinture surtout. Quelques rares statues de pierre qui représentent des divinités et qui se trouvent dans les tombeaux royaux figurent à peu près toute la statuaire. Les sculptures sur bois, plus répandues, ont la valeur d'œuvres patientes et dénotent chez l'ouvrier plus d'habileté d'exécution que d'entente de l'art décoratif.

ARTS PLASTIQUES. — L'architecture n'a rien non plus de bien saillant. Quelques pagodes seules forment un ensemble original avec les portes et les colonnettes surmontées de lanternaux, qui les précèdent. Les tombeaux des rois d'Annam, qui sont de véritables palais, ont cependant été conçus avec goût. Ils sont situés sur les bords de la rivière de Hué dans des sites ravissants et sont encore plus remarquables par l'ordonnance des jardins qui les entourent, par la beauté de la nature qui les environne que par le style de leurs constructions. Quelques pavillons sont aussi d'un effet assez curieux. Le tombeau de Tu-Duc, le plus rapproché de Hué, forme une succession de constructions dispersées dans un immense enclos planté de beaux arbres; celui de Minh-Mang, plus loin sur la rive gauche, est surtout splendide par son parc admirablement dessiné; celui de Gia-Long, plus haut sur la rivière, est aussi digne d'être mentionné. Ces empereurs ont fait travailler à leur tombeau pendant de longues années et ils ont accumulé dans la résidence préparée pour leur Ombre des splendeurs que ne possède pas la demeure du souverain régnant. La coutume d'enfermer dans le tombeau les femmes et les serviteurs du roi défunt n'a donc plus rien de bien effrayant.

Le pont de Hué.

## CHAPITRE III

### Administration.

Protectorat de la France. — Administration. — Ministères. — Provinces. — Gouverneurs. — Mandarins. — Justice. — Enseignement. — Armée. — Arrondissements. — Cantons et communes. — Impôts. — Monnaie. — Hué. — Thuan-an. — Binh-Dinh. — Dong-Hoï. — Tinh-Nghé. — Thanh-Hoa.

Protectorat de la France. — Le Protectorat de la France en Annam est établi définitivement depuis 1886 par le traité du 6 juin 1884 dont les ratifications furent échangées à Hué le 23 février 1886.

En échange de notre protection, le gouvernement annamite ouvre au commerce de toutes les nations les ports de Qui-Nhon, de Tourane et de Xuan-Day, dans lesquels des résidents français sont entretenus sous les ordres d'un résident général, placé auprès de la cour, à Hué. Notre représentant a la faculté d'habiter la citadelle avec une escorte militaire. Des forces françaises occupent Thuan-An.

La France représente l'Annam dans toutes ses relations extérieures, mais les fonctionnaires annamites, depuis la frontière de la Cochinchine jusqu'à celle de Ninh-Binh, continuent à administrer les provinces comprises entre ces limites, sauf pour les douanes, les travaux publics et en général les services qui exigent une direction unique ou l'emploi d'agents européens.

Les Français et étrangers de toutes nationalités sont placés sous la juridiction française, qui statue également sur les contestations entre Annamites et étrangers.

Réorganisées et placées sur les rivages et aux frontières seulement, les douanes sont entièrement confiées à des administrateurs français. Les lois et règlements concernant les contributions indirectes, le régime et le tarif des douanes, le régime sanitaire de la Cochinchine, sont applicables aux territoires de l'Annam. Les taxes perçues actuellement sont celles du tarif général, étendu à toute l'Indo-Chine, avec quelques modifications qui ne portent que sur des produits asiatiques sans similaires en Europe. La douane est aussi chargée de la police des ports, du service de pilotage, de phares et de sémaphores, et les règlements sur ces matières sont établis par des arrêtés du résident général du 17 octobre 1886.

Les mandarins continuent à percevoir l'impôt ancien sans le contrôle des fonctionnaires français et pour le compte de la cour de Hué.

Des conventions ultérieures sont venues élargir le champ de notre action. Le roi a concédé à nos troupes une partie de la fortification de la citadelle de Hué. Le port et la ville de Tourane ont été érigés en possessions françaises. L'entrée du royaume d'Annam a été plus libéralement ouverte à nos nationaux auxquels il est désormais permis de fonder des établissements à l'intérieur. En dehors des trois ports ouverts au commerce en vertu du traité de 1884, nous avons pu placer des agents sur d'autres points de la côte et l'obligation pour nous d'assurer la sécurité a porté notre occupation militaire et civile dans plusieurs autres villes. Song-Cau, dans le Phu-Yen; Nha-Trang, dans le Khanh-Hoa; Dong-Hoi, Vinh et Thanh-Hoa sont pourvues d'agents français. Dong-Hoi, par l'étroit défilé qui fait communiquer le nord de l'Annam avec le reste du royaume, est un point statégique des plus importants, la clé des communications terrestres avec le Tonkin. Un réseau de petits postes, fournis par des troupes françaises et indigènes dont on créa un corps spécial (chasseurs annamites) maintient la tranquillité dans le pays qui fut fort troublé à la suite des événements de juillet 1885. La pacification est maintenant assez parfaite pour que beaucoup de ces postes aient pu être supprimés récemment et que l'autorité supérieure du Protectorat ait pu songer à licencier le corps des chasseurs annamites, remettant entièrement l'administration et la garde du pays aux représentants du roi d'Annam.

Le représentant de la République auprès de la cour de Hué a donc, en Annam proprement dit, une mission surtout diplomatique. Il reçoit les instructions du gouverneur général de l'Indo-Chine.

Jusqu'à présent notre représentant n'a pas usé de la faculté qui lui est accordée d'habiter la citadelle. L'ancienne légation de France est toujours le siège officiel du résident général; un poste de troupes françaises en constitue la garde, tandis que d'autres détachements occupent la position du Mang-Ka à l'un des angles de la forteresse.

Une canonnière de rivière met en communication la Résidence avec Thuan-An, à l'embouchure de la rivière de Hué, dont les fortifications ont été démantelées. Une garnison de nos soldats, avec un hôpital, est établie à l'entrée de la rivière.

Le câble télégraphique qui relie Haï-Phong à Saïgon dessert Thuan-An. Une ligne télégraphique terrestre traverse tout l'Annam en longeant la côte et se relie aux fils de la Cochinchine et du Tonkin.

Des bureaux sont installés dans tous les postes que nous occupons. Le service postal, qui est fait par mer sur la côte et par des trams sur les routes de l'intérieur, transmet régulièrement les correspondances sur tous les points.

Les principaux postes de douane sont ceux de Tourane, Faï-Foo, Quang-Ngai, Qui-Nhon et Cam-Ranh.

Administration annamite. — Tous les pouvoirs sont centralisés dans la main du roi qui est maître absolu. Celui-ci délègue ses ministres pour administrer ses États. Tout aboutit à lui; il est le moteur souverain de la machine administrative et il est le juge suprême, au jugement duquel chacun de ses sujets a le droit d'en appeler. Six ministères représentent les différentes branches de l'administration, ce sont : le ministère de l'Intérieur, le ministère des Finances, le ministère de la Guerre, le ministère de la Justice, le ministère des Travaux publics et enfin celui des Rites.

Ministères. — Chaque ministère forme un petit conseil, présidé par le ministre titulaire, dans lequel les affaires du département sont discutées.

Haute cour. — Une haute cour examine les affaires en appel et les soumet à la décision royale.

Conseil des censeurs. — Enfin il y a le conseil des censeurs qui est chargé de contrôler l'administration dans tous ses détails, et qui peut présenter au roi des observations respectueuses, toutes les fois qu'il le juge convenable.

Telle est l'organisation centrale.

Provinces. — Le royaume se divise, au point de vue administratif, en douze provinces situées le long du littoral. Elles sont, en partant du nord : le Thanh-Hoa, le Nghe-An, le Ha-Tinh, le Quang-Binh, le Quang-Tri, le Quang-Duc, le Quang-Nam, le Quang-Ngai, le Binh-Dinh, le Phu-Yen, le Khanh-Hoa et le Binh-Thuan.

Ces circonscriptions sont classées, suivant leur importance, en grandes et petites provinces.

Gouverneurs. — Celles de la première catégorie sont dirigées par un gouverneur appelé Tong-Doc, mandarin de première classe du deuxième degré dont le rang est égal à celui des ministres titulaires. Les provinces de la deuxième catégorie ont à leur tête un gouverneur qui prend le titre de Tuan-Phu et qui n'est que de la deuxième classe du deuxième degré comme les assesseurs des ministères.

Les gouverneurs correspondent directement avec le roi et avec les ministres. Les Tuan-Phu ont dans certains cas, pour des mesures générales, à prendre les ordres des Tong-Doc. Les gouverneurs réunissent entre leurs mains les pouvoirs civils et militaires; ils dirigent, ou plutôt ils surveillent d'une manière générale tous les services de leurs provinces. Ils ont sous leurs ordres un mandarin de la première classe du troisième degré, appelé Bo-Chanh ou vulgairement Quan-Bo, chargé de l'administration et de la perception de l'impôt et un chef du service judiciaire, An-Shat ou Quan-An, de la première classe du quatrième degré. Un mandarin militaire Dé-Doc ou Lanh-Binh, divisionnaire ou brigadier, commande les troupes.

Ces trois mandarins constituent les autorités supérieures provinciales.

Mandarins. — Le Bo-Chanh, ayant sous ses ordres des lettrés répartis en plusieurs bureaux, traite toutes les questions de personnel, de finances, de travaux publics, de recrutement et d'instruction publique. Il centralise l'impôt de la province et surveille les magasins qui en renferment les produits en espèces et en nature. Ses fonctions sont des plus importantes ; elles ne sont confiées qu'à des mandarins ayant déjà fait leurs preuves dans les départements, ou aux lauréats des examens de la Cour.

L'An-Shat est auprès du Tong-Doc, un lieutenant criminel. Il revise ou examine en appel les jugements des tribunaux inférieurs d'arrondissement.

La province se subdivise en arrondissements « huyen », lesquels se groupent ensemble et forment des préfectures « phu ». A la tête de chaque phu est placé un mandarin de la deuxième classe du cinquième degré, appelé « tri-phu ou quan-phu ». Les sous-préfectures sont administrées par un « tri-huyen ou quan-huyen » de la deuxième classe du sixième degré. Les tri-phu et les tri-huyen administrent chacun un arrondissement et leurs attributions sont semblables. Mais dans certaines questions de justice ou d'intérêt général, les décisions des tri-huyen doivent être soumises à l'approbation du préfet.

Justice. — Ces mandarins sont, dans les arrondissements, les représentants du quan-bo et de l'an-shat ; ils sont donc à la fois administrateurs et juges. C'est devant eux que sont portées les contestations qui n'ont pu être tranchées en conciliation par le chef de famille ou les notables. Ces tribunaux constituent le premier degré de juridiction. Les petites affaires y sont réglées en dernier ressort. Les condamnations à la peine du bâton sont susceptibles d'appel devant le lieutenant criminel dont le tribunal représente le deuxième degré de juridiction.

Les jugements entraînant l'exil, les travaux pénibles et la mort sont revisés, en premier ressort seulement, par le quan-an et transmis ensuite, après l'approbation du gouverneur, au ministère des peines. De là, on peut encore en appeler devant le tribunal des Trois-Règles et enfin ces jugements sont soumis en dernier ressort au roi qui seul prononce les sentences de mort.

La justice est gratuite. Mais l'usage consacre pour les parties l'obligation de faire des présents aux mandarins.

Cette coutume fait souvent accuser de vénalité les juges annamites, quoiqu'en somme les présents offerts par les deux parties aient plutôt le caractère d'une espèce de dîme, justifiée par la modicité de leurs traitements réguliers. Ce n'est qu'en payant convenablement les mandarins que l'on pourra modifier cet usage qui, bien qu'accepté par la population, laisse toujours planer un soupçon sur les plus équitables et les plus modérés.

L'instruction est, de la part du gouvernement, l'objet d'une grande attention. Elle est donnée par un enseignement officiel et par des professeurs libres.

Enseignement. — Auprès de chaque mandarin, un maître, ayant un grade dans la hiérarchie du mandarinat, est chargé de la direction des études. Il y a un doc-hoc, inspecteur, au chef-lieu de province; un giao-tho, directeur, dans chaque préfecture; et un huan-dao dans chaque sous-pré-

Lutteurs annamites.

fecture. Dans les communes, des maîtres, qui ne dépendent pas de l'État et qui ne sont pas tenus d'avoir des diplômes, enseignent avec une complète liberté.

L'instruction officielle comporte des examens de trois degrés correspondant aux grades de bachelier, tu-taï, de licencié, cu˘ nhôn et docteur, tan-shi. C'est parmi les diplômés de ces différentes épreuves que sont choisis les mandarins.

Les candidats aux deux premiers degrés sont convoqués dans certains centres désignés où des envoyés royaux viennent les examiner.

Ces concours régionaux ont lieu tous les trois ans et se font avec une grande solennité dans des enceintes spéciales appelées « camps des lettrés ».

Les licenciés peuvent se présenter aux examens du doctorat qui ont lieu aussi tous les trois ans dans la capitale. Ceux d'entre eux qui se font remarquer sont admis à concourir aux examens de la cour pour le titre de docteur de première classe qui ouvre immédiatement l'accès aux charges importantes du mandarinat.

En dehors de ces grandes assises littéraires, des examens semestriels, dans chaque province, sont ouverts pour l'obtention d'un certificat d'études auquel sont attachés certains privilèges tels que l'exemption temporaire de la corvée.

Armée. — L'armée annamite se divise en régiments de la garde, chargés de la défense de la citadelle de Hué, et en régiments provinciaux.

La garde, qui se recrute de préférence dans les provinces voisines de Hué, est placée sous le commandement d'un grand maréchal commandant de l'armée du centre et qui a pour mission de défendre le palais même du roi. Il est assisté de quatre chefs de corps ayant le titre de maréchal de droite, de maréchal de gauche, d'avant-garde et d'arrière-garde. Les effectifs de cette armée, qui atteignaient autrefois environ 50 000 hommes, sont réduits actuellement à quelques milliers de soldats dans lesquels il faut comprendre tous les gens de service de la maison royale, et les gardiens des palais royaux, porteurs de lances et d'étendards, porteurs de palanquins, de dais, de parasols, d'éventails et d'insignes divers, les cuisiniers, jardiniers, etc....

Quelques détachements de ces troupes sont répartis dans les tombeaux royaux qui environnent la capitale.

Les régiments provinciaux se composent d'hommes levés dans la province même et commandés par un lanh-binh ou dé-doc placé sous les ordres du gouverneur.

Enfin auprès de chaque mandarin, dans les phu et les huyen, se trouve une troisième catégorie de soldats formant la garde des fonctionnaires qui ont ainsi une force de police à leur disposition. Actuellement les troupes provinciales, qui n'ont plus à assurer la défense du pays contre les attaques de l'extérieur, se réduisent aux quelques compagnies de miliciens indispensables pour maintenir l'ordre dans les provinces.

Le recrutement des soldats annamites s'effectue dans chaque village en raison du chiffre de sa population. Chaque commune est tenue de fournir un certain nombre d'hommes qui doivent être choisis parmi les fils d'inscrits, c'est-à-dire parmi ceux dont les parents, portés au rôle des impôts personnel et foncier, peuvent être rendus responsables pour leurs enfants. Les soldats sont incorporés pour dix ans et le village reste chargé de leur entretien. Ils reçoivent une ration de riz et une légère solde, environ un franc par mois.

Un certain nombre de ces soldats est employé au service des courriers de la poste ; celle-ci n'est établie que pour les besoins de l'État. Il y a des relais de poste sur tout le territoire. Les communes où se trouvent ces relais fournissent les courriers. Elles sont en compensation dispensées du contingent militaire.

Arrondissement. — L'arrondissement, qui est la dernière des subdivisions territoriales où le gouvernement est directement représenté, se décompose en cantons et en communes dont le nombre est variable par arrondissement suivant la configuration du pays.

Communes. — Ces dernières divisions s'administrent elles-mêmes. La commune est une personne morale non soumise à la tutelle de l'État. Ce dernier limite son intervention aux questions d'intérêts généraux et ne se mêle en aucune manière de l'administration intérieure de la commune. Celle-ci crée ses ressources à son gré et en fait l'usage qu'elle juge convenable. Son administration se règle non d'après une loi, mais selon la coutume locale qui est susceptible de toutes les modifications. Elle n'encourt pas d'autres responsabilités que celle du versement à l'État de l'impôt perçu directement par elle, et celle de la tranquillité de son territoire.

Un conseil composé des habitants notables, les plus riches et les plus instruits, dirige les affaires de la commune.

La population se divise en deux catégories : les « inscrits », les gens qui doivent seuls l'impôt personnel, et les « non-inscrits ».

Le nombre des notables varie avec la population et l'importance des affaires, mais aucun texte ne détermine la composition du conseil dont les membres se renouvellent par eux-mêmes et peuvent augmenter ou restreindre leurs cadres suivant les besoins.

Cette assemblée comprend deux sortes de notables : les « grands » et les « petits notables ». Les premiers seuls forment le conseil municipal proprement dit, ils ont seuls qualité pour délibérer et prendre des décisions ; les seconds ne sont que des agents d'exécution.

Les notables se partagent les affaires suivant les connaissances et les aptitudes spéciales de chacun, et une hiérarchie s'établit encore entre eux. Le conseil choisit un maire dont la nomination doit être soumise à l'approbation des autorités provinciales et qui devient ainsi le représentant accrédité auprès du gouvernement. Le maire, loin d'avoir une situation prépondérante dans le conseil, n'est que l'exécuteur de ses ordres et de ceux qui lui sont directement adressés par l'administration centrale. Il est responsable de leur exécution.

Le maire n'est même pas choisi parmi les grands notables, il vient en tête des notables mineurs, qui l'aident dans l'accomplissement de sa tâche. Sa charge est assez lourde, aussi ne l'occupe-t-il que le moins de temps possible. Puis il passe dans la première catégorie de l'assemblée municipale.

Cantons. — Les communes réunies en canton sont placées sous la direction d'un chef élu par les délégués des différentes communes et reconnu par le gouverneur de la province, qui lui délivre ses cachets. Lorsque le chef de canton a rendu des services signalés, sa nomination est confirmée par la cour. Il possède alors sa charge à vie; en même temps il est assimilé aux fonctionnaires du neuvième degré et peut s'élever dans les grades du mandarinat.

Les chefs de canton sont choisis avec soin parmi les hommes les plus influents et les plus honorables. Ce sont des notables très versés dans les affaires administratives. Ils

La Tour de Confucius.

ont pour mission de régler les affaires d'intérêt commun, de veiller à l'entretien des routes, de presser la rentrée de l'impôt, de maintenir l'ordre, de livrer les malfaiteurs à la justice et d'exercer une surveillance sur les notables de leurs communes. Ils sont les représentants de la population auprès des mandarins et les défenseurs de ses intérêts. Ils servent d'intermédiaires pour les réclamations et les plaintes des communes et même des particuliers contre les fonctionnaires d'arrondissement. Ils ont aussi des attributions judiciaires. Chaque chef de canton a pour l'aider ou le suppléer un sous-chef de canton nommé d'après les mêmes principes. Il n'existe pas de chef-lieu dans les cantons et le chef de canton continue à résider dans le village où il a sa demeure propre.

Ces agents cantonaux et communaux ne reçoivent aucun traitement. Pour reconnaître leurs services et les indemniser on leur octroie, dans le partage des biens communaux, une part plus forte qu'au reste des habitants.

Impôts. — L'impôt annamite se compose de contributions personnelles et foncières. D'autres revenus, comme les douanes, les droits de navigation, les différents affermages des marchés, des bacs, des pêcheries, des bois, des mines, etc..., viennent en outre grossir le budget.

Tous les cinq ans les rôles d'impôts sont établis par des envoyés royaux qui parcourent les provinces et constatent les changements survenus dans la population et le cadastre. Ces envoyés fixent alors, par commune, le nombre d'hommes inscrits à l'impôt personnel, et qui supporteront de plus le service militaire et la corvée ; ensuite ils arrêtent la superficie des terres imposées, classées en plusieurs catégories.

L'impôt personnel est de une ligature par tête (environ 70 à 75 centimes). Pour le service militaire, les habitants s'entendent entre eux pour l'envoi du contingent. L'État accepte tous les hommes robustes et n'intervient pas dans les conventions passées entre les inscrits. D'ordinaire les partants sont choisis dans les familles les plus nombreuses, et des cotisations ou bien une rente de la commune leur sont fournies, à eux ou à leur famille. Le nombre de jours de corvée, par inscrit, est fixé d'après les travaux prévus et en tout cas les mandarins peuvent requérir des corvées supplémentaires lorsqu'il en est besoin.

L'impôt foncier est versé en nature pour les rizières ; en espèces pour toutes les autres catégories de cultures. Les communes ont la charge d'en verser le produit au trésor provincial. Le riz, une fois mesuré, est placé dans d'immenses magasins établis au chef-lieu de chaque province.

MONNAIE. — Les espèces sont d'or, d'argent et de zinc et se présentent sous la forme de barres, de taëls et de ligatures. L'or, généralement rare, est en petites barres, irrégulières, ou prismatiques, du poids approximatif d'un taël (37gr,6). L'argent est en barres plus grosses d'une valeur de 60 à 70 francs suivant les provinces, ou en taëls valant environ 6 francs.

Ces lingots sont vérifiés par une sorte d'orfèvre juré. Les ligatures de sapèques qui sont la monnaie courante du pays se composent de 600 pièces rondes en zinc, grosses comme une pièce d'un franc et percées d'un trou central carré, par lequel on les réunit au moyen d'une fibre de bambou. La ligature représente l'unité monétaire de l'Annam, elle vaut de 70 à 75 centimes. Les Annamites la divisent à l'infini pour les besoins de la vie, mais le trésor n'accepte les sapèques que réunies par paquets de 600, et perçoit un dixième en plus pour les pertes occasionnées par la rupture des liens. Cette monnaie incommode va s'empiler dans les magasins provinciaux en masses énormes. Un mètre cube de ligatures représente une valeur d'environ 400 francs.

Le Quan-bo tient une comptabilité très minutieuse de ce numéraire, il veille sur les magasins. C'est par lui que sont effectués les payements pour le compte de la province ; il rend compte de ses opérations au ministère des finances et en justifie par des écritures très détaillées.

Cette organisation administrative et judiciaire est assez bonne. Elle donnerait de meilleurs résultats, s'il y avait un peu plus de contrôle et si le roi, qui en est le moteur initial, exerçait plus activement son impulsion. Les fonctionnaires provinciaux un peu trop livrés à eux-mêmes abusent parfois de leur immense autorité ; les distances et les difficultés de correspondances empêchent le plus souvent les manifestations de l'opinion publique de parvenir à la cour. Ainsi les abus et les écarts des employés ne sont pas surveillés ni redressés. Il faut dire cependant que les institutions communales et celles de la famille, fort sages et libérales, fonctionnent admirablement et satisfont presque tous les besoins d'un peuple chez lequel il y a encore peu d'intérêts généraux et dont l'existence tout entière s'écoule dans le cercle restreint du village et du foyer.

HUÉ. — Hué, la capitale du royaume d'Annam, est située, sur la rive gauche de la rivière qui porte son nom, à douze milles de la mer. Ce n'est pas, à proprement parler, une ville. C'est un centre administratif où se trouve la résidence de l'empereur. Hué existe surtout par sa citadelle qui abrite les services de l'État, sa population ne comprend que des mandarins, des fonctionnaires et des soldats. Son commerce n'a aucune importance.

Sur un des côtés de la citadelle, le long d'un petit arroyo, s'étend un village assez populeux où résident un grand nombre de familles de mandarins et quelques marchands qui vivent de la citadelle. Quelques faubourgs et villages sont encore semés autour de la forteresse. Cette agglomération est désignée sous le nom de Dong-Ba. La population, estimée autrefois à trente mille âmes, a beaucoup diminué après les événements de 1885. La citadelle, qui renfermait alors, avec des troupes nombreuses, beaucoup de petits marchands et d'artisans, est aujourd'hui déserte, et tous les habitants établis en dehors ne forment plus qu'une masse de quelques milliers d'individus. Les bords du petit canal sont cependant des plus animés, encombrés d'une foule grouillante et couverts de sampans qui passent sans cesse d'une rive à l'autre. Les rues principales de Dong-Ba longent en effet le cours d'eau. Ce sont des voies étroites, bordées de cases assez misérables en paillotes et en bois. Les habitants, trop à l'étroit, se répandent au dehors et causent autour de ces petites boutiques une agitation qui laisserait supposer un mouvement commercial considérable. Un pont de bois très cintré et accessible par deux hautes rampes d'escalier forme à ce tableau un fond pittoresque.

La citadelle, construite dans les dernières années du dix-

UNE FORÊT EN ANNAM.

huitième siècle, sur les plans et sous la direction des officiers français appelés par Gia-Long, est un immense carré de plus de 2,000 mètres de côté. La face sud-est est baignée par la rivière large et profonde. Celle du nord-est est protégée par le canal de Dong-Ba qui rejoint la rivière et les deux autres faces sont entourées par un grand fossé rempli d'eau. Ces longues lignes de murailles sont coupées par de curieux miradors qui surmontent les portes. L'intérieur est divisé par de grandes routes dallées, se coupant à angle droit. Actuellement, une grande partie de la citadelle est déserte, les cases ont disparu; leur emplacement est envahi par une végétation très vivace. Il ne reste que les constructions en briques qui bordent la rue des Ministères et quelques rues voisines. Chacune de ces petites pagodes est édifiée au milieu d'une cour close d'un mur élevé. Beaucoup sont occupées par les services militaires du protectorat, mais leur aménagement intérieur et surtout leur dispersion sur une immense étendue présentant de sérieux inconvénients, l'autorité supérieure du protectorat a dû en faire la restitution au gouvernement annamite en échange d'une concession située dans l'angle nord où nous occupons déjà un ouvrage de fortification. C'est là que seront réunis prochainement tous nos services, sous la protection de la garnison concentrée dans la position du Mang-Ka. Une deuxième enceinte, qui est reliée à l'embarcadère royal par un long couloir, renferme le palais même du roi. Du côté de l'ouest on rencontre encore une succession de palais ou jolies pagodes construites par différents empereurs. Tous ces édifices sont longés, d'un côté, par de belles allées ombragées d'arbres et de superbes touffes de bambous, de l'autre côté par des fossés pleins d'eau que cachent les fleurs roses et blanches et les feuilles gigantesques des lotus. Toute cette partie fait contraste, par son aspect riant, avec le palais royal qui paraît bien triste, étouffé entre ses grandes murailles.

Sur la rive droite de la rivière et près du débouché du

canal de Dong-Ba se trouve l'hôtel de la légation française, habité par le résident général. C'est une vaste maison très confortablement installée à l'européenne et entourée d'un jardin. Elle fut le point de mire des Annamites lors de la rébellion du 5 juillet, sa façade fut trouée par plusieurs boulets lancés des bastions qui lui font vis-à-vis à une distance de près de 1,000 mètres. A côté sont établis des services télégraphiques. En arrière s'élève une caserne pour le détachement d'infanterie de marine, la garde du résident général.

En remontant la rivière on rencontre sur la rive droite le pavillon des bains royaux enfoui sous les bambous, très original avec ses escaliers qui descendent dans l'eau. Plus loin sur la rive gauche est située la mission catholique, résidence d'un évêque, demeure des plus modestes. Au delà se dresse la tour de Confucius, construction octogonale peu élevée, mais d'un effet pittoresque.

En continuant à remonter, on rencontre les tombeaux des rois d'Annam disséminés sur les deux rives. Puis la vallée se resserre rapidement et la rivière suit un cours sinueux entre des collines couvertes d'une belle végétation et de superbes bosquets, formant un paysage des plus riants. L'une de ces collines, vue du palais royal, affecte la forme d'un trapèze régulier. Les Annamites ont mis à profit cette disposition ; ils ont planté sur les arêtes une ligne d'arbres qui, se découpant à jour sur le ciel, les borde comme d'une dentelle. C'est la « Montagne du roi ».

Au-dessous de Hué, la rivière coule dans une plaine de rizières jusqu'à la mer, sur une distance de 12 milles, et se déverse à Thuan-An. Une estacade faite avec une ligne de pieux forme un barrage dans lequel est pratiqué un étroit chenal.

Thuan-An. — L'entrée de Thuan-An est obstruée par une barre dure de sable. Elle est impraticable pour les bateaux calant plus de 3 mètres. Les communications par mer avec la capitale sont le plus souvent interrompues par l'état de la mer qui ne permet pas aux chaloupes d'accoster les bâtiments qui se présentent devant la barre. C'est ainsi que durant une partie de l'année les correspondances sont déposées à Tourane et expédiées par la voie de terre à Hué. Le trajet, qui est d'une centaine de kilomètres, est fort pénible. Il faut en effet traverser la chaîne qui sépare le Quang-Nam de la province de Hué et dont le passage difficile s'opère au col des Nuages. La route mandarine a été bien améliorée par nous et constitue la seule voie de communication assurée avec l'extérieur.

Tourane. — La ville de Tourane, qui vient d'être érigée en territoire français, est construite dans le fond de l'immense baie dont elle porte le nom. Elle s'étend sur la rive gauche de la rivière Han-Giang sur une longueur de plus de 2 kilomètres. On y voit déjà un grand nombre de maisons de commerce à côté des établissements militaires et civils qui renferment la résidence, la douane et la poste. Ce port naissant, qui se développe rapidement, est certainement appelé à prendre une grande importance. Les navires y trouvent des mouillages sûrs en toutes saisons et une eau profonde. L'entrée de la rivière est malheureusement obstruée par des bancs qui rendent la communication difficile avec la rade. Mais les bateaux peuvent aborder à la presqu'île de Tien-Cha, où il sera très facile de construire des appontements. Quelques kilomètres de voie ferrée relieront les magasins de la presqu'île avec la ville en allant aboutir sur la rive droite du Han-Giang. La presqu'île, couverte de montagnes escarpées et boisées, n'offrirait que peu d'espace à des établissements commerciaux; c'est à l'une de ses extrémités que se trouve le cimetière de nos soldats morts pendant l'expédition de 1858.

Fai-Foo. — A une trentaine de kilomètres de Tourane on rencontre la ville de Fai-Foo, fondée par une colonie chinoise, son port fut pendant longtemps plus prospère que celui de Tourane. Son importance a beaucoup diminué et diminuera encore au profit de Tourane à mesure de la substitution de la navigation à vapeur à celle des jonques.

Qui-Nhon. — Plus au sud, se trouve le port de Qui-Nhon ouvert au commerce français depuis 1874. Son entrée est difficile, ce qui rend son commerce très faible. Il n'y a pas à espérer qu'il se développe jamais. A côté de la résidence sont établis les bureaux de la poste et de la douane.

Binh-Dinh. — Binh-Dinh, le chef-lieu de la province du même nom, est située à une vingtaine de kilomètres plus loin dans l'intérieur. C'est une petite citadelle d'une importance toute secondaire, comme d'ailleurs celles de Quang-Ngai, de Phu-Yen, de Khanh-Hoa et de Binh-Tuan, capitales des provinces de mêmes noms. Dans le Phu-Yen, le représentant du protectorat s'est établi à Song-Cau sur l'une des baies intérieures de l'immense baie de Xuan-Day, dans une vallée charmante et bien cultivée.

Le Khanh-Hoa et le Binh-Thuan sont actuellement réunis et forment le Thuan-Khanh, grande province dans laquelle le protectorat français est représenté par un résident établi à Nha-Trang, près de la baie de ce nom. A peu de distance de Nha-Trang on découvre des ruines très curieuses et qui paraissent remonter à la plus haute antiquité. Ce sont les restes d'un temple élevé par les premiers habitants de l'Annam et ayant une certaine analogie avec les monuments de Ang-Kor.

Les villes du nord de Hué sont plus importantes que celles du sud, surtout au point de vue politique. Le gouvernement annamite y a toujours exercé son pouvoir d'une manière suivie et directe. Au delà de Binh Dinh, le pays, longtemps troublé, a échappé à l'autorité de la cour de Hué.

Quang-Tri n'est qu'une petite citadelle.

Dong-Hoi. — Dong-Hoi, capitale de Quang-Binh, a une importance militaire de premier ordre. On y remarque les restes d'une vieille muraille et une porte fortifiée qui défendaient le passage du défilé qui commande la route du Tonkin. Nous y entretenons une petite garnison. Dong-Hoi est aussi le siège d'une vice-résidence.

Ha-Tinh est une citadelle construite récemment suivant un tracé assez remarquable. Ses cinq faces sont défendues par des caponières fournies par le corps de place lui-même. C'est la seule forteresse de ce type existant en Annam. Elle fut en partie démantelée par les mandarins révoltés en 1885. Elle a été restaurée par nos soins.

TINH-NGHÉ. — Vinh ou plus exactement Tinh-Nghé est le chef-lieu du Nghé-An. C'est une ville de 15,000 habitants environ et un port fréquenté par les jonques chinoises. L'accès du Cua-Hoi est très difficile en temps de mousson et praticable seulement pour des navires de peu de tirant d'eau. Nous avons à Vinh une petite garnison et un vice-résident.

THANH-HOA. — Thanh-Hoa est situé sur un bras du Song-Ma et à 12 milles de la mer, par la bouche du Lach-Chao. Autour de la citadelle, sur les deux rives du fleuve, sont des agglomérations qui représentent une population totale de 15 ou 16,000 âmes. Thanh-Hoa offre un marché assez important, son port renferme un mouvement d'échange actif avec Nam-Dinh et Haï-Phong. La navigation à vapeur tend à diriger ce mouvement sur Haï-Phong exclusivement. Elle aura pour conséquence de le développer, en ouvrant un débouché plus large aux produits industriels fournis en grande quantité par les cultures de la province.

Jardins du tombeau de Minh-Mang.

## CHAPITRE IV

### Économie politique et sociale.

Climat. — Nature du sol. — Productions. — Cannelle. — Coton. — Canne à sucre. — Thé. — Tabac. — Plantes. — Café. — Forêts. — Pâturages. — Gibiers. — Animaux. — Gisements miniers. — Nids d'hirondelles. — Industrie. — Soie. — Importation. — Exportation.

CLIMAT. — Le climat de l'Annam comporte deux saisons : un hiver, de novembre à avril, et un été, pendant les sept autres mois.

On constate que l'écart entre les températures extrêmes

n'est pas très considérable. Tandis que le thermomètre marque un maximum de 36 à 37 degrés pendant les mois de juin, juillet et août, il ne descend pas au-dessous de 11 ou 12 degrés, en décembre et en janvier, durant les heures les plus fraîches des nuits.

La moyenne de la température est donnée exactement par le tableau ci-dessous, qui contient les observations faites à Hué pendant ces dernières années :

| JANVIER. | FÉVRIER. | MARS. | AVRIL. | MAI. | JUIN. | JUILLET. | AOUT. | SEPTEMBRE. | OCTOBRE. | NOVEMBRE. | DÉCEMBRE. |
|---|---|---|---|---|---|---|---|---|---|---|---|
| 20° | 20° | 22° | 25° | 30° | 32° 1/2 | 32° | 32° | 28° | 26° | 22° | 19° |

On pourrait aussi diviser le climat de l'Annam en saison sèche et en saison humide. Les pluies commencent généralement en septembre. Ce sont de violents orages qui se changent, vers la fin de novembre, en ondées fines. C'est la saison fraîche durant laquelle les Européens supportent très bien les vêtements chauds de France. Les chaleurs de l'été sont tempérées par la brise de mer, elles sont moins pénibles que dans le delta du Tonkin. Les nuits sont généralement supportables sur les hauts plateaux et même dans les provinces du sud, car la température s'abaisse sensiblement. D'une façon générale, l'Annam n'est pas malsain pour l'Européen. L'été y est énervant, la chaleur, trop fatigante, affaiblit l'organisme, mais l'hiver, malgré ses pluies désagréables, vient réparer les pertes de forces de l'été.

Le passage de la saison sèche à la saison humide est seul dangereux ; il amène souvent des accidents diarrhéiques qui dégénèrent rapidement en dysenteries dont les conséquences sont plus graves en Annam qu'en Cochinchine et au Tonkin.

Pour les Européens, les conditions de l'existence et l'hygiène à laquelle ils doivent se conformer étant identiques en Annam et au Tonkin, nous les exposerons plus amplement dans le chapitre correspondant du livre suivant.

NATURE DU SOL. — Le territoire de l'Annam est presque entièrement couvert de montagnes, il ne reste pour la culture que des vallées peu profondes, très fertiles, il est vrai, mais dont les produits sont insuffisants pour nourrir la totalité des habitants. Le riz, qui est la base de leur nourriture, vient, en grande partie, de l'étranger. Le port de Tourane seul en a importé, en 1887, pour près de 2 millions,

Voyage en palanquin.

Hong-Kong en a fourni les 5/6 et Saïgon le 1/6 seulement. Presque tout le riz destiné aux provinces centrales venait autrefois du Tonkin, mais les droits de cabotage ont décidé les marchands chinois à chercher ailleurs leurs approvisionnements. L'abaissement des tarifs pour les produits de nos colonies amènera certainement une hausse en faveur du marché de Saïgon.

PRODUCTIONS. — Si les terrains de rizières font défaut en Annam, par contre les collines et les plateaux fournissent des plantes industrielles en abondance.

CANNELLE. — En première ligne il faut citer la cannelle qui est produite surtout dans le Quang-Nam où elle pousse à l'état sauvage sur les hauts plateaux. Les indigènes en cultivent aussi une autre sorte dans les parties basses. Celle-ci est moins appréciée. Elle est livrée au commerce sous forme de petits bâtonnets de 40 centimètres de long et d'épaisseur variable. Presque toute cette cannelle est exportée à l'étranger. La cannelle de qualité inférieure reste dans le pays, elle sert à la fabrication des baguettes odorantes qu'on brûle en grande quantité dans les temples et sur les autels des ancêtres. Tourane, qui a le monopole de cette exportation, en a expédié pour près de 2 millions en 1887, avec une augmentation d'un quart sur les années précédentes.

Coton. — Le coton, qui sera la richesse de pays, vient admirablement dans le Thanh-Hoa. C'est vers les industries auxquelles ce produit donne naissance que devront surtout tendre les efforts de nos compatriotes. Le Thanh-Hoa a donné en 1887 environ 50,000 piculs de coton. La production a cependant diminué par suite du droit de 80 cents (3 fr. 25 environ) par balle, frappé par le gouvernement annamite, indépendamment de la taxe d'exportation. Une grande partie de ce coton est employée dans le pays. Une autre quantité passe en Chine par les frontières de terre; enfin le reste, soit un tiers, est exporté. Cette dernière portion passe presque en entier par le Tonkin. Nam-Dinh en était l'entrepôt; actuellement le tout s'écoule sur Haï-Phong. Il a été relevé a la douane une exportation de 530,000 kilogr. en 1886 et 300,000 en 1887.

Canne a sucre. — Dans le Phu-Yen, le Binh-Dinh, le Quang-Nam et surtout le Quang-Ngaï, la canne à sucre est cultivée avec succès. Malheureusement ces provinces ont beaucoup souffert des troubles de ces dernières années. Tourane n'a exporté en 1887 que pour 210,000 francs de sucre au lieu de 1 million qu'elle fournissait auparavant. Ce sucre est expédié sur Saïgon et sur Haï-Phong presque en totalité. Ses différentes qualités valent de 40 à 50 francs le picul pour le sucre blanc; de 25 à 30 francs pour la cassonnade blonde; et de 18 à 20 francs pour la brune. La tranquillité, qui vient de renaître dans ces provinces, a ramené l'activité agricole; les plantations sont maintenant remises en état et l'on peut espérer voir doubler en une année la production de 1887.

Les cultures d'arachides, qui ont été très prospères, sont reprises dans le Binh-Dinh et le Phu-Yen et fourniront avant

Forgerons annamites.

peu un élément sérieux au commerce d'exportation.

Thé. — Les provinces de l'Annam produisent aussi du thé mais de qualité inférieure qui n'est pas exporté. On le consomme dans le pays.

Tabac. — Le tabac vient bien, mais il existe en petite quantité.

Plantes. — Les Annamites font encore d'autres cultures de plantes légumineuses ou d'arbres fruitiers, l'igname, le sésame, le ricin, les bananes, les ananas, différentes variétés de patates, etc. Ils récoltent les noix de l'aréquier et du cocotier, les feuilles du bétel, les fruits du manguier, du goyavier, du letchi, du jacquier, des pamplemousses, des oranges et des mandarines, de petits citrons verts, et quelques autres produits de consommation locale.

Café. — Des essais de plantation de café ont été faits par les missionnaires et ont parfaitement réussi dans les terrains élevés. Les missions récoltent suffisamment de grains pour leurs besoins. L'expérience a démontré qu'il y avait dans cette culture tout un avenir de richesse pour ceux qui l'entreprendraient. Il n'y a qu'à développer les plantations, quant aux terrains propres à les recevoir, ils ne manquent pas, les Annamites n'exploitent guère que les parties basses propres à la production du riz.

Murier. — Le mûrier est cultivé dans toutes les provinces de l'Annam. C'est un arbrisseau annuel planté de préférence sur le bord des cours d'eau.

Forêts. — Les forêts, qui couvrent les montagnes, contiennent une grande variété d'arbres dont les bois sont recherchés pour les constructions et l'ébénisterie. Certaines essences sont d'une grande valeur. Le gouvernement annamite a concédé l'exploitation de ces forêts à des Chinois.

Paturages et bestiaux. — On trouve aussi d'assez bons pâturages dans certaines provinces ; au Binh-Thuan, au Phu-Yen et au Binh-Dinh notamment, les indigènes font l'élevage des chevaux et des bœufs. Les chevaux sont de petite taille, ils ne dépassent guère $1^{m},15$, mais ils sont très robustes et d'une ardeur étonnante. Les bœufs sont de petite taille aussi, ils rendent de bons services pour les transports ; les buffles, très forts, sont surtout employés pour labourer les rizières. Le mouton est inconnu, il semble cependant que son élevage aurait chance de réussir. Le nombre des animaux a beaucoup diminué dans ces années de trouble. Cependant l'Annam pourrait contenir et nourrir de nombreux troupeaux. Les habitants élèvent aussi des porcs et des volailles en assez grande quantité.

Gibier. — Les forêts regorgent de gibier de toutes espèces et abritent des fauves en grand nombre. Les cerfs, les daims, les chevreuils et les sangliers s'y trouvent à profusion, ainsi que des lièvres de très petite taille, une sorte de perdrix, des faisans et des coqs sauvages, de magnifiques paons et de nombreuses variétés d'oiseaux. On y chasse les buffles et les taureaux sauvages dont certaines espèces ont des proportions gigantesques. Les tigres et les panthères,

Hué. — La citadelle et le marché.

fauves et noires, existent dans tout l'Annam; ils infestent certaines régions, celles du sud notamment.

Quelques troupes d'éléphants et de rhinocéros habitent également les montagnes. La corne de rhinocéros se vend au poids de l'or, pour faire des médecines. Les Annamites la considèrent encore comme un fétiche. C'est un des cadeaux les plus précieux que fasse le roi.

Relativement, les serpents sont peu nombreux et en général peu dangereux.

Le Binh-Thuan est le paradis du chasseur qui ne craint pas de se trouver en tête à tête avec l'un quelconque des hôtes redoutables de la forêt annamite.

Gisements miniers. — Le sol contient des gisements miniers qui ont été reconnus, mais les mines ont, pour la plupart, été abandonnées. Il serait difficile de donner sur leur richesse une appréciation à peu près exacte. La législation annamite a d'ailleurs jusqu'ici fort peu favorisé les recherches et les tentatives d'exploitation. On sait cependant qu'il existe de l'or dans le Quang-Nam, de l'argent dans le Thanh-Hoa, du cuivre et du zinc dans le Quang-Nam et du fer dans le Quang-Tri et aux environs de Hué.

Une mine de charbon à Trang-Son, au-dessus de Tourane, a été concédée par le gouvernement annamite à une compagnie chinoise, moyennant une redevance qui, de 1 000 ligatures à l'origine, doit atteindre 18000 ligatures après vingt ans. Le concessionnaire était parvenu à exporter quelques milliers de tonnes de charbon lorsque la rébellion qui ravagea le Quang-Nam détruisit la mine. Depuis la pacification, le directeur a repris courageusement les travaux et il a déjà pu extraire quelques autres milliers de tonnes.

Nid d'hirondelle. — Un autre produit tout spécial qui n'appartient ni au règne végétal ni au règne minéral, et qui entre pour une somme relativement considérable dans l'exportation, est, en outre, récolté dans l'île de Culao-Cham ; c'est le nid d'hirondelle, composé blanchâtre, sécrété par l'oiseau et se présentant sous la forme de filaments entre-croisés, semblables à du vermicelle.

Il existe deux qualités de nids. La plus appréciée des gourmets chinois est produite par des hirondelles qu'on croit atteintes d'une affection qui rend leurs sécrétions sanglantes. Ces hirondelles ne survivraient pas à leur œuvre. Ces nids d'une teinte rosée, sont très rares ; ils valent environ 48 francs les 100 grammes. La seconde qualité n'est payée que la moitié de ce prix. Chaque nid pèse en moyenne 19 grammes.

La récolte se fait dans des grottes élevées dont l'entrée est envahie par la mer. Cette opération n'est pas sans danger et, chaque année, plusieurs indigènes surpris par les vagues se brisent la tête contre les parois. Le gouvernement annamite a affermé pour 6,000 francs par an la récolte, dont le produit est d'environ 200 kilogrammes, représentant une valeur de 36,000 francs.

Industrie. Soie. — Toutes les provinces de l'Annam produisent de la soie. Les soies grèges fabriquées en Annam sont plus appréciées que celles du Tonkin et se distinguent par la finesse et la souplesse de leurs fils. Cette industrie est en progrès; le commerce d'exportation de cette ma-

Hué. — La montagne du roi.

tière, qui a presque doublé en un an, a dépassé le chiffre de 640,000 fr.

La province de Binh-Dinh fabriquait autrefois des crépons qui avaient une grande réputation et étaient connus sous la désignation de crépon de Qui-Nhon. Il faut espérer que les métiers arrêtés par la rébellion ne tarderont pas à battre activement.

Importation. Exportation. — En résumé, les principales marchandises qui viennent d'être énumérées ont fourni à l'exportation en 1887 pour les ports de Fai-Foo, Quang-Ngai, Tourane et Qui-Nhon, près de 4 millions de francs d'après les statistiques du service des douanes. Dans les autres ports nouvellement ouverts, les bureaux qui ont été récemment établis ne peuvent pas encore donner assez d'indications sur l'extension que ces marchés pourront prendre.

Le mouvement de cabotage qui est établi entre les ports de l'Annam et du Tonkin ne saurait être évalué avec précision; les statistiques donnent en 1887 de 6 à 7 millions pour les exportations dans les deux pays.

Quelques échanges s'opèrent encore par la voie de terre avec les tribus du Laos qui viennent chercher en Annam du sel, du riz, des métaux et des poteries contre l'ivoire, les cornes, les peaux, les résines, la cire, etc., qu'ils apportent de leurs montagnes. Ce commerce est forcément limité par l'absence des voies de communication ou le mauvais état de celles qui existent. Les marchandises sont apportées à dos d'hommes par dessus les montagnes, avec des difficultés énormes. Les produits lourds ou encombrants sont dès lors exclus du trafic. La création de routes de pénétration dans le bassin du Mékong augmenterait notablement le chiffre des exportations par les ports de l'Annam et modifierait la situation économique des populations misérables de la montagne. C'est de là que dépend l'avenir commercial de l'Annam.

L'industrie est à peu près nulle. Celle de la soie est seule à peu près développée, bien que l'outillage soit très primitif.

En 1887 le commerce d'importation a atteint pour les six ports ou plus exactement pour les six bureaux de douane le chiffre de 7,230,000 francs en augmentation de 2 millions sur les années précédentes. Dans cette somme, Tourane entre pour un peu plus de 5 millions et demi et Qui-Nhon pour 1,200,000 francs. On peut voir par ces chiffres que le port de Tourane est appelé à un développement très grand, si l'on tient compte surtout de l'état de trouble qui jusqu'à présent a arrêté les transactions.

Les principales matières d'importation sont le riz, pour 2 millions, les cotons filés pour 1 million. Sur ces derniers il y a une hausse notable; jusqu'à présent ces filés ont été fournis par l'Inde anglaise. Leur prix sur place est de 365 à 385 francs la balle pesant 3 piculs (190 kilos). L'importation des cotonnades, qui avait dépassé 1 million, a baissé considérablement. Il faut voir dans ce fait la conséquence de l'application du tarif général. L'augmentation constatée sur les filés confirme cette déduction et indique l'intention des Annamites de revenir à leur ancienne habitude de tisser eux-mêmes leurs cotonnades. Celles qui viennent de l'étranger sont fournies par Manchester.

Porteur d'eau.

Il est absolument nécessaire que nos fabricants, pour lutter contre la production de l'Angleterre ou de l'Inde, adoptent les dimensions et les couleurs en usage. Des échantillons ont d'ailleurs été adressés aux Chambres de commerce et aux Musées commerciaux. Les tissus les plus appréciés sont des madapolams en pièces de 18$^{m}$,80 sur 0$^{m}$,82 et pesant 2$^{k}$,100. Les cotonnades écrues viennent de Singapour en ballots de 100 pièces ayant 2$^{m}$,80 de long sur 0$^{m}$,90 de large.

En 1888, il a été importé 77,050 kilogr. de tissus étrangers d'une valeur de 87,128 piastres qui calculées au taux moyen de 4 francs donnent 348,512 francs.

L'opium n'est porté que pour 340,000 francs, somme évidemment trop faible.

Le papier représente une somme de 300,000 francs. Il est envoyé de Chine. La plus grande partie est employée dans les cérémonies du culte. C'est un papier doré et colorié. Le papier à écrire et celui d'emballage ne représentent que 40 p. 100 de la totalité.

Le thé, le tabac, les médecines, les faïences et poteries sont également de provenance chinoise.

Les allumettes sont expédiées du Japon pour une somme de 60,000 francs environ. Ce sont des allumettes amorphes vendues en Annam 19 ou 20 piastres (76 ou 80 francs) la caisse de 50 grosses.

La part de la France et de la Cochinchine est d'environ 1,500,000 francs dans le montant total des importations.

Enfant conduisant un buffle.

## Bibliographie.

*Annuaires de la Cochinchine de* 1864 *à* 1880.

AUBARET. *Code annamite; lois et règlements du pays d'Annam, traduits du texte chinois original.* Paris, 1865.

— *Vocabulaire français-annamite.* Paris, 1881.

AURILLAC. *Cochinchine.* Paris, 1870.

BARBIÉ DU BOCAGE. *Bibliographie annamite.* Paris, 1867.

BONNETAIN. *L'Extrême-Orient.* Paris, maison Quantin.

BOUILLEVAUX (L'abbé C.-F.). *L'Annam et le Cambodge.* Paris, 1874.

— *Huit jours à Hué.* Tour du monde, 1877, Hachette et Cie.

CHAIGNEAU (Michel d'Uc). *Souvenirs de Hué.* Paris, 1867.

DEVÉRIA. *Histoire des relations de la Chine avec l'Annam-Viêtnam du XVIe au XIXe siècle.* Paris, 1880.

DUTREUIL DE RHINS. *Le royaume d'Annâm et les Annamites.* Paris, 1879.

— *Notes sur l'Annam.* Société de géographie de Paris, 1877 à 1880.

LAUNAY (L'abbé). *Histoire ancienne et moderne de l'Annam.* Paris, Challamel et Cie. 1888.

LEMIRE (Ch.). *Exposé chronologique des relations du Cambodge avec le Hâm, l'Annam et la France.* Paris, 1879.

— *Indo-Chine, Cochinchine, Cambodge, Annam et Tonkin.* Paris, 1888.

LANESSAN (J. de). *L'Indo-Chine française.* Paris, 1888.

LURO. *Le pays d'Annam.* Paris, 1878.

— *Cours d'administration annamite autographié du collège des stagiaires à Saïgon* (1875).

PHILASTRE. *Étude sur le droit annamite et chinois.* Paris, 1776.

PUIRAYMOND (de). *Étude sur le gouvernement de l'empire d'Annam.* Amiens, 1878.

*Collections photographiques de l'Exposition permanente des colonies.*

*Collections photographiques de la Société de géographie.*

*Collection photographique de M. Meissier de Saint-James, éditées à Hanoï.*

*Collections photographiques de M. Tréfeu.*

*Dialogues franco-annamites de P. Truong-Vinh-Ky à Saïgon.*

*Dictionnaire franco-annamite de Truong-Vinh-Ky à Saïgon.*

TONKIN

HANOÏ. — Le quai de la résidence.

# TONKIN

## CHAPITRE PREMIER

### Précis historique.

Le Tonkin indépendant. — Gia-Long. — Exploration du fleuve Rouge. — Francis Garnier à Hanoï, sa mort. — La convention Philastre. — Mort du commandant Rivière. — L'expédition de 1882. — Le général Bouet. — L'amiral Courbet. — La prise de Sontay. — Le général Millot. — Traité de Tient-sin. — Guet-apens de Bac-Lé. — Le siège de Tuyen-Quan. — Le colonel Dominé et le sergent Bobillot. — Retraite de Lang-Son. — La paix avec la Chine. — Le général de Courcy à Hué. — Paul Bert, résident général au Tonkin. — Sa mort. — Administration de M. Bihourd.

LES DYNASTIES DES LÉ. — GIA-LONG. — Le Tonkin ne fait partie intégrante de l'empire d'Annam que depuis une centaine d'années environ. Autrefois, sous l'antique et puissante dynastie des Lê, ce pays était indépendant; il tint même l'Annam sous sa suzeraineté pendant un certain temps. Puis, après une longue suite de révoltes et de guerres, l'un des descendants de la maison de Hué, Nguyen-Anh, aidé des conseils de Pigneau de Béhaine, évêque d'Adran, et des officiers français appelés par ce prélat, battit définitivement les Tonkinois, entra, en 1802, dans leur capitale et après avoir massacré les restes de la famille des Trinh il constitua l'empire d'Annam qui comprenait alors les provinces formant la Cochinchine actuelle. Il assura sa domination et régna ensuite sous le titre de Gia-Long.

C'est vers le commencement du seizième siècle que des Européens visitèrent le Tonkin pour la première fois ; quelques navigateurs s'y arrêtèrent d'abord, puis des missionnaires vinrent s'y établir. Au dix-huitième siècle, vers l'an 1637, les Hollandais tentèrent d'y créer des comptoirs. On retrouve encore leurs traces à Hung-Yen. Mais ils abondonnèrent le pays en 1700 et, à partir de cette époque, le Tonkin ne fut plus guère parcouru que par les missionnaires français et espagnols.

Francis Garnier. — Après la conquête de la Cochinchine en 1859, plusieurs officiers et voyageurs français explorèrent le cours du fieuve Rouge, mais ce fut en 1873 seulement que la France eut à intervenir officiellement au Tonkin. Au mois d'octobre de cette année, Francis Garnier fut envoyé à Hanoï par le gouverneur de Saïgon, pour régler un conflit qui s'était élevé entre les autorités annamites et un de nos compatriotes, M. Jean Dupuis, et négocier un traité en vue de l'ouverture du fleuve Rouge au commerce européen. Les vexations et les menaces des mandarins à l'égard de Garnier obligèrent celui-ci à user de la force; avec une centaine d'hommes il s'empara de la citadelle de Hanoï, le 19 novembre 1873, et s'établit dans le Delta.

En quelques semaines les citadelles étaient tombées en

son pouvoir; il prit alors en mains l'administration du pays avec l'aide de ses lieutenants, M. Hautefeuille à Ninh-Binh, M. Balny à Haï-Duong, MM. Bain, de Trentinian et le docteur Harmand qu'il plaça à Nam-Dinh comme gouverneur militaire, avec une escorte de vingt hommes. La population indigène se montra partout favorable à l'influence française : elle put croire que l'intervention de nos troupes mettrait un terme aux vexations que lui faisaient subir les

Le village de papier.

mandarins de Hué. L'empereur Tu-Duc, effrayé de nos succès rapides, envoya des ambassadeurs à Saïgon pour traiter de l'établissement de notre protectorat. Malheureusement Garnier ne devait pas recueillir les fruits de ses héroïques efforts et de son habile politique ; il tomba dans une embuscade de Pavillons-Noirs chinois, soudoyés par les mandarins de Tu-Duc et il fut tué le 21 décembre 1873. Il faut le dire à l'honneur de Francis Garnier, c'est à lui qu'appartient la première idée de l'établissement de la France au Tonkin. Son nom glorieux restera attaché à l'histoire de la campagne qu'il a conduite avec une sûreté de coup d'œil et une rapidité d'exécution absolument remarquables. Il avait la foi des apôtres, il est mort en héros et en martyr au moment même où le succès allait justifier pleinement son audacieuse entreprise. Sa perte fut un malheur irréparable : connaissant admirablement le pays, il avait su gagner la confiance des Annamites; le prestige de ses étonnantes victoires, la loyauté, la justice de son administration, lui avaient gagné l'esprit de la population qui voyait en lui un libérateur.

Garnier seul pouvait mener à bien les négociations entreprises avec la cour d'Annam et tirer parti de la terreur salutaire que son nom inspirait à l'entourage de Tu-Duc. A la politique d'action qu'il avait inaugurée, succéda une politique d'hésitation qui nous fit perdre en peu de temps les avantages péniblement acquis par lui, à force d'énergie et de bravoure.

Les négociations reprises par M. Philastre aboutirent à la conclusion de la convention du 5 janvier 1874, qui fut suivie du traité du 14 mars 1874; aux termes de ce traité, le gouvernement annamite prenait l'engagement d'ouvrir le port de Haï-Phong et la ville de Hanoï aux Européens et autorisait la navigation sur le fleuve Rouge, de la mer à la frontière du Yun-Nan. Les Européens pouvaient s'établir, posséder et commercer dans les ports ouverts, et la France acquérait le droit d'y placer des agents, assistés d'une garde personnelle. Un traité de commerce fut en outre signé le 31 août suivant.

Cependant le gouvernement annamite ne cessa d'élever des obstacles à l'exécution de ces traités et usa de tous les expédients pour se soustraire à ses engagements. Nos représentants étaient constamment en butte aux vexations des mandarins; le fameux chef des pirates Luu-Vinh-Phuoc restait maître du fleuve Rouge; il maintenait les douanes intérieures, empêchait tout commerce, tandis que ses bandes menaçaient la sécurité de nos nationaux et de nos garnisons. Le gouvernement annamite se disait impuissant à éloigner ces pillards et, en réalité, il les encourageait secrètement.

Le commandant Rivière. — Le gouverneur de la Cochinchine se vit obligé d'envoyer des troupes pour protéger nos agents consulaires et nos nationaux. Le 26 mars 1882, le commandant Rivière se rendit à Hanoï avec deux compagnies d'infanterie de marine et une section d'artillerie. Il y avait eu entente, à ce sujet, avec le roi d'Annam. Mais, soit négligence, soit plutôt mauvais vouloir de la part de la cour de Hué, les mandarins du Tonkin ne furent pas prévenus de l'arrivée de nos troupes; ils manifestèrent, dès les premiers jours, des dispositions ouvertement malveillantes.

Dans le courant du mois d'avril, leur attitude était devenue tellement agressive que le commandant Rivière crut devoir prévenir leurs mauvais desseins, en prenant l'offensive. Le 25 avril, après avoir envoyé un ultimatum au gouverneur de la province, il exigeait le licencement des troupes et la destruction des travaux militaires élevés contre nous; ne recevant aucune réponse, il attaqua la citadelle et l'enleva.

L'insuffisance de ses effectifs ne lui permettait malheureusement pas de dégager suffisamment le terrain; les Pavillons-Noirs s'avançaient en force de Son-Tay et de Bac-Ninh et enserraient de plus en plus nos cantonnements, harcelant nos soldats et mettant en danger la concession française. Le 19 mai, Rivière essaya de repousser l'ennemi par une sortie dans la direction de Son-Tay. Sa petite troupe se heurta à des forces considérables de Chinois et d'Annamites; il fut tué en cherchant à dégager son artillerie menacée. Il tomba, en même temps que plusieurs officiers, à très peu de distance de l'endroit où Francis Garnier avait lui-même succombé.

Dès son arrivée à Hanoï le commandant Rivière avait pu se convaincre des dangers de sa mission; entouré d'ennemis nombreux et entreprenants il avait vaillamment accepté cette lutte inégale, avec une poignée de soldats et de marins auxquels il avait su communiquer sa bravoure. Il est mort en donnant le plus bel exemple de dévouement au devoir.

Le gouvernement résolut alors d'agir avec vigueur au Tonkin et des renforts furent envoyés de France et de la Nouvelle-Calédonie, portant notre effectif à 18 compagnies. Le général Bouet, commandant supérieur des troupes de Cochinchine, fut chargé de diriger les opérations, et la direction politique et administrative fut confiée à M. Harmand, alors consul à Bangkoch, qui avait été le compagnon de Francis Garnier en 1873.

Dès l'arrivée des troupes de France, le général Bouet dirigea une colonne dans la direction de Son-Tay. Il parvint à éloigner de Hanoï les bandes de Pavillons-Noirs qui menaçaient de détruire cette ville, mais les combats des 15 et 16 août lui donnèrent la certitude que ses forces étaient insuffisantes pour des opérations plus étendues et il demanda au gouvernement l'envoi d'une division.

Pendant ce temps, le commissaire général, persuadé qu'il était indispensable de frapper un coup à Hué, avait préparé une expédition contre Thuan-An dont les forts commandent l'entrée de la capitale. La division navale dirigée par l'amiral Courbet vint prendre position devant ces ouvrages qui furent bombardés le 20 août et enlevés par les troupes de débarquement. Les mandarins effrayés demandèrent la cessation des hostilités et le commissaire général signa le 25 août 1883 un traité important. Aux termes de ce traité notre protectorat était accepté ; des résidents étaient placés au Tonkin dans chaque province auprès des autorités indigènes pour diriger et surveiller leur administration, les douanes étaient entièrement placées entre nos mains.

L'Amiral Courbet. — Le 18 septembre, le général Bouet rentrait en France remettant le commandement à l'amiral

HANOÏ. — LA PAGODE DES SUPPLICES.

Courbet et, peu de temps après le 1er décembre, par suite du départ de M. Harmand, l'amiral réunit tous les pouvoirs civils et militaires.

Les nouvelles troupes de France arrivèrent dans ces circonstances, portant le corps expéditionnaire à environ 9,000 hommes. Avec ces forces, l'amiral résolut de marcher sur Son-Tay qui était le boulevard principal de Luu-Vinh-Phuoc. Tous les moyens de défense avaient été accumulés dans la place; les abords hérissés d'obstacles, fortement défendus par une puissante artillerie, offraient à l'attaque les plus sérieuses difficultés. La bonne direction du commandement, le courage et l'entrain de nos soldats triomphèrent néanmoins de la résistance acharnée des Chinois. Après trois jours de sanglants combats, 14, 15 et 16 décembre 1883, la citadelle de Son-Tay fut enlevée de vive force. La prise de Son-Tay est un des plus brillants faits d'armes de l'expédition du Tonkin.

Pour occuper le Delta et purger les places des bandes de pirates qui les infestaient, le corps d'occupation devenait encore une fois trop faible. Une nouvelle brigade fut envoyée de France.

Dès ce moment la direction des opérations du Tonkin passa du ministère de la marine au ministère de la guerre, et le général de division Millot fut nommé commandant en chef. L'amiral Courbet lui remit le commandement des troupes le 12 février 1884, tout en conservant la direction des opérations navales.

Deux brigades furent constituées sous le commandement des généraux Brière de l'Isle et de Négrier. Les opérations furent reprises d'abord sur Bac-Ninh qui tomba entre nos mains le 11 mars, et ensuite sur Hung-Hoa qui fut occupé le 12 avril suivant. Les Chinois étaient en pleine déroute et évacuaient une à une toutes les petites citadelles. Tuyen-Quan fut pris le 1er juin. On put ainsi considérer comme vraisemblablement terminée l'occupation du Tonkin.

Le traité de Tien-Tsin (11 mai 1884). — Les négociations

qui se poursuivaient en Chine et à Paris, pour la signature d'un traité (négociations longtemps retardées par l'hostilité de l'ambassadeur chinois à Paris), étaient sur le point d'aboutir. Le commandant Fournier, capitaine de frégate, qui avait longtemps pratiqué la Chine, usant de ses relations amicales avec le vice-roi du Petchili, Li-Hung-Tchang, avait fait comprendre à ce puissant mandarin que la France était décidée à triompher à tout prix de la résistance de la Chine et Li-Hung-Tchang, qui était au Tsong-ly-Yamen un partisan de la paix, finit par faire accepter ses idées à la cour.

Il fut autorisé à signer avec le commandant Fournier un traité par lequel la Chine :

1° Renonçait à toute action sur le Tonkin ;

2° Reconnaissait les traités intervenus entre la France et le roi d'Annam et retirait ses troupes des points du Tonkin où elles se trouvaient encore. Cette convention qui est connue sous le nom de traité de Tien-Tsin fut signée le 11 mai 1884.

M. Patenotre fut nommé délégué plénipotentiaire pour arrêter et signer avec les délégués chinois le traité définitif. Il se trouvait alors à Hué où il avait été envoyé pour rectifier le traité du 25 août 1883 avec la cour d'Annam. Cet acte fut remplacé par celui du 6 juin 1884 qui précisa davantage la nature de notre protectorat. Ce traité semblait mettre fin aux hostilités; on le crut, on se trompait, ce n'était qu'une trêve de courte durée.

L'incident de Bac-Lé. — Le parti de la guerre dont Li-Hung-Thang avait triomphé se montra mécontent de cette solution. Il attaqua vivement le traité conclu et ne mit aucun bon vouloir à son exécution. Lorsque le général Millot se mit en devoir de faire occuper les points désignés dans la convention, nos colonnes trouvèrent les troupes chinoises encore en position et c'est ainsi que se produisit l'engagement de Bac-Lé. On put croire que la guerre recommençait avec la Chine. L'amiral Lespès bombarda Kélung. De son côté, l'amiral Courbet lança ses bâtiments sur Fou-Tchéou avec une audace qui a fait l'admiration des marins du monde entier.

Puis il entreprit à Formose des opérations combinées sur terre et sur mer qui n'eurent malheureusement pas le résultat attendu.

Tuyen-Quan. — Dominé. — Bobillot. — Au Tonkin le général Brière de l'Isle, qui avait remplacé le général Millot, marchait sur Lang-Son et y parvenait après une série de brillants combats, rejetant au delà de la frontière les masses chinoises, tandis que le commandant Dominé, soutenant un siège mémorable, arrêtait à Tuyen-Quan l'armée du Yun-Nan qui s'efforçait de se jeter sur nos derrières. Pendant plus de 40 jours, le commandant Dominé, avec quelques centaines d'hommes, soutint l'effort de toute une armée. Pour résister à une attaque en règle, faite par un ennemi qui montra dans cette occasion une entente savante de la guerre de siège, le commandant de Tuyen-Quan ne disposait que de quelques soldats du génie dirigés par un sous-officier. Ces hommes firent de véritables prodiges et le sergent Bobillot, qui trouva la mort, s'est placé au premier rang parmi les héros de l'expédition du Tonkin.

Dans cette bicoque battue sans relâche par les projectiles, minée et assaillie furieusement par les Chinois, sous la menace incessante de sauter, aucune défaillance ne se produisit, même chez les auxiliaires annamites. L'exemple du calme et du courage donné par le chef inspira à tous ces braves une conduite au-dessus de tout éloge.

Paix avec la Chine (4 avril 1885). — Après avoir repoussé l'armée du Quang-Si, le général Brière de l'Isle, accouru de Lang-Son au secours de Dominé, battit les Chinois à Hoa-Moc et débloqua Tuyen-Quan.

Pendant ce temps, le général de Négrier continua sa marche au delà de Lang-Son, mais des masses considérables de Chinois étant descendus du Quang-Si, il se vit contraint de rétrograder. Blessé dans le combat du 28 mars il remit le commandement au colonel Herbinger qui ramena ses troupes en arrière pour se cantonner dans une position moins menacée et y attendre des renforts avant de reprendre l'offensive. Ce mouvement en arrière s'effectua avec une hâte qui fit croire à une retraite mal combinée. Les Chinois, d'ailleurs, ne tentèrent pas de gagner du terrain et de s'engager à la suite de nos troupes. Sur ces entrefaites les négociations avec la Chine aboutirent et les préliminaires furent signés le 4 avril 1885 sur les bases de la convention élaborée par le commandant Fournier.

Le général de Courcy. — Pour en assurer l'exécution, le général de division de Courcy fut envoyé au Tonkin avec les pouvoirs civils et militaires les plus étendus. De nouvelles troupes allèrent renforcer notre division d'occupation.

L'amiral Courbet.

Arrivé en Indo-Chine, le général trouva la situation de l'Annam très tendue. La cour de Hué, toujours hostile, se refusait à exécuter loyalement le traité du 6 juin 1884. Les mandarins, après avoir empoisonné les deux successeurs de Tu-Duc, avaient placé sur le trône un de ses neveux âgé de quatorze ans. Sous le nom de cet enfant, Thuong et Thuyet, nos deux principaux adversaires, exerçaient le pouvoir en qualité de régents et entretenaient l'agitation contre nous. Le général de Courcy, décidé à en finir avec les agissements des mandarins, se rendit aussitôt à Hué. Ceux-ci, se voyant perdus, jouèrent leur dernière carte. Entrant en rebellion ouverte, ils essayèrent de surprendre et de massacrer notre garnison, dans la nuit du 5 juillet

1885. Leur tentative échoua. La citadelle de Hué fut prise et les régents s'enfuirent emmenant leur jeune roi Ham-Nghi dans les montagnes.

Le général de Courcy fit placer sur le trône un autre neveu de Tu-Duc, sous le nom de Dong-Khanh.

Au Tonkin nous étions débarrassés des troupes chinoises, mais il restait à opérer la destruction des bandes de pirates qui s'étaient répandus sur tout le pays durant cette longue période d'anarchie et de misère. Ce fut la tâche de nos soldats pendant ces deux dernières années. Un réseau de postes, étendu sur le Tonkin comme un filet, empêcha la formation de bandes sérieuses, en même temps que des colonnes rayonnant vers les points extrêmes portèrent notre occupation jusqu'aux frontières de Chine. A mesure que la tranquillité se rétablit, l'autorité militaire s'effaça devant l'administration et, au commencement de 1886, la pacification était assez complète pour qu'on pût substituer le régime civil au commandement militaire. Pendant quelque temps, peut-être, il subsistera encore des bandes de pirates, la chose est inévitable dans un pays aussi difficile, mais la présence de nos troupes rendra impossible la constitution de rassemblements inquiétants.

Il y a tout lieu de croire que l'organisation de solides forces de police et surtout la création de voies de communication auront pour résultat d'amener la disparition progressive du brigandage.

Paul Bert. — Ce fut Paul Bert qui au mois de février 1886 eut l'honneur d'inaugurer le gouvernement civil. Après avoir défendu en France la cause du Tonkin, il accepta, dans un admirable mouvement de patriotisme, la mission périlleuse de mettre ce beau pays en valeur. Pendant huit mois, d'une activité infatigable, il jeta les bases de l'organisation administrative et politique du pays. Malheureusement il ne sut pas ménager ses forces. Atteint par la maladie il fut emporté par elle ; il mourut le 11 mars 1887 à Hanoï. Paul Bert, victime de sa foi de patriote, a donné l'exemple du dévouement à la France. Son nom, illustre à tant de titres, appartient à l'histoire du Tonkin dont il a eu l'honneur de préparer la régénération par une série de mesures qui porteront leurs fruits dans l'avenir.

M. Bihourd, renonçant avec abnégation à un poste plus envié, n'hésita pas à accepter la lourde succession de Paul Bert et apporta au Tonkin sa compétence d'administrateur distingué. Il s'appliqua surtout à alléger les charges de la métropole par une administration prudente et économique.

Au mois de novembre 1887, le gouvernement de la République, dans le but d'utiliser les magnifiques ressources de la Cochinchine, créa l'union des pays d'Indo-Chine et plaça sous la haute direction d'un gouverneur général, qui est actuellement M. Piquet, le Cambodge, la Cochinchine, l'Annam et le Tonkin. Nous exposerons plus loin les détails de cette organisation.

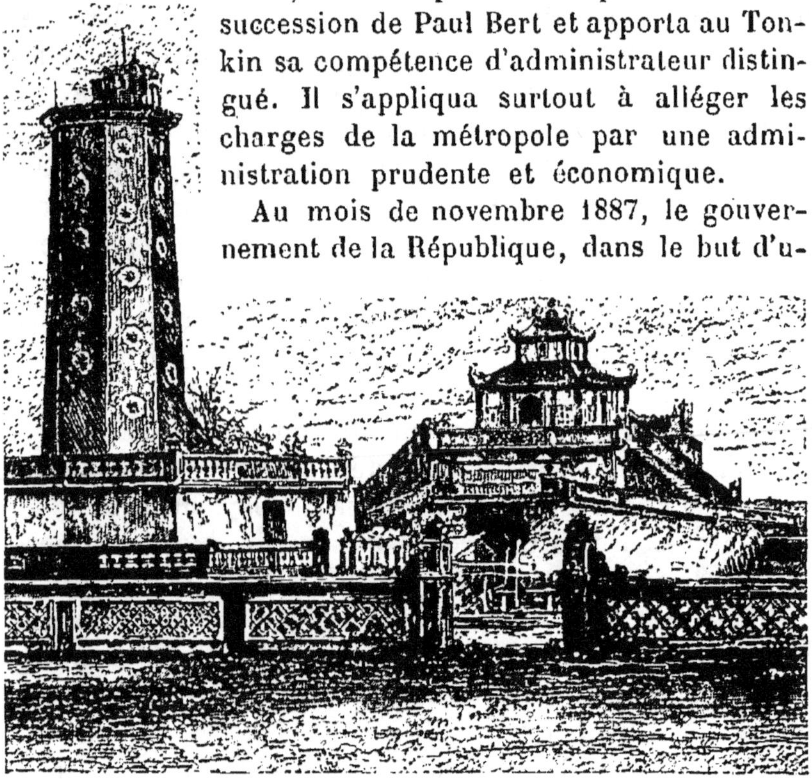

SON-TAY. — La citadelle.

Aujourd'hui, les Annamites ont compris que leurs intérêts sont intimement liés aux nôtres; les mandarins sont persuadés de l'impuissance de leur résistance et nous prêtent leurs concours. Le jeune roi d'Annam, prince intelligent, à l'esprit ouvert, a rejeté les traditions de la politique cauteleuse de l'ancienne cour de Hué ; rassuré, par les procédés et l'attitude des représentants successifs de notre protectorat, sur les intentions loyales de la France, il exécute sans détours les traités, il comprend les bienfaits que notre civilisation peut apporter à son pays et il ne ménage pas à nos agents les témoignages de sa sincère amitié.

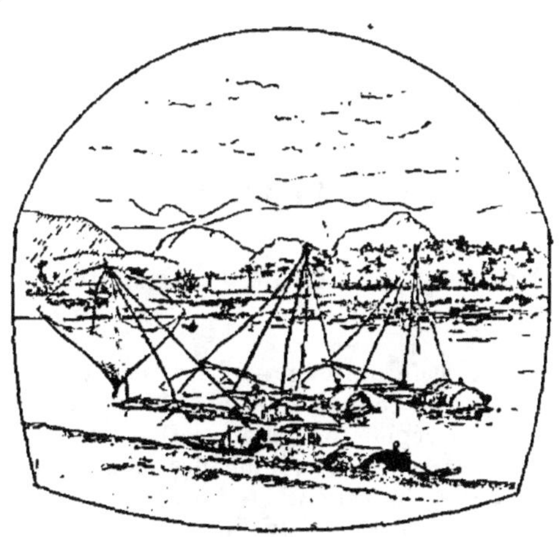

Pêcherie sur le fleuve Rouge.

Hanoï. — Pêche au marais.

## CHAPITRE II

### Description géographique.

Limites du Tonkin. — La baie d'Along. — La baie d'Hon-Gay. — Le Thaï-Binh. — Le fleuve Rouge ou Song-Coï. — Ses affluents. — La rivière Claire et la rivière Noire. — La région du Delta. — Canaux, routes, les messageries fluviales. — Les rizières. — La région des montagnes. — Le pays des Muongs. — Les habitants du Tonkin. — Caractère de l'Annamite. — Les travaux des champs. — Le mépris de la mort. — L'amour de la famille. — Le désir des honneurs. — Le costume. — La toilette des femmes.

Limites du Tonkin. — Situé entre le 20° et 23° 30′ de latitude nord et entre le 100° et 106° de longitude est, le Tonkin est borné, au nord et nord-est, par la Chine ; à l'ouest par les régions du Laos confinant au Siam et à la Birmanie ; au sud et sud-est par l'Annam et la mer de Chine.

Ce vaste territoire présente deux régions bien distinctes, une partie montagneuse ou de hauts plateaux au nord et à l'est et une autre partie plate et basse, communément appelée « Delta » qui confine à la mer. Les côtes, qui s'étendent sur une longueur de 400 kilomètres, sont basses et marécageuses dans le sud, en longeant le Delta; elles se relèvent, vers le nord, en falaises à pic, très découpées, bordées d'une multitude d'îlots rocheux, formant des baies nombreuses où s'abrite toute une population de pêcheurs.

La baie d'Along. — Ces baies étaient un repaire de pirates chinois et annamites qui, maintenant, ont à peu près disparu devant la chasse que leur font nos navires. C'est là que se trouve la merveilleuse baie d'Along, qui a plus de 10 kilomètres de diamètre, entourée d'une ceinture d'innombrables rochers aux aspects les plus variés et les plus bizarres, formant un véritable dédale de canaux, de passes qui relient cette baie avec celle de Jaï-Tsi-Long, également fort belle et avec celle de Hon-Gay. Dans cette dernière se trouve l'emplacement tout désigné d'un port et d'une ville de commerce de grand avenir. La baie d'Along est aussi reliée au Delta par un canal conduisant à Quang-Yen et de là à Haï-Phong par le Cua-Nam-Trieu.

Les plus importantes des îles nombreuses qui avoisinent ces côtes sont l'île Cac-Ba, la plus grande, qui renferme des cultures et quelques villages, l'île de Ké-Bao où se trouvent des gisements houillers, dont l'exploitation vient d'être concédée à une compagnie française, et ensuite le groupe des Norway, plus au large.

De la baie d'Along à l'extrémité sud du Tonkin, la côte est coupée par les nombreux estuaires du Song-Coï et du Thaï-Binh, dont les eaux, chargées de dépôts terreux, élèvent aux embouchures des barres qui en interdisent l'accès aux gros navires; seuls, la rivière de Quang-Yen et le Cua-Cam, conduisant à Haï-Phong, ont, à marée haute, assez de profondeur sur leurs barres, pour permettre l'entrée à des bateaux de six mètres de tirant d'eau.

Cependant il arrive, dans la saison des mortes eaux, que la navigation est impossible et que les bâtiments sont retardés quelquefois même pendant plusieurs jours. Les dépôts du fleuve qui s'accumulent sans cesse rendront de jour en jour ces conditions plus défavorables. La baie d'Hon-Gay offrira heureusement un remède à ces difficultés et répondra à toutes les exigences.

Le Tonkin, avons-nous dit, se partage en deux régions bien distinctes : les montagnes et la plaine. La première, qui suit toute la frontière de Chine au nord, descend à l'ouest jusqu'à la mer et enserre sans discontinuité le Delta. Les montagnes sont très enchevêtrées et couvertes de forêts difficilement pénétrables. Au nord-est, vers Lang-Son, se trouvent de vastes plateaux cultivés. Cette dernière chaîne marque la ligne de partage des eaux entre le bassin tonkinois du Thaï-Binh et de ses affluents, le Loc-Nam et le Song-Thuong, et le bassin des fleuves chinois de la province de Quang-Tong. Lang-Son est donc sur le versant chinois.

Cette région comprend les provinces de Lang-Son, Cao-Bang, Tuyen-Quan, Thaï-Nguyen, Hung-Hoa et une partie de Ninh-Binh et de Son-Tay.

Toutes ces chaînes descendent des plateaux du Yun-Nan et du Quang-Si, en suivant à peu près la direction nord-ouest sud-est. Elles forment à l'ouest la ligne de partage des eaux entre le Mékong et le fleuve Rouge, et à l'est, entre le Thaï-Binh et les fleuves de la Chine.

Quelques cols et vallées donnent seuls accès vers la frontière chinoise, sur les routes de Phu-Lang-Thuong à Lang-Son, de Thaï-Nguyen à Cao-Bang et de Lang-Son à la mer.

Les vallées de la Rivière-Claire, du Fleuve-Rouge et de la Rivière-Noire constituent les routes du Yun-Nan.

LE THAÏ-BINH. — Le système hydrographique du Tonkin est en entier constitué par deux grands fleuves, le Thaï-Binh et le fleuve Rouge (Song-Coï).

Le Thaï-Binh coule en torrent entre les montagnes du nord et débouche dans le delta à Thaï-Nguyen, suivant à peu près la direction sud-est.

LE FLEUVE ROUGE OU SONG-COÏ ET SES AFFLUENTS. — Le fleuve Rouge sort du Yun-Nan et se dirige au travers du

Tonkin du nord-ouest au sud-est. Il coule rapide dans un lit d'abord encaissé qui s'élargit vers Hung-Hoa et il s'étale dans le delta, où il se ramifie, pour se jeter à la mer par une infinité de bras, mélangeant ses eaux avec celles du Thaï-Binh par plusieurs canaux.

Le Song-Coï est navigable sur tout son parcours pour les jonques, mais son cours supérieur est obstrué par des rochers et des rapides qui font obstacle au passage des chaloupes à vapeur. L'amélioration du lit et la construction de bateaux à fond plat et à machines puissantes permettront cependant de remonter jusqu'au Yun-Nan.

Dans le delta, ses eaux chargées de dépôts limoneux élèvent, à l'entrée de ses différents rameaux, des bancs qui, par leurs déplacements constants, rendent la navigation difficile sinon dangereuse. Son cours rapide dans un terrain sans consistance ronge sans cesse les berges et déplace son lit. C'est ainsi qu'en face de la concession, à Hanoï, le fleuve, dévorant sa rive droite, est arrivé à lécher les murs des constructions dont il était éloigné de plus de 100 mètres, il y a à peine quelques années.

Il est soumis à deux crues périodiques : à la fin de mai, et vers août ou septembre. Ces crues sont très rapides et le niveau s'élève parfois de 6 à 7 mètres. Le courant devient impétueux et les eaux qui, d'ordinaire, ont une largeur moyenne de 7 ou 800 mètres se répandent à perte de vue. Les Annamites se protègent contre ces inondations par des digues en terre, très hautes, qu'ils disposent avec beaucoup d'intelligence.

Le Song-Coï reçoit, à sa sortie des montagnes, deux grands affluents, la rivière Claire à l'est et la rivière Noire à l'ouest. Ces deux cours d'eau qui opèrent leur jonction presque au même point, à quelques kilomètres au dessous de Hung-Hoa, descendent tous deux du Yun-Nan, en suivant dans leurs vallées des directions à peu près parallèles à celle du Song-Coï.

La rivière Claire et la rivière Noire. — La rivière Claire

passe à Tuyen-Quan. Elle est navigable jusqu'à cette place pour les canonnières du plus faible tirant.

La rivière Noire est navigable jusqu'à 50 milles de son embouchure. A ce point, la navigation est arrêtée par le barrage de Hao-Trang. Des travaux ont été entrepris pour la destruction de cet obstacle. Déjà M. Pavie a pu faire passer une chaloupe, et l'on peut prévoir que prochainement les bateaux à vapeur remonteront beaucoup plus loin. A Hao-Trang se tient un marché assez considérable, c'est le lieu d'échange des produits du Laos. L'importance

Trains de bois sur la rivière Noire.

de ce trafic augmentera rapidement avec la facilité des communications.

Région du delta. — La région du delta est de formation récente; le Song-Coï et le Thaï-Binh l'augmentent sans cesse par leurs alluvions qui empiètent sur la mer.

C'est une immense plaine de plus de 11,000 kilomètres carrés, ayant la forme d'un triangle, dont la base suit la mer sur près de 200 kilomètres et dont le sommet se trouve à Son-Tay. Elle renferme les grandes et riches provinces de Haï-Duong, de Hanoï, de Bac-Ninh, de Son-Tay, de Nam-Dinh, de Hung-Yen et une partie de Ninh-Binh.

Ce territoire est sillonné en tous sens par les ramifications du fleuve Rouge, lequel commence à se diviser au-dessus de Hanoï, et par celles du Thaï-Binh. Ces bras se tordent et se croisent de la façon la plus capricieuse. Un certain nombre de canaux ont été en outre creusés par les Annamites, pour les besoins de la navigation intérieure et pour l'irrigation des rizières. Les principales bouches du fleuve Rouge sont : le Cua-Balat-Nam, le Cua-Balat-Dong, et le Day. D'autres bras se séparant vers l'est vont rejoindre le delta du Thaï-Binh. Ce dernier se jette à la mer par le Song-Chang, le Cua-Cam, le Lach-Tray, le Van-Uc, et la bouche du Thaï-Binh.

Les canaux. — Les canaux constituent le meilleur et presque l'unique réseau des voies de communications dans le delta. Les routes annamites sont en effet fort rares et ne répondent guère aux besoins de la circulation des Européens. A l'exception de la route royale qui va de Hanoï à Hué, les autres chemins n'ont que la largeur d'un sentier. Ils suivent le plus souvent les digues, ils sont fréquemment coupés par les arroyos et ne permettent pas le passage d'un véhicule. La traversée des fleuves ne s'opère qu'au moyen de bacs. Sur les bras de peu de largeur seulement les Annamites ont jeté des ponts de bois dont le cintre accusé et la toiture en tuiles forment un décor des plus pittoresques. La plupart de ces voies secondaires n'ont d'autre but que de relier les arrondissements entre eux et serpentent dans la rizière sans avoir une direction générale bien déterminée.

Les routes. — La route royale traverse tout le Tonkin. Elle débouche à Ninh-Binh, passe à Phu-Ly et arrive à Hanoï, d'où elle repart de l'autre côté du fleuve pour Bac-Ninh et Lang-Son. Elle n'a qu'une largeur de 7 à 8 mètres et est assez mal entretenue. La difficulté d'amener de la pierre dans le delta, où elle fait totalement défaut, empêche d'ailleurs de charger les voies convenablement. Au delà de Hanoï, cette route a été améliorée par nous, et rendue praticable aux voitures. Elle constitue, en effet, à partir de Phu-Lang-Thuong la seule voie d'accès vers Lang-Son. La distance est d'environ 200 kilomètres qu'on franchit généralement en six jours. Bientôt un chemin de fer, dont le tracé est à cette heure terminé, mettra la capitale du Tonkin en communication rapide avec la frontière chinoise.

Une autre route créée en grande partie par notre administration conduit de Hanoï à Son-Tay et à Hung-Hoa, en traversant le Day et la rivière Noire.

En somme, les cours d'eau sont et resteront, dans le delta, les seules voies pratiques. Dans ce pays de rizières, au sol instable, l'établissement de routes solides, avec les nombreux travaux d'art qu'elles entraîneraient, serait beaucoup trop dispendieux. Les sampans et les jonques peuvent d'ailleurs sillonner le pays en tous sens et des services de chaloupes à vapeur peuvent être établis sur tous les centres qui intéressent le commerce européen.

Les Messageries fluviales. — Déjà les bateaux des Messageries fluviales assurent un service régulier entre Haï-Phong et Bac-Hat au confluent de la rivière Claire, par le canal du Song-Tam-Bac, le Lach-Tray, le Thaï-Binh et le canal des Bambous qui relie ce dernier au fleuve Rouge. Cette ligne dessert Hung-Yen, Hanoï, Son-Tay et remontera certainement vers Lao-Kay. A Hung-Yen un embranchement se dirige sur Nam-Dinh par le Song-Coï, le canal de Nam-Dinh et le Day.

Une autre ligne de bateaux, établie par la même compagnie, va de Haï-Phong à Dap-Cau, le port de Bac-Ninh, en passant par Haï-Duong et les Sept-Pagodes.

Enfin les chaloupes du commerce et les canonnières parcourent bon nombre d'arroyos et remontent plus ou moins, suivant l'état des eaux, la rivière Noire, la rivière Claire, le Song-Cau vers Thaï-Nguyen, le Song-Thuong et le Loc-Nam dans la direction de Lang-Son et de Chu, assurant ainsi les communications avec tous les points importants du Tonkin.

La voie de la Chine par le fleuve Rouge n'est jusqu'à présent parcourue que par les jonques, mais il est permis d'espérer que des steamers à grande vitesse pourront franchir le rapide du Thac-Haï, qui seul fait obstacle à la navigation. Des essais remarquables, tentés par M. le lieutenant de vaisseau Le Prieur, ont donné à cet officier la certitude qu'un bateau filant dix nœuds remonterait jusqu'à Lao-Kay.

Le delta se présente dans toute son étendue sous un aspect uniforme : une surface parfaitement horizontale sans autre relief que quelques îlots rocheux aux environs de la mer qui les baignait autrefois. Cette immense plaine que les arroyos, aux eaux rougeâtres, divisent en une foule de sections, est entièrement occupée par les rizières. Leurs petites digues découpent sur le sol une infinité de casiers, de quelques ares chacun, ce qui, au moment de l'irrigation, donne assez l'impression d'un gigantesque damier; plus tard, le riz étend son interminable nappe d'un ton vert clair, d'où émergent les bouquets de bambous, d'un vert plus sombre, sous lesquels s'enfouissent les cases des villages. L'œil ne distingue pas autre chose que le riz et le bambou.

Les rizières. — Il existe peu d'arbres dans le delta et encore sont-ils dissimulés dans l'intérieur des villages. Les plantations de maïs, de mûriers ou de ricin disparaissent dans la masse de la rizière. Les levées de terre qui séparent chaque champ font autant de sentiers et comme les charrois sont inconnus au Tonkin, où tous les transports se font à dos d'hommes, c'est dans toute la campagne une procession ininterrompue d'hommes et de femmes qui vont, qui viennent dans tous les sens. Chargés de leurs paniers, pendant à l'extrémité d'un bambou, comme les plateaux d'une balance, ils marchent à pas pressés avec un sautillement particulier, et, sur le haut des digues, leurs silhouettes, coiffées de leurs immenses chapeaux, se profilent de la façon la plus originale.

Ce mouvement incessant à travers la campagne tonkinoise, autour des villages en particulier, ces allées et venues sans fin, donnent à l'Européen l'impression d'une immense fourmilière à l'entrée de laquelle se presse et s'agite une population extrêmement laborieuse.

Les cours d'eau sont encombrés d'embarcations, jonques rebondies au gréement de rotin, ou sampans plats, dont l'avant semble piquer dans l'eau et dont la toiture en paillote a l'aspect d'une carapace. Les Annamites sont tous d'habiles bateliers ; les femmes perchées à l'avant des sampans rament debout, pesant de tout le corps sur l'aviron d'un mouvement souple qui n'est pas sans grâce.

Porteur tonkinois.

La région montagneuse. — Le delta se termine brusquement; la montagne succède à la plaine et la forêt vierge aux cultures, presque sans transition. De Ninh-Binh à Son-Tay ce n'est plus qu'un massif inextricable de montagnes assez élevées, aux pentes abruptes, couvertes d'une végétation intense. Quelques rares passages donnent accès vers le Laos et vers le Yun-Nan et quelques chemins, à peine indiqués, pénètrent seuls ce pays.

Entre la région montagneuse et le delta le contraste est frappant : ici la vie et le mouvement, là la solitude des forêts. Les habitants peu nombreux de ces montagnes appartiennent à une race particulière, comprenant plusieurs familles connues sous les désignations de Moï, de Màn, de Tho, de Méo et de Muong.

Le pays des Muongs. — Les Muongs, qui sont les plus répandus de Ninh-Binh à Lao-Kay, diffèrent beaucoup des

Annamites sous le rapport physique et aussi pour les mœurs. Répartis en tribus, sous la direction de chefs héréditaires, avec une organisation toute féodale, ils se sont toujours montrés assez indépendants vis-à-vis du gouvernement annamite, auquel ils versent cependant un tribut. Les mandarins, ne pouvant les réduire, se sont contentés d'exercer sur eux une autorité purement nominale. Les Muongs vivent exclusivement dans la forêt dont ils ne sortent guère. Leurs cases, perchées sur pilotis, à plusieurs mètres du sol, ne forment pas des agglomérations comme les villages annamites, elles sont au contraire dispersées, et leurs habitants, assez farouches, ne troublent point la paix silencieuse de ces bois.

Le Song-Bo, la rivière Noire perce seule ce massif. Elle coule dans une vallée resserrée entre deux hautes murailles vertes; une végétation d'une puissance extraordinaire recouvre les flancs de ces collines. Les grands arbres sont surchargés de lianes et de parasites qui ne laissent aucun intervalle entre les branches et forment un rideau impénétrable. Toutes ces plantes s'élancent serrées vers la lumière, se confondant dans un fouillis inextricable ; ici émergent et s'étalent les feuilles immenses des bananiers sauvages, là se dressent les tiges légères et flexibles des bambous. C'est une masse compacte des feuillages les plus divers, qui, des deux pentes opposées, s'abaissent en cascades d'un vert sombre vers les berges de la rivière. Aucun mouvement, aucun bruit au milieu de cette nature sauvage : les animaux y sont rares et invisibles; à peine voit-on par aventure quelques oiseaux de proie planer au-dessus du fleuve. Ce silence de mort rend encore plus saisissante l'impression du voyageur.

Toute la région du Nord conserve ce même caractère de sauvagerie; partout le pays présente cet aspect tourmenté. La vallée du fleuve Rouge, étroite et bordée de montagnes boisées, est cependant beaucoup moins resserrée que celle de la rivière Noire, et ses rives cultivées sont bordées, à partir de Than-Quan, de villages annamites dont les habitants, à côté de plantations de tabac, de coton, de mûriers, de cannes, peuvent encore récolter une petite provision de riz. Le cours du fleuve depuis sa sortie de Chine est très fréquenté. La navigation y est très active surtout dans la saison des basses eaux, pendant laquelle le courant très affaibli se laisse remonter assez aisément.

Les bords de la rivière Claire sont des plus riants. Les collines, moins élevées et moins boisées jusqu'à Tuyen Quan, sont couvertes de cultures de plantes industrielles, autrefois très prospères. En amont de cette ville, le Lo-Giang a un cours resserré et torrentueux.

Relativement nombreux vers Lao-Kay et jusqu'à Tuyen-Quan, les Muongs diminuent de nombre dans le massif inextricable qui s'étend jusqu'à Cao-Bang.

Les chaînes du nord-est sont moins boisées et les hauts plateaux qui avoisinent Lang-Son sont couverts de cultures variées. La population y est encore assez dense, on y retrouve la race annamite, mais le type est fortement mêlé de Chinois. Les Célestes ont été, en effet, très répandus sur toute cette frontière ; ils ont à peu près seuls exploité les gisements minéraux de la contrée.

Les habitants du Tonkin. — Les Annamites appartiennent à la race jaune. Ils sont, en général, petits, la taille des hommes ne dépasse qu'exceptionnellement 1m,60, beaucoup n'atteignent que 1m,50. Pour les femmes, la moyenne est de 1m,52 environ. Le corps et les membres sont grêles ; le torse est long, la poitrine bien saillante, les jambes, un peu courtes, sont le plus souvent arquées, les pieds petits ont cette particularité, bien caractéristique de la race, que le gros orteil est très séparé des autres doigts. Le nom de Giao-Chi, sous lequel les Annamites sont souvent désignés, rappelle cette conformation qui leur permet de se servir de leurs pieds, un peu à la manière des singes, dans une foule de travaux. Les mains sont longues et étroites, les doigts desséchés et noueux. Les attaches sont fines. La tête est bien proportionnée, le crâne arrondi, la face fortement aplatie, les pommettes saillantes; les yeux sont légèrement bridés et leurs angles extérieurs plus relevés; la bouche est moyenne avec des lèvres fines, mais l'horrible habitude de recouvrir les dents d'une laque noire lui donne un aspect repoussant; le nez épaté se détache du front par une ligne indécise et n'est guère proéminent que vers les narines. Le menton est court, l'oreille moyenne. Les cheveux, qu'ils portent très longs, sont noirs et lisses. La barbe n'apparaît guère avant trente ans; elle pousse par longs poils, très clairsemés, tombant tout raides; la moustache rare n'existe guère qu'aux angles de la bouche. Le teint de la peau est d'un jaune uniforme, nuancé du ton clair de la cire jusqu'au brun, suivant le genre de vie des individus. Cette couleur de parchemin fait encore ressortir la maigreur habituelle de leur corps. L'obésité est presque inconnue chez les Annamites, et la plupart des vieillards tombent à l'état de dessèchement des momies.

En général les femmes sont bien faites, la taille est très cambrée, la poitrine bien dessinée. Les traits du visage sont les mêmes que chez les hommes, le teint généralement plus clair et le corps plus en chair.

Lorsqu'ils vont nu-pieds, hommes et femmes ont une allure souple, une démarche très assurée, la poitrine bien en avant et la tête droite. La physionomie est à peu près immobilisée dans une expression douce et timide, quelque chose de féminin chez les hommes, dont la figure imberbe et les longs cheveux peuvent, pour un œil encore peu exercé, prêter aisément à la confusion.

Les travaux des champs. — Sous des dehors chétifs, les Annamites sont cependant nerveux, résistants à la fatigue. Ils sont des marcheurs et des porteurs étonnants; mais leurs bras sont sans force. Très habiles dans les travaux qui exigent de la dextérité, ils n'ont dans ces membres aucune puissance musculaire, tandis que, arc-boutés sur leurs jambes, ils peuvent d'un effort des reins enlever et porter longtemps des fardeaux qu'un Européen aurait peine à soulever. On les voit transporter leurs produits aux marchés souvent fort éloignés, trottinant tout le jour sous des charges énormes.

Ils peuvent travailler dans les rizières par des chaleurs terribles, sous un soleil de feu, sans avoir à redouter les insolations qui tueraient infailliblement les Européens et dont les Arabes du corps expéditionnaire n'étaient pas eux-mêmes exempts. Laborieux et intelligents, ils font d'incomparables agriculteurs. Les cultures du delta n'ont pas

Village muong.

de rivales en Europe, et l'on est rempli d'admiration pour cette population, lorsqu'on juge du labeur extraordinaire qu'exige la rizière, par l'entretien des digues, le labourage (il n'y a pas une poignée de terre qui ne passe par les mains du laboureur), l'irrigation, qui le plus souvent se pratique péniblement, en élevant l'eau à bras avec un simple panier, le repiquage qui s'opère tige par tige, et enfin la récolte, dont e transport s'effectue à dos d'hommes.

Caractère de l'Annamite. — Quand on observe ce peuple, les traits qui frappent d'abord sont son activité et sa douceur;

on le voit uniquement tourné vers les occupations paisibles, absorbé par les travaux des champs, n'aspirant qu'à vivre dans son village, d'une étroite vie de famille, et ne prenant de souci que pour ses affaires communales. Ses mœurs tranquilles et ses institutions si pacifiques lui donnent l'apparence d'une timidité exagérée. Il ne faudrait cependant pas, à le voir ainsi craintif et courbé, le croire dépourvu de courage et de fierté.

L'Annamite est docile, respectueux de la hiérarchie, mais non pas servile, et il ressent vivement l'injustice. Très attaché aux traditions, il voit avec inquiétude les innovations et il leur préfère le régime arbitraire des mandarins pourvu qu'il ne pèse pas trop lourdement. Il saurait au besoin résister, et c'est le plus souvent la dureté des fonctionnaires qui crée les bandes de pirates.

Le mépris de la mort. — Avec une humeur aussi peu belliqueuse il n'a pas le courage bouillant des occidentaux; il est brave cependant, d'une bravoure froide et, sans être soutenu par aucune espèce de fanatisme, il sait admirablement mourir. Chez aucun des rebelles condamnés on n'a pu constater de défaillance. Tous marchent à la mort avec un superbe dédain. Jugés par les autorités annamites et exécutés par leurs soins, ils assistent impassibles aux préparatifs de leur supplice dont la lenteur est cependant bien faite pour amener l'effroi. Le condamné, la cangue au cou, est conduit souvent assez loin au milieu d'un cortège de soldats de la garde des mandarins, habillés d'oripeaux rouges sordides, armés de lances et de sabres d'une longueur démesurée, étendards déployés, drapeaux triangulaires et carrés aux bords dentelés et aux bandes multicolores. Le son lugubre d'un gong accompagne la marche de cette sinistre procession que suivent les mandarins, portés dans leurs palanquins, entre leurs immenses et bizarres parasols. Un piquet est enfoncé sur l'emplacement choisi. Le patient y est attaché à genoux, ayant devant les yeux une planchette portant la sentence et alors commence l'opération de l'enlèvement de la cangue, fortement rivée et qui souvent résiste de longs instants aux opérateurs mal outillés.

Jusqu'au dernier moment, le condamné conserve le calme le plus étonnant, souvent même s'entretenant en souriant avec ses bourreaux et tendant sa tête, sans manifester de regrets, lorsqu'il est assuré que ses restes, laissés à sa famille, recevront les soins pieux que l'on rend aux morts. On demeure confondu devant une semblable indifférence. Tous ceux qui se sont trouvés au Tonkin pendant ces dernières années ont été forcément témoins de ces scènes d'une terrible nécessité et pourraient rapporter des exemples stupéfiants de cette tranquillité au moment suprême.

Chez l'Annamite la plupart des mouvements paraissent enfantins ; il est très mobile, il passe d'une réserve craintive à l'enjouement, à la gaîté expansive; il paraît silencieux et il devient babillard, railleur. Ses sentiments ne sont jamais bien profonds. Il sait gré des bons traitements, mais il ne faudrait pas lui demander en retour une reconnaissance très vive. Il est aimable, attentif avec ses amis, mais l'amitié, chez l'Annamite, n'a jamais ni la profondeur ni la solidité de ce sentiment tel que nous le comprenons; avec les étrangers, il est poli, très cérémonieux même, et hospitalier.

L'Amour de la famille. — Ce n'est que pour sa famille que l'Annamite est capable d'un attachement sincère et dévoué. Ses ascendants sont pour lui l'objet d'un véritable culte. La tendresse ne se manifeste guère chez lui par ces démonstrations caressantes qui accompagnent nos sentiments affectueux, et l'on pourrait presque se demander si le dévouement admirable qu'il témoigne à ses parents, qui va jusqu'au sacrifice absolu, de lui-même ne lui est pas plutôt inspiré par une éducation religieuse particulière que dicté par le cœur.

Respectueux et soumis, l'enfant n'a jamais de ces abandons familiers qui s'accordent si bien avec notre respect filial, le père exerce sur sa famille son autorité bienveillante, mais sans se départir jamais de son caractère hiérarchique. Les manifestations navrantes des funérailles ressemblent aussi beaucoup plus à une mise en scène réglée par les rites, à l'accomplissement des pratiques d'un culte et des prescriptions de la loi sur le deuil qu'à l'explosion spontanée d'une douleur profonde.

L'Annamite vit sans souci du lendemain, au jour le jour; il est laborieux, mais il n'a pas le sentiment de l'économie : il ne songe guère à amasser. Viennent les fêtes du nouvel an, il dilapidera en pétards et en friandises le produit d'une année de travail. Il vendra même à vil prix ses réserves, pour se divertir davantage; ensuite, ses ressources épuisées, il se remettra patiemment à l'ouvrage.

Le désir des honneurs. — Le désir de paraître le fait également généreux et même prodigue. Il est en effet très avide de se distinguer, et son amour-propre tourne à la vanité. Il aime par-dessus tout les honneurs et l'autorité; aussi, les fonctions publiques l'attirent-elles; il recherche même les moindres emplois et il devient alors facilement hautain avec ses inférieurs. Il a le sentiment inné du commandement. Lorsque dans un rassemblement de coolies l'un quelconque d'entre eux est désigné comme surveillant, il se fait aussitôt d'un chiffon ou d'une baguette un insigne de sa dignité, et il n'est pas tendre pour ses subordonnés; son maintien et surtout sa baguette indiquent à ses anciens compagnons la distance qui les sépare désormais de lui.

Il se fera plus volontiers le serviteur d'un fonctionnaire, car une parcelle du pouvoir de son maître rejaillira sur lui. Les gens de service des Européens exploitent tellement leur condition qu'ils deviennent insupportables à leurs compatriotes si celui qui les emploie ne les surveille sérieusement.

C'est surtout par la science que l'Annamite aime à briller, et à s'élever au-dessus de ses concitoyens; il étudie avec une rare ardeur et apprend avec une remarquable facilité. Il affectionne surtout l'érudition pédante; il encombre son cerveau d'un fatras de connaissances philosophico-littéraires absolument stériles et son orgueil croît en raison de son savoir. Il n'est pas d'écoliers plus zélés que les petits Annamites ; loin de soupirer après des congés, la récompense qui leur ferait le plus de plaisir serait la prolongation des classes. C'est un exemple d'assiduité à retenir.

Soldat muong.

En somme le peuple annamite tient de sa race des défauts qui pourront être atténués; il a aussi des qualités précieuses; mais il faudrait se garder de lui imposer trop tôt et entièrement les principes de notre civilisation dont il ne saurait prendre que les vices, sans accroître ses vertus.

Les institutions et les lois du pays conviennent admirablement à son caractère; en réglant leur application avec équité et modération, au moyen d'un controle judicieux, on donnera aux Tonkinois, sans risques d'augmenter leurs défauts, toutes les satisfactions qu'ils désirent.

Assurés du lendemain, ils perdront leurs habitudes de dissipation, et n'ayant plus à subir l'oppression de leurs fonctionnaires, ils acquerront vite l'esprit d'indépendance et d'initiative qui leur fait défaut. Il faudra toujours, sans doute, compter avec l'instinct de dissimulation qui est le fond du caractère asiatique ; mais, somme toute, les Annamites sont intelligents et laborieux, doux et respectueux du principe d'autorité, et ces qualités en font un peuple facile à gouverner.

Le costume. — Les Annamites s'habillent d'une façon assez commode mais disgracieuse. Le vêtement ordinaire se compose d'un pantalon large et court, et d'une sorte de blouse longue, fendue sur les côtés, qui croise sur la poitrine et se boutonne au col, sur l'épaule, sous le bras et à la hanche. Généralement les élégants portent plusieurs de ces tuniques superposées, la première d'une teinte foncée, très souvent noire, celles de dessous étant de couleurs variées et voyantes; les ouvertures pratiquées sur les côtés pour donner de l'aisance aux mouvements laissent apercevoir les couleurs chatoyantes et savamment combinées des vêtements du dessous.

Quant aux travailleurs ils ont une veste large en étoffe de coton, couleur de bure, boutonnant comme la blouse; mais pendant l'été ils vont le plus souvent le torse nu, et le pantalon, en raison de sa largeur et de la légèreté de l'étoffe, se relève et se rattache à la ceinture, en forme de simple caleçon de bain.

Les cheveux longs sont tortillés en chignon sur le derrière du crâne et la tête est entourée d'un turban étroit.

Le bon goût consiste à ne se vêtir que d'étoffes de soie de couleurs sombres pour la tunique et le turban, le pantalon étant invariablement blanc, en soie, ou en crépon broché. La tunique de soie est, en été, de tissu très léger, formant transparent sur une autre de couleur variable. Le turban de crépon s'enroule à petits plis réguliers.

Cette tenue sévère distingue les mandarins et les lettrés, mais dans le peuple, les gens riches apportent plus de fantaisie dans leur toilette. Depuis l'occupation française, les Tonkinois se sont émancipés au point d'employer des matières et des couleurs qui leur étaient autrefois interdites; et maintenant qu'ils peuvent donner carrière à leur inspiration, ils en abusent pour se livrer à une véritable débauche de jaunes, de verts, de violets et de rouges. Les tons les plus chauds ont toutes leurs prédilections et ils font de ces couleurs les associations les plus inattendues.

Le parasol est un insigne d'autorité pour les fonctionnaires qui, suivant leurs grades, peuvent en posséder jusqu'à quatre, énormes et d'un modèle tout particulier. Cet objet était absolument interdit à leurs administrés, même en réduction, mais à présent il n'y a presque pas d'Annamite qui ne possède un de ces ustensiles, de fabrication européenne. C'est là un des avantages de notre protectorat qu'ils paraissent apprécier beaucoup.

Il n'est pas jusqu'aux tirailleurs tonkinois qui en dehors du service ne fassent usage du parasol. L'effet ne laisse pas d'être comique.

Le chapeau, qui sert aux Annamites à la fois contre le soleil et contre la pluie, est une espèce de vaste entonnoir mesurant au moins 60 centimètres de diamètre; il est soit en feuilles tressées, soit en bambou enduit d'une couche de laque qui le rend imperméable. Certains de ces chapeaux formés de lamelles végétales, extrêmement minces, sont confectionnés avec une grande finesse. Ce cône profond sous lequel la tête disparaît avec les épaules ne peut convenir aux ouvriers qui portent de préférence, pour les travaux de la campagne, une large plate-forme en paillotes, sanglée sous le menton. Un manteau de feuilles complète leur vêtement d'une façon originale.

Pour la saison d'hiver il n'existe guère de vêtements spéciaux. A l'exemple de quelques habitants des villes qui se font tailler maintenant des tuniques en flanelle bleue d'Europe et de quelques mandarins qui sont vêtus de robes ouatées, la masse du peuple se préserve du froid en accumulant les vêtements les uns sur les autres; toute la garde-robe y passe, elle est souvent bien insuffisante et elle devient bientôt sordide faute de rechange.

Les Annamites sont, en effet, moins que soigneux et les habitudes de propreté n'existent pas, même chez ceux qui ont les moyens de renouveler leurs vêtements. Faire de la toilette consiste ordinairement à passer une robe d'apparat sur des dessous très sales. Cependant les indigènes qui entrent au service des Européens et ceux que le recrutement envoie dans les régiments de tirailleurs arrivent assez facilement à avoir une bonne tenue et à prendre des soins réguliers de propreté. Il n'y a donc pas à désespérer de les amener à de meilleures habitudes, surtout si l'on veut se donner la peine de leur faire comprendre les avantages que leur santé en retirerait.

Tous vont pieds nus, la plante protégée par une semelle mince en cuir de buffle maintenue par deux cordons passant entre les doigts. Les mandarins sont à peu près les seuls à porter une espèce de sandale au bout pointu et relevé, mais toujours trop étroite pour contenir le pied. Cette chaussure incommode oblige celui qui en use à une allure traînante et embarrassée; il semble qu'en s'interdisant ainsi la marche, il veuille indiquer que sa qualité est trop haute pour qu'il puisse aller à pied.

En costume officiel, les mandarins ont une robe de soie, longue et très flottante, en tout point semblable à celle des mandarins de cour.

Les toilettes des femmes ne diffèrent pas beaucoup des costumes d'hommes. C'est la même robe, plus longue et descendant jusqu'aux pieds, sur un pantalon de soie noire. Comme les hommes, elles en superposent plusieurs; souvent, au lieu de les boutonner elles les maintiennent simplement croisées au moyen d'une ceinture, laissant sur la poitrine un écartement comme dans certaines modes européennes. Mais la femme annamite cache toujours soigneusement sa gorge par un carré d'étoffe attaché au cou et en dessous des bras. Les femmes du peuple se montrent quelquefois au dehors le torse nu, sans cependant quitter jamais le caïgiem.

Avec la tunique serrée à la taille et échancrée sur le caïgiem de couleur vive qui tranche sur la sévérité du cos-

LE CORTÈGE D'UN MANDARIN.

tume, la femme annamite, lorsqu'elle va nu-pieds, a la démarche souple et suffisamment gracieuse, mais dans sa toilette de cérémonie avec la robe droite sans un pli, étranglant le cou, les manches en forme de boudin, la sandale relevée à angle droit, affublée de l'immense chapeau plat, en feuilles, orné sur les côtés de deux énormes glands de soie et de brides en cordes de soie pendant jusqu'à la ceinture, elle marche guindée, dans un balancement comique. Ce chapeau est la coiffure la plus extraordinaire qu'on puisse imaginer, par ses proportions et son incommodité; il ne tient sur la tête que par des prodiges d'équilibre, car les brides ne sont là que pour l'ornement et ne servent qu'à suspendre le couvre-chef sur l'épaule, en bandoulière. C'est une des pièces de luxe du costume, et certains sont des miracles de sparterie, extrêmement curieux par leur finesse. Surmontées de ce couvercle qui les fait assez ressembler à des champignons, les femmes annamites sont très originales et il est fort amusant de les voir passer en file, allant à une fête, à un mariage, toutes raides dans leur fourreau de soie, marchant tout d'une pièce comme des automates en traînant les pieds, et balançant les bras, pour maintenir l'équilibre instable du monument qui les surmonte.

Les bijoux annamites. — Les femmes annamites portent aussi des bijoux, mais l'usage qu'elles en font est assez modéré. Elles ne se parent que de quelques colliers et bracelets d'or ou d'argent, très simples, et elles ne poussent pas l'amour de la joaillerie, comme la plupart des femmes des autres races asiatiques, jusqu'à se vêtir presque d'une pacotille de carton ou de cire dorée. Les colliers et les bracelets sont des chapelets de petites boules d'or ou d'argent de la grosseur d'un pois, qui entourent le cou et les bras à rangs serrés. La richesse de la parure consiste dans le nombre de tours des colliers. Des bagues, anneaux d'or à facettes, se superposent jusqu'à couvrir toute une phalange de leurs doigts maigres. Les oreilles sont ornées de boutons en forme de petites roses, assez semblables aux produits de la bijouterie commune d'Europe. Toutes ces parures sont à peu près uniformes, et leur seule originalité leur vient de la couleur particulière du métal.

Les enfants sont vêtus suivant la même mode que leurs parents. Les mères annamites ne se mettent pas, comme les chinoises, en grands frais d'imagination pour parer leurs bébés ; un grand cercle d'argent au cou et parfois aux pieds des tout petits est toute la fantaisie qu'elles se permettent ; le plus souvent, dans l'été, c'est le seul vêtement des enfants : le plus commode d'ailleurs pour s'ébattre dans les mares voisines.

Jusqu'à dix ou douze ans la tête des enfants est rasée ; il ne leur est laissé qu'une petite mèche, au milieu de la tête, mèche qui pend en arrière ou qui tombe sur le front ; quelquefois aussi il est laissé deux mèches, sur les tempes. Cette dernière mode est plutôt adoptée pour les petites filles. Avec leur mine éveillée, leurs petits yeux bridés, intelligents, leur teint mat d'ivoire et cette coiffure bizarre, ces enfants sont tout à fait gentils dans leurs longues tuniques flottantes. Leurs dents n'ont point encore été laquées, leur figure est fraîche et remplie, ils font plaisir à voir, jouant dans les rues, ou se livrant déjà, avec de petites mines drôles, aux travaux de la maison. Les plus grands surveillent les plus petits ; on voit communément des bambins, hauts comme une botte, prendre dans leurs bras leurs frères, presque aussi gros qu'eux et leur donner des soins touchants. Tout ce petit monde est fort amusant ; dans les rues de Hanoï où il pullule, il est un des sujets de curiosité pour le nouveau débarqué.

La nourriture. — Le riz est la base fondamentale de l'alimentation indigène. Chez les Annamites de toutes conditions, il constitue le plat fondamental de chaque repas ; son rôle est tel que l'idée de prendre de la nourriture s'exprime par les mots « an-côm » (ann-cœume) qui signifient « manger riz ». Simplement bouilli à l'eau, il tient dans les menus annamites la place de la soupe dans la cuisine militaire, et ces mots « an-côm » répondent bien exactement à ceux de « à la soupe » chez nos troupiers. Préparé par les Annamites, il se présente bien gonflé, par grains fermes et d'une blancheur superbe, très appétissant. C'est peut-être le seul secret que nous ayons à envier à leur cuisine.

A côté de cet aliment universel, le poisson, la viande de porc, les volailles et des légumes du pays entrent pour une grande part dans la consommation; le poisson surtout, dont des variétés innombrables foisonnent dans les cours d'eau du Delta, dans les étangs, dans les mares et jusque dans les rizières, après les inondations. La pêche est une ressource inappréciable pour les indigènes. Les grenouilles, les crabes et les crevettes d'eau douce, les coquillages sont recherchés par eux.

Très abondant, le porc donne une chair de qualité médiocre et pas très saine, c'est cependant l'animal de boucherie par excellence. Les bœufs et les buffles ne sont destinés qu'à la culture, et ce n'est que tout exceptionnellement qu'ils servent à l'alimentation. Les volailles, poulets, canards et pigeons, sont élevés en grand nombre et les Annamites excellent à faire des chapons superbes. Les œufs surtout sont d'une grande ressource; seulement, loin de les rechercher frais, on ne les trouve à point que lorsqu'ils ont été couvés suffisamment pour en développer complètement le germe.

Les légumes indigènes sont représentés par une espèce de choux et des variétés d'épinards, de haricots et de chicorée.

Ce sont là les principales denrées de l'alimentation ordinaire, mais lorsqu'on parcourt les rues d'une ville annamite, on voit aux étalages des restaurateurs les produits les plus étranges, et des animaux qu'un Européen n'est guère habitué à considérer comme comestibles. A côté de poulets, de canards et de petits cochons, tout rôtis et d'assez bonne apparence, bien enduits d'un beau vernis qui les préserve des insectes, on voit, suspendus, des petits chiens également rôtis, dont les Annamites se montrent très friands. Il se fait sur les marchés du Tonkin un assez grand commerce de ces animaux que les paysans apportent dans des paniers, tout comme des poulets. On mange aussi des crabes bouillis, des poissons secs, des brochettes d'énormes crevettes, de gros insectes, des vers à soie frits, des ailerons de requin conservés, des pâtes gélatineuses, des gâteaux superbement peints, des confitures et des sauces qui exhalent des parfums rien moins qu'attirants. La plus réputée de ces sauces, le « nuoc-mam », est confectionnée avec de petits poissons, de l'eau salée et des épices. Ce mélange est placé dans de grandes jarres en terre où on le laisse fermenter. Lorsque les poissons, suffisamment corrompus, se sont liquéfiés, le produit est à point. A Hanoï, une rue entière est consacrée à cette odorante industrie. Le nuoc-mam est l'assaisonnement obligé de presque tous les plats annamites. Si l'on vient à exprimer à un indigène l'horreur que nous inspire cette préparation, il vous répondra très bien qu'il ne comprend pas cette répulsion chez des gens qui savourent le fromage. Le nuoc-mam perd, il est vrai, sa fétidité en vieillissant et peut-être qu'à tout prendre il n'a rien de plus repoussant qu'un roquefort bien à point.

Femme de la haute rivière Noire.

Des Européens établis depuis longtemps dans le pays, les missionnaires surtout, en font usage et lui reconnaissent des propriétés toniques salutaires.

Pour les indigents, en outre de ces aliments qui ne sont guère à leur portée, on pourrait presque dire que tout devient comestible; à peu d'exceptions près, les animaux de toutes les races, reptiles, rats, etc., peuvent faire les frais de leur appétit.

Les auberges. — Il existe partout au Tonkin, dans les villes et villages et dans la campagne, une multitude de petites auberges en plein vent, dans lesquelles les gens qui se rendent aux marchés et les coolies, sans demeure fixe, peuvent se restaurer selon leurs moyens. Sur les routes, ces établissements sont très curieux. On les rencontre échelonnés par petits groupes, à des intervalles d'une heure de marche environ. C'est le lieu du stationnement obligé : tous les voyageurs s'y arrêtent, délassent un peu leurs épaules et leurs jambes en prenant une tasse de thé et fumant à la pipe commune de l'estaminet. Sur les routes un peu fréquentées, ces caravansérails sont on ne peut plus animés. Quatre poteaux de bambous et une toiture en feuilles composent toute l'installation; quelques mauvaises nattes ou claies de bambou mobiles tiennent le plus souvent lieu de murailles. La nuit le cabaret est inhabité. La femme qui le tient arrive d'ordinaire le matin, apportant son petit matériel et ses provisions. Une grande marmite en terre, placée sur un maigre feu entretenu à coups d'éventail, contient le riz; un autre récipient est rempli de thé. Pour quelques sapèques, chacun peut absorber un bol de riz, il y ajoutera quelques petits morceaux de viande, découpés à l'avance par bouchées; pour quelques sapèques de plus il obtiendra le droit de tremper son rôti dans l'excellent nuoc-mam et de l'arroser d'une décoction de thé, sinon il se contentera de l'eau de la jarre commune, mise généreusement à la disposition de tout venant, avec une moité de noix de coco emmanchée, pour la puiser.

Le repas annamite. — Le riche ne va guère hors de sa demeure.

Son repas lui est servi sur une sorte de lit en bois, recouvert d'une natte; il y prend place, accroupi ou étendu à la mode antique. Sur un plateau de cuivre ou de bois laqué, sont disposés le bol à couvercle plein de riz et plusieurs soucoupes pleines de menus morceaux de viande, du poisson, des pâtés et des sauces. Il commence d'abord par engouffrer une certaine quantité de riz, au moyen de petits bâtonnets qui lui servent à le pousser du bol dans sa bouche, puis il pique à sa fantaisie dans les assiettes, des morceaux qu'il dépose dans le bol de riz, après les avoir préalablement trempés dans les sauces, et il les pousse, toujours avec les bâtonnets, en même temps que le riz. L'Annamite ne boit jamais en mangeant, ce n'est qu'entre ses repas qu'il se désaltère avec de nombreuses tasses de thé. Le maître de la maison mange seul ou avec ses amis, les femmes prennent leur repas à part.

Les Annamites sont très sobres, ils ne boivent qu'exceptionnellement de l'eau-de-vie de riz, d'ailleurs assez désagréable et ils ne paraissent pas avoir un goût très vif pour nos liqueurs fortes. La table est d'ordinaire d'une extrême simplicité et ce régime peu substantiel les oblige à faire des repas nombreux, quatre au moins dans une journée.

Ce n'est qu'à l'occasion des fêtes, ou lorsqu'ils reçoivent leurs amis qu'ils se mettent en frais. Mais alors ce sont des festins interminables, servis avec une abondance extraordinaire. Les tables sont surchargées de mets et ornées de fleurs. Dans ces circonstances la viande de bœuf et de buffle apparaît sur les menus. Des serviteurs remplacent sans cesse les victuailles disparues.

La table, dressée dans la pièce d'honneur de la maison, est disposée perpendiculairement à la façade de l'autel des ancêtres et le maître du logis place ses invités suivant les règles de l'étiquette, la place d'honneur se trouvant au bout près de l'extérieur. Il est d'usage de se laver la bouche avec de l'eau de thé en commençant le repas, puis chacun joue des baguettes suivant son caprice, sans être lié par l'ordonnance d'un menu. L'amphitryon, très attentif, fait très aimablement les honneurs et ses convives le remercient en le saluant avec les baguettes qu'ils élèvent des deux mains devant le visage.

Ces dînettes annamites sont tout à fait divertissantes pour les Européens; le maniement des petits bâtons est un sujet continuel de gaieté. Dans la multitude des plats qui défilent, il y a cependant toujours assez de produits de connaissance pour satisfaire les plus timorés et il faut s'empresser de reconnaître que, pour les rôtis de volaille, les cuisiniers annamites ne le cèdent en rien aux nôtres. L'absence de boisson seulement deviendrait pénible. Les Annamites s'étonnent, en effet, de nous voir accompagner nos mets d'autant de liquide.

Dans les provinces de l'intérieur, à défaut de tout divertissement européen, ces réceptions constituent les principales distractions. Les mandarins se rendent également aussi avec le plus grand plaisir aux invitations des fonctionnaires français ; ils sont aussi inhabiles à manier la fourchette que nous le sommes à nous servir des bâtons, mais ils goûtent fort nos conserves de légumes et surtout nos desserts sucrés. Ils paraissent apprécier le champagne, toutefois ils redoutent la glace que, dans leur langage figuré, ils appellent « nuoc-dà », « l'eau de pierre ».

Déjà, lorsqu'ils reçoivent un Français, ils se croient obligés pour lui faire honneur de le traiter à l'européenne. Ces dîners non plus ne manquent pas d'originalité, mais d'une originalité qui n'a plus rien d'exotique et à laquelle il est permis de préférer l'autre. Les serviettes sont en tissu éponge, les verres de toutes les formes et de tous les calibres, la vaisselle venue des quatre points cardinaux. La rareté des pièces de rechange et l'inexpérience des serviteurs improvisés donnent de légitimes appréhensions sur la netteté du métal, plus ou moins argenté, du couvert. Quant à la cuisine, elle est à la hauteur du service : elle est bien composée d'éléments européens, mais il est fait de ceux-ci des assemblages, qu'aucun traité d'art culinaire n'a prévus jusqu'à présent, enfantés seulement par l'imagination d'un chef annamite. Tout en reconnaissant aux cuisiniers indigènes de grandes dispositions et une remarquable facilité à s'assimiler un art, très différent du leur, lorsqu'ils sont dirigés, il est bon de se défier de leurs

Le repas annamite.

inspirations. Il serait difficile, par exemple, de recommander un rôti de sarcelles, nageant dans des flots de champagne et entourées d'herbages représentés par des légumes variés. Cette parodie de la nature ne peut être qu'ingénieuse. Dans ces festins, les amphitryons ne consentent à aucun prix à occuper la place des maîtres de la maison et siègent modestement aux bas bouts de la table.

Le vice-roi du Tonkin, mort récemment et qui entretenait les meilleures relations avec nos représentants, désireux de les traiter suivant toutes les règles de nos réceptions, faisait diriger les siennes par un hôtelier français à Hanoï, et alors, si ce n'eût été le cadre de sa demeure et les divertissements annamites, pour lesquels il connaissait notre goût, il était facile d'oublier que l'on dînait sur les bords du Song-Koï, à des milliers de lieues de Paris.

L'usage du tabac. — Tous les Annamites, hommes et femmes, fument du tabac et mâchent du bétel. Leur tabac est noir, haché très fin, son parfum est médiocre. Ils le consomment soit en cigarettes, roulées en pointes, pour n'avoir pas le contact du tabac, soit dans des pipes, dont il existe plusieurs variétés. En principe, ces instruments sont formés toujours d'un récipient, en bois ou en porcelaine rempli d'eau, dans laquelle plonge le conduit mince d'un fourneau étroit, ne pouvant contenir qu'une boulette de tabac grosse comme un pois. Une ou deux longues aspirations suffisent à brûler le contenu de la pipe. Le fumeur recommence cette opération jusqu'à satiété. L'usage de cette pipe ne peut pas être, comme pour nos fumeurs, un passe-temps durant leur travail; sa manipulation compliquée exclut toute autre occupation.

Dans chaque maison il existe un des modèles de cette pipe, soit en porcelaine et alors en forme de théière moins le goulot et à peu près de la même grandeur, soit en bois et cylindrique, soit même chez les pauvres d'un morceau de bambou assez fort, sur lequel est ajusté un petit tube, également en bambou et luté avec de la terre glaise, qui sert de foyer. Les ouvriers, sur les chantiers ou même en route, fabriquent rapidement, en quelques coups de couteau, cette dernière espèce de pipe.

Des mèches spéciales, en papier, ou un simple tison, sont appliqués sur le tabac pendant toute la durée de la combustion.

Dans le peuple, la pipe est un ustensile qui fait en quelque sorte partie du mobilier de la case, à la disposition de tous; à tout moment l'un des habitants, interrompant sa besogne, va y aspirer quelques gorgées de fumée, qu'il exhale en nuage épais. Le clapotement produit par l'aspiration est un des bruits familiers des habitations annamites.

Les gens de qualité, les mandarins, sont constamment suivis de leur pipe et l'homme qui la porte est un des suivants obligés de leur cortège, ainsi que celui qui est chargé de la boîte à bétel.

Les chiques de bétel. — Ce que l'on nomme la chique de bétel est en réalité un composé dans lequel la feuille de bétel sert d'enveloppe. Sur une feuille de cette plante, on étend une petite quantité de chaux, puis on roule le tout sur une tranche de noix d'arec.

La mastication de ces matières amène une salivation d'un rouge brique dont l'aspect, surtout dans la bouche des femmes, a quelque chose de profondément répugnant. Les plus soigneux se font accompagner d'un crachoir de cuivre, ayant la forme d'un petit flacon surmonté d'une embouchure, mais le vulgaire n'a pas de préoccupation de cet ordre et les cases portent partout les traces de cette malpropre habitude. L'offre du bétel rentre rigoureusement dans les règles de la politesse. En recevant un visiteur, l'Annamite ne manque pas de lui présenter sa boîte à bétel et de faire ensuite servir le thé. La chique de bétel joue également un rôle dans les rites funéraires et dans la cérémonie du mariage. Les enfants en consacrent, sur l'autel de famille, à l'esprit des ancêtres, et c'est un des cadeaux échangés par les nouveaux époux.

L'opium. — Moins répandu est l'usage de l'opium, il est limité à la classe riche, car la consommation de cette drogue est coûteuse. L'absorption de ce poison, désagréable et écœurante dans le début, au dire de tous ceux qui en ont tenté l'expérience, devient à la longue un besoin auquel il est difficile de renoncer. L'opium, qui est le suc du pavot blanc, se présente sous l'aspect d'une mélasse concentrée, d'un brun foncé. Il contient environ 9 p. 100 de morphine à l'état brut et la préparation réduit cette proportion de moitié environ. La pipe qui sert à le fumer est faite d'un tube de bambou ou de bois rare, fermé à une extrémité et portant, vers les deux tiers de sa longueur, une petite plate-forme percée d'un trou étroit. C'est sur ce trou que le fumeur place son opium, en une boule de la grosseur d'un pois. Cette opération, qui se pratique en chauffant la matière sirupeuse au-dessus d'une lampe, exige une grande expérience et ce n'est qu'après une longue pratique que le fumeur acquiert une habileté suffisante dans cette manipulation. Pour fumer, il s'étend sur une natte, ayant auprès de lui la petite lampe de verre au-dessus de laquelle il place le fourneau de la pipe, tandis que, couché sur le côté, il aspire vivement. La combustion est rapide, elle ne dure que quelques secondes et l'ivresse cherchée ne se produit qu'après des répétitions d'autant plus nombreuses que le sujet est déjà plus intoxiqué. Une dizaine de pipes est nécessaire pour produire un effet appréciable.

Beaucoup de fumeurs consomment de quinze à vingt pipes et certains doublent ce nombre dans la journée. La dépense qui en résulte est au minimum de 0 fr. 60 à 0 fr. 70 par jour; elle atteint aisément quatre ou cinq francs et dépasse même ce chiffre, pour un habitué qui ne fume que de l'opium de premier choix.

On a représenté avec des couleurs effrayantes les scènes de délire des fumeries d'opium, ces tableaux sont souvent exagérés. Si l'habitude de l'opium est une passion funeste dont les conséquences sont des plus désastreuses, l'absorption de ce poison ne détermine guère de ces convulsions terrifiantes tant de fois racontées; ses effets immédiats sont plutôt un anéantissement moral et physique de l'individu, qui demeure étendu sans force, le regard vague, pendant la durée de l'ivresse.

L'abus amène rapidement la destruction de l'intelligence et du corps. Le fumeur de profession se reconnaît à son teint jaune, à ses traits tirés, au desséchement de toute sa personne, et surtout à son air hébété. La passion de l'opium, qui conduit fatalement à la mort, est en outre la source d'une foule de vices. Celui qui en est atteint sacrifie tout pour la satisfaire ou l'augmenter, le riche y ruine sa famille et le pauvre se laisse aller au vol.

L'abus de l'opium, de même que l'amour du jeu, est un fléau terrible pour le peuple annamite. Il arrive quelquefois que des Européens sacrifient aussi à cette désolante passion, mais ce n'est qu'une rare exception parmi les per-

L'opium.

sonnes retenues par leurs occupations dans des postes éloignés; l'isolement et le manque absolu de distractions éveillent d'abord leur curiosité, puis bientôt l'habitude à laquelle ils cèdent insensiblement se transforme en un besoin impérieux. Pour ceux-ci, le mal n'est point encore sans remède, lorsque leur situation leur permet de rentrer en Europe, où ils sont, par la force des choses, obligés de renoncer à leur passion. Ils en rapportent ordinairement le plus profond dégoût pour cette habitude dégradante. Quelques autres, subissant trop vivement le charme de ce pays, qui gagne presque tout le monde malgré tout le mal qu'on en ait pu dire, arrivent à vivre trop complètement de la vie annamite et adoptent avec trop de facilité toutes les mœurs indigènes. Ceux-là sont fatalement condamnés. On ne saurait donc trop mettre les Européens en garde contre cette triste habitude. Le mieux est de ne pas goûter à l'opium, même par curiosité.

Le théâtre au Tonkin. — Une fête tonkinoise ne va jamais sans danses ou sans représentation théâtrale. Bien qu'il n'existe plus qu'à la cour de Hué de troupes de théâtre constituées, les troubles qui viennent seulement de prendre fin les ayant désorganisées au Tonkin, il subsiste encore, dans les principales villes, des acteurs isolés qui donnent des représentations intimes à domicile. Au moment des fêtes publiques, il est possible, en groupant ces éléments épars et en les complétant avec des artistes amateurs, de donner un spectacle populaire, dans une pagode, ou sous le premier hall venu. Les pagodes communales, qui sont moins des édifices religieux que des maisons de commune, peuvent dans les villages être affectées à cet usage et des artistes de bonne volonté, toujours faciles à recruter, jouent devant leurs concitoyens un répertoire peu varié mais toujours goûté.

Après avoir décrit le théâtre de Hué il est inutile de s'étendre sur ces représentations. Les œuvres et leur interprétation sont de la même origine et de la même école, transportés sur des scènes moindres, par des artistes moins expérimentés.

Les chants et les danses de femmes sont aussi très appréciés des Tonkinois. Les chanteuses ou danseuses, car elles réunissent les deux arts, sont formées en corporations. Chaque centre un peu important possède la sienne et entre toutes, celle de Nam-Dinh est la plus réputée, pour le talent et la beauté de ses sujets; Hanoï ne vient qu'en seconde ligne. La danse est la même qu'en Annam, ce sont les mêmes mouvements de mains, les mêmes déplacements nonchalants, les mêmes effets d'éventail et de lanternes, ce sont aussi le même chant sur le mode nazillard et les mêmes complaintes, également fatigantes pour les oreilles européennes, avec le même accompagnement assourdissant.

Dans le peuple, le goût de la musique est très développé; beaucoup de Tonkinois savent jouer d'un instrument. Ils se réunissent pour se donner des concerts intimes, et souvent la nuit, en passant auprès des cases closes, on entend les accords d'un orchestre d'amateurs et des voix aigrelettes qui psalmodient un poème populaire. Entre autres instruments, les musiciens indigènes emploient :

1° Une sorte de violon de forme très curieuse et qui, dans son ensemble, rappelle assez bien une grosse pipe. Sur un cylindre de bois creux est fixé un long manche, le long duquel sont tendues deux cordes en fil de soie, dont les vibrations sont transmises à une peau de serpent, formant la table d'harmonie. Cette peau est tendue elle-même sur une des sections du petit cylindre de bois; un chevalet et des chevilles complètent l'instrument. Un archet grossier dont la mèche est passée entre les deux cordes sert à produire un son maigre et pleurard qui n'a rien d'harmonieux;

2° Une guitare ronde, à trois cordes;

3° Une autre espèce de guitare de forme rectangulaire et à manche démesuré, également à trois cordes;

4° Un instrument monocorde, formé d'une boîte sonore, à l'extrémité de laquelle se trouve un arc tendant une corde, on modifie le son en augmentant ou diminuant la tension de l'arc avec la main;

5° Une flûte taillée dans un morceau de bambou;

6° Deux baguettes de bois que l'on frappe l'une contre l'autre, et enfin toute une série de tam-tam, de timbres au son argentin et des gongs d'une sonorité grave et quelque peu lugubre.

La littérature annamite ne présente pas un grand intérêt. Elle consiste en quelques compositions poétiques, chansons et poèmes historiques ou philosophiques. Les règles de cette poésie sont très fantaisistes. On pourrait dire qu'elles sont simplement soumises au caprice de l'auteur.

Quelques-uns de ces poèmes sont connus de tous les Annamites qui en chantonnent souvent des passages sur un rythme mélancolique. Les chansons sont aussi très répandues, elles sont souvent satiriques. Les pièces de théâtre sont toujours des sujets philosophiques, ou représentent une épopée historique ou fabuleuse. Les chanteuses ont un répertoire de genres variés. Elles récitent souvent de vieux lieds, composés dans une langue inusitée maintenant, que quelques lettrés seuls peuvent encore comprendre.

L'habitation annamite. — Les habitations indigènes sont toujours fort peu confortables. Ce ne sont souvent que de misérables cases, basses et étroites, faites de quelques poteaux de bambous supportant une toiture légère en feuilles de latanier ou en paille et descendant très près du sol. Les murs consistent en un léger cloisonnage de bambou recouvert de torchis. Souvent la façade est entièrement à jour, on la ferme pour la nuit au moyen de volets, ou de planches glissant dans des rainures. Cette dernière disposition est surtout adoptée pour les maisons des marchands. L'intérieur est divisé en compartiments sans fenêtre, il n'y entre d'air et de lumière que par la porte ou par les interstices des cloisons toujours mal jointes. Les cheminées sont inconnues; quelques pierres rassemblées forment le foyer sur lequel sont cuits les aliments et l'action d'un éventail supplée à l'absence de tirage. Dans ces misérables « canha » (cagna) le mobilier est des plus élémentaires. Quelques claies de bambou, ou de larges plateaux de bois, supportés par des tréteaux bas, constituent à la fois la table et le lit de la famille; un coffre grossier en bois, fermant au moyen d'un cadenas, renferme les vêtements et objets de quelque prix; quelques poteries pour la cuisine et c'est là tout ce qui est nécessaire à la vie annamite.

C'est dans la construction de ces pauvres demeures qu'on est surtout frappé des qualités précieuses du bambou et de l'ingéniosité des Annamites à le travailler. Cet arbre merveilleux répond à presque tous les usages. La charpente, les murs, les meubles, tout est en bambou. A-t-on besoin d'un conduit, on a le bambou ; d'un lien solide, le bambou ; d'une arme, le bambou. Vivant, il fait des clôtures, des fortifications infranchissables ; coupé en tronçons, il offre dans tous les sens une résistance étonnante ; fendu dans toute sa longueur, une élasticité parfaite et ses fibres d'une

Le thé.

régularité absolue permettent de le débiter en fils assez minces pour pouvoir former un tissu souple. Il est incomparable pour la vannerie, et l'on en fait des bateaux appelés paniers, d'une légèreté et d'une solidité remarquables. Transformé en lance, ses blessures sont dangereuses. Les Muongs taillent dans son épaisseur le fût, l'arc et les flèches de leurs arbalètes, la corde elle-même pourrait lui être empruntée. Il est même comestible, ses jeunes pousses, cueillies au moment où elles percent la terre, font d'excellentes salades. Il peut également servir à l'éclairage ; ses tiges sèches, écrasées, sont employées comme torches par les Annamites. Enfin avec ce bois précieux, à l'aide d'un simple couteau, il est possible de confectionner une maison tout entière et les ustensiles pour tous les usages à peu près.

La légèreté des habitations et la facilité très grande de leur démontage permettent de les déplacer à volonté. En quelques heures, des quartiers entiers peuvent être déblayés et transportés sur un autre point. Malheureusement aussi elles offrent aux ouragans et à l'incendie une proie facile.

Les propriétaires riches possèdent, en général, des maisons en briques, couvertes de petites tuiles plates. Ces toitures, très inclinées pour résister aux grandes pluies, se prolongent bien en avant de la façade, en forme de vérandas, leurs angles se relèvent d'une manière originale. Des piliers de bois dur soutiennent une charpente lourde et compliquée dont les pièces, dans les demeures luxueuses, sont parfois ornées de sculptures représentant, aux extrémités des poutres, des têtes de dragons. Le sol est surélevé et recouvert de carreaux larges, en briques.

Ces maisons n'ont qu'un rez-de-chaussée et pas de fenêtres. La façade principale est à jour et demeure constamment ouverte lorsque la maison est bâtie dans une cour. D'habitude cette partie antérieure est affectée à la pièce d'honneur; les côtés et la partie postérieure renferment les chambres à coucher et les communs. La cour est ornée de quelques pots de fleurs groupés en massif; souvent un petit bassin carré en occupe le milieu et contient des poissons.

La grande salle de l'entrée est la salle de réception ; c'est là qu'est placé l'autel des ancêtres, haute table laquée de rouge vif et agrémentée de dorures et de sculptures, sur laquelle sont placés des vases de cuivre pour brûler les parfums. De grands plateaux de bois très épais, montés sur tréteaux, sont déposés dans cette pièce et servent de sièges, de lits et de tables. Le maître de la maison invite ses visiteurs à prendre place sur ces meubles étonnants qu'une natte mince ne parvient pas à rendre moelleux. Ces étranges divans sont souvent les objets de luxe du mobilier annamite, les propriétaires riches les ont en bois rares et quelquefois on en rencontre d'énormes, faits d'une seule planche massive de près de 2 mètres carrés. Quelques lourds bancs à dossier et une table étroite, incommode, complètent l'ameublement peu confortable.

Pour toute ornementation, des planches laquées, rouge ou noir, portant des sentences en caractères énormes dorés ou en nacre incrustée, sont appendus aux pilastres ou au murailles; quelques broderies aux couleurs voyantes jettent seules une note vive dans cet intérieur nu et terne.

L'Annamite vit dans une insouciance absolue de l'ordre et de la propreté. Le sentiment artistique semblerait aussi lui faire défaut; en tout cas, celui du confortable lui manque totalement. Entre ses mains tout se ternit et se délabre. A l'action destructive du climat viennent s'ajouter les habitudes déplorables des habitants, et ces demeures déjà si peu riantes apparaissent souillées, sous une teinte noirâtre, suspecte, qui leur donne un aspect misérable.

Tout y semble vieux, usé, hors de service. Rien n'est réellement gai à l'œil, dans le Delta.

Cet état doit-il être attribué à des défauts naturels des habitants, à une infériorité de la race, ou bien n'est-ce pas là plutôt une conséquence des événements passés et aussi de la nature même du pays?

Au point de vue artistique il serait difficile de dire si l'Annamite manque absolument de goût. Dans tous les cas il n'y a pas d'art à proprement parler, il n'existe aucune école; quelques artistes, plutôt des artisans, ont fabriqué des objets de bronze, des meubles, en s'inspirant un peu des modèles chinois, et un peu de leur fantaisie; ils excellent d'ailleurs dans ces travaux où ils montrent plus d'habileté dans les détails d'exécution que d'idée artistique.

D'un autre côté, dans l'état d'incertitude où ils ont toujours vécu jusqu'à présent, les Annamites ne se sont-ils pas désintéressés des soins à donner à leurs habitations et ont-ils vraiment pu se préoccuper du confortable de leur vie intérieure? La nature du sol et le climat exigent de grandes dépenses d'entretien. Cette atmosphère saturée d'humidité, qui fait éclore une moisissure épaisse; les pluies torrentielles sous lesquelles tout s'effondre; la chaleur qui corrompt toutes les matières organiques et ce terrain à peine formé, sans consistance, à fleur d'eau, leur imposent de tels travaux que, ne se sentant pas très assurés du lendemain, ils ont, sans doute, pris le parti de les négliger, se bornant au strict nécessaire. Il ne faudrait pas croire cependant que le Tonkin soit sous ce rapport inférieur aux autres pays de l'Orient et de l'extrême Orient, car à l'exception du Japon, dont la propreté est proverbiale, l'Annamite est supérieur à bien d'autres peuples de race asiatique.

Quoi qu'il en soit, malgré tout ce qui précède, ce pays séduit le voyageur; c'est qu'en effet on y trouve une telle intensité de vie, une telle force de production dans la nature, une telle puissance de végétation et dans l'aspect général, à défaut d'art, une si grande originalité, qu'on ne peut s'empêcher d'être pénétré d'admiration.

Chez les Muongs. — Dans la région des montagnes, les habitations des Müongs diffèrent entièrement des cases annamites; elles sont tout aussi primitives sous le rapport du confortable, mais elles se montrent plus proprettes, on se sent éloigné des mares du Delta et des eaux terreuses du fleuve Rouge et du Thai-binh. Les habitudes de propreté corporelle des montagnards ne semblent pas supérieures de beaucoup à celles des habitants de la rizière, mais du moins l'air pur des montagnes et l'eau limpide qui en descend exercent une influence salutaire. Dans les constructions, le bambou joue là aussi un rôle prépondérant. Elles sont édifiées au-dessus du sol sur un pilotis de 3 ou 4 mètres d'élévation. Cette disposition, excellente à ne considérer que la salubrité des cases, a encore pour effet de mettre les habitants à l'abri des fauves. Une des particularités de ces habitations consiste dans le plancher fait d'un lattis de bambou, qui fléchit sous le pied et dont les lames inévitablement espacées laissent circuler l'air en pleine liberté.

L'ENSEIGNEMENT AU TONKIN. — La langue des Tonkinois

Campement de tirailleurs annamites.

est celle de l'Annam, à quelque différence de prononciation près; l'écriture est chinoise. Les Muöngs seuls ont des dialectes et des caractères dissemblables variant de tribus à tribus. Les provinces tonkinoises sont pourvues du même enseignement officiel que celles de l'Annam, et l'instruction y est aussi répandue. Le Tonkin renferme deux centres d'examens : Hanoï et Nam-Dinh, pour les diplômes de bachelier et de licencié; les lettrés de ces épreuves sont appelés à concourir à Hué, au même titre que ceux de l'Annam, pour le grade de docteur.

A côté des maîtres officiels du gouvernement annamite et des professeurs libres qui enseignent l'écriture chinoise, la France institue des écoles publiques où des lettrés, pourvus de brevets de capacité délivrés par notre administration, enseignent l'écriture française. Quelques écoles créées dans les principaux chefs-lieux sont tenues par des instituteurs et institutrices français pour l'étude exclusive de notre langue.

La religion. — La religion la plus généralement répandue dans le peuple est une forme de bouddhisme, que les Annamites pratiquent d'une façon très relâchée.

Il n'y a pas une église vraiment établie, pouvue d'un clergé organisé ; il n'existe que de très rares bonzes, sans chef bien reconnu, et plutôt sorciers exploiteurs de la naïveté publique, que prêtres d'un culte.

L'enseignement de cette religion se fait confusément dans les familles et l'ignorance y ajoute une foule de croyances superstitieuses aux esprits.

A côté de Bouddha, divinité mal définie et dont le dogme est confus, l'imagination populaire a créé une légion de génies, car elle divinise tout ce qui lui paraît mystérieux, les forces dont elle subit l'influence, bienfaisante ou funeste, comme celles des éléments et elle les transforme en êtres surnaturels, animaux fantastiques ou personnages fabuleux auxquels elle rend un culte pour s'attirer leurs faveurs, ou apaiser leur esprit malfaisant. On sacrifie au génie de l'agriculture, à l'esprit des eaux, à celui du Tigre, au Dauphin qui protège les naufragés; il existe des génies pour les maladies, pour la guerre, pour la paix, etc... On combat le choléra, par exemple, en lançant dans le fleuve des mannequins de papiers coloriés, des bateaux également en papier. Les Annamites attribuent, et avec beaucoup de raison, la plupart de leurs maladies aux eaux. On s'explique alors ces sacrifices. Lorsqu'on voit de ces étranges flottes descendre le courant on peut être à peu près assuré qu'une épidémie sévit en quelqu'endroit.

Le commerce de ces objets pieux est très florissant. Certaines rues de Hanoï sont bordées de boutiques, remplies de ces mannequins fantastiques, hommes, chevaux, éléphants, tigres, etc., de grandeur naturelle et dont la forme et le bariolage sont étranges.

Certaines pagodes sont remplies de statues et de sculptures représentant ces divinités redoutables, sur lesquelles le sculpteur a accumulé tout ce que l'imagination peut enfanter pour semer l'épouvante.

Les dragons qui gardent les pagodes ouvrent une gueule immense, armée de crocs terribles. Des yeux énormes, des naseaux retroussés, surmontés de longues barbes, expriment la plus extrême férocité. Un corps gigantesque de serpent, couvert d'écailles, hérissé d'arêtes aiguës, se contourne en replis tortueux et se crispe sur des pattes trapues à longues griffes écartées.

Des guerriers, au visage convulsionné dans des grimaces horribles, représentent les génies redoutables, tandis que d'autres dieux, assis dans une attitude reposée, avec une figure ronde et plate, ornée d'oreilles phénoménales tombant sur les épaules, les yeux presque clos, ont un air débonnaire qui donne bien l'idée d'une divinité paisible et bienveillante.

Cette religion *sui generis* ne comporte pas un culte régulier et ce n'est qu'aux Esprits des ancêtres que l'on rend des hommages assidus.

Les autres ne sont guère honorés que passagèrement et d'une manière intéressée, lorsqu'on a à réclamer leurs services.

De temps à autre, Bouddha est ainsi promené en procession, à grand renfort de gong et de tamtam. C'est pour les Annamites surtout une occasion de tirer des pétards. Les cérémonies religieuses revenant à époques fixes sont très rares; elles ont lieu au retour des saisons et sont faites par les mandarins, en faveur de l'agriculture; quelquefois, pour conjurer un danger public, une disette ou une épidémie, le gouvernement intervient directement auprès du ciel en faveur du peuple; ou bien ce sont simplement les autorités locales qui prennent l'initiative d'une manifestation lorsqu'une région seule est menacée; mais en dehors de ces circonstances, il n'existe pas de cérémonies publiques; chacun pratique la religion à sa convenance et exerce sa piété selon ses besoins personnels. Les lettrés suivent la doctrine de Confucius, toute philosophique, qui ne comporte qu'un enseignement de morale pure (ce qui ne les empêche nullement de partager les croyances grossières des ignorants et d'en suivre les pratiques à l'occasion) et dont le seul culte consiste à adorer le ciel et la terre, au printemps et à l'automne.

Les pagodes sont très nombreuses, elles sont parsemées dans la campagne qu'elles décorent d'une manière originale. Leurs lourdes toitures sombres, faites de petites tuiles en forme d'écailles, descendent tout près du sol, pour se relever curieusement aux angles; sur le faîte se découpent à jour les replis fantastiques des dragons.

En principe, elles se composent d'un bâtiment principal flanqué de deux longs hangars se faisant face et formant ainsi une cour dallée; quelques-unes sont très belles et très vastes, elles sont alors précédées d'une porte monumentale, construction massive à doubles ou triples toits qui se surplombent, percée de trois ouvertures; quelquefois la pagode comprend de nombreux bâtiments, formant des cours intérieures, ou des jardins plantés de beaux arbres; un bouquet de bois l'entoure généralement.

L'aménagement intérieur de la pagode varie suivant le culte auquel elle est affectée. Celles de Confucius ne renferment aucune statue, elles sont entièrement nues. Celles des boudhistes sont, au contraire, ornées d'autels et d'images du dieu. D'autres, dédiées à des génies divers, contiennent quan-

BAC-CHAN. — POSTE D'OBSERVATION DE PIRATES.

cité de statues de toutes grandeurs, offrandes des dévots.

Dans l'intérieur de chaque centre habité, s'élève une pagode dédiée aux esprits protecteurs du village et qui est en réalité la maison municipale, mais chaque commune possède en outre plusieurs pagodes, construites dans la campagne, en l'honneur soit de divinités, soit du roi, soit de personnages illustres. Des particuliers riches en ont aussi consacré à des divinités et à leurs ancêtres. De là cette multitude d'édifices que l'on aperçoit de tous côtés dans la rizière, émergeant de bosquets touffus ; à les voir ainsi dépourvues de tout culte, souvent mal entretenues, on serait tenté de les croire laissées à l'abandon et désaffectées de leur destination : ce serait une erreur; elles conservent indéfiniment leur caractère sacré et sont respectées même des pillards. On exciterait chez les Annamites un vif mécontentement en les profanant.

Des raisons de force majeure ont obligé des troupes à s'établir temporairement dans quelques-unes de ces pagodes ; des casernements définitifs viendront remplacer bientôt ces installations provisoires, d'ailleurs défectueuses, et permettront de mettre fin à une occupation que les indigènes voient avec déplaisir.

La famille. — Nous avons vu avec quelle force la loi annamite a constitué les liens de la famille, en armant le père d'un droit absolu sur ses enfants et en tenant ceux-ci indéfiniment dans la dépendance la plus complète, pour tous les actes de leur vie. Ce pouvoir ne cesse même pas complètement après la mort, qui donne aux ancêtres une sorte de béatification, et le code annamite oblige les enfants, pour la mémoire de leurs ascendants, à un culte qui est la véritable religion des Annamites.

Lorsque l'aïeul commun vient à disparaître, les chefs des différentes branches ne prennent pas encore leur entière liberté; ils sont bien dans leur propre foyer les maîtres absolus de leur famille, mais ils se rallient encore autour d'un chef de famille descendant de la branche aînée, auquel l'aïeul en mourant transmet une partie de son autorité. C'est lui qui devient à la fois l'arbitre des différends qui peuvent s'élever entre les membres de la famille, il est le pontife de cette religion des ancêtres.

Grâce à cette organisation, la famille tonkinoise est une petite société complète, avec son gouvernement propre, son administration, sa justice et sa religion. La loi n'intervient pas dans ses arrangements intérieurs, si ce n'est pour prêter main-forte à son chef, lequel en retour peut être rendu responsable pour ses membres, en tout ce qui touche aux intérêts directs de l'État. Les naissances, les mariages, les décès se produisent, sans qu'un représentant du gouvernement ait à les connaître. Les mariages sont contractés en présence des notables de la commune, dont l'office a plutôt pour but de donner de la solennité et de la force aux arrangements des deux familles, que de dresser un acte d'état civil. On pourrait dire qu'ils sont là plus comme notaires que comme maires.

Les Annamites sont polygames. La polygamie a été instituée par le législateur, dans le but d'assurer à l'homme au moins un héritier mâle qui seul peut rendre le culte des ancêtres. On pourrait donc penser que le nombre des femmes d'un Annamite devrait être limité par la naissance d'un fils, mais dans la pratique il n'en est pas ainsi, et, en réalité, l'homme prend autant de femmes qu'il le désire. Cette polygamie cependant ne ressemble guère à celle des peuples mahométans. Il n'existe dans la famille qu'une véritable épouse, une femme de premier rang. Cette union se fait suivant certains rites, qui n'existent plus pour les autres femmes. L'épouse de premier rang est la véritable mère de famille, ayant autorité sur les concubines de son mari, et les mêmes droits sur leurs enfants que sur les siens propres. C'est son fils aîné qui devient l'aîné de la famille, quand bien même les concubines en ont donné antérieurement à son mari.

Cependant la polygamie n'est pas très répandue. Dans le

peuple, les ménages pour la plupart se composent d'une seule femme. Ce ne sont guère que les mandarins, les commerçants riches, qui prennent plusieurs femmes. Souvent aussi, ces unions de second rang sont contractées pour constituer plusieurs ménages distincts, en des lieux différents. Les mandarins, obligés par leurs fonctions de résider dans d'autres provinces que la leur, n'emmènent pas parfois leur première femme au loin, ils ne se font accompagner que par des concubines, ou bien se créent un ménage nouveau. Les enfants peuvent alors se trouver éparpillés en différents lieux, et le père s'entoure ainsi quelquefois de rejetons de différents lits, qui passent alors aux soins de la femme de premier rang ou d'une des concubines.

Les négociants ont souvent autant de ménages que de maisons de commerce. Ce sont les femmes de second rang qui gèrent les établissements de leur époux; celui-ci ne saurait d'ailleurs trouver d'associé plus fidèle et plus dévoué.

Ce sont surtout les Chinois résidant au Tonkin qui ont adopté ce procédé avantageux, pour faire prospérer leurs affaires. Les Célestes conduisent peu leur famille hors de Chine. Comme ils ne s'expatrient jamais sans espoir de retour (à tel point qu'ils prennent toujours leurs dispositions pour qu'en cas de mort leur cadavre soit rapporté dans leur patrie, et que pour les indigents, il est pourvu à ce soin par leur congrégation), ils conservent leur véritable foyer au lieu de leur naissance. Les Chinoises sont donc rares au Tonkin, mais les émigrants chinois épousent volontiers des femmes annamites. Les enfants qui naissent de ces unions sont chinois. Le gouvernement annamite leur concède cependant certains avantages; ils ne sont plus des étrangers pour lui et il leur donne un droit définitif de cité. Ils sont répartis en un certain nombre de villages, communes fictives, puisque ces métis sont répandus sur toute l'étendue du Tonkin. Ces « Minh-Nhuong » (c'est le nom qu'on leur donne) ne diffèrent pas des Chinois; vêtus et coiffés à la chinoise, on les confond avec le reste des Célestes.

Malgré l'existence de la polygamie, la femme annamite n'est pas reléguée au rôle subalterne de la femme mahométane, elle ne subit pas cette claustration du harem, elle n'est pas davantage l'objet d'une surveillance spéciale. Jeune fille, elle jouit de toute sa liberté et ne peut être mariée contre son gré ; épouse, elle est bien la compagne de son mari, et la femme de premier rang tient à peu près la place de la femme dans la société européenne ; les concubines lui doivent le respect, l'obéissance dans certains cas ; elles sont vis-à-vis de l'épouse en titre comme des suivantes.

C'est dans le peuple surtout que l'égalité entre les époux tend à se faire le plus étroitement. Dans ce milieu, la femme est bien l'associée de son mari, elle prend part à ses affaires, elle apporte dans le ménage sa somme d'intérêts, elle y possède son bien propre, sa part d'héritage ; les filles héritent en effet de leurs parents, dans la même mesure que les fils, du moins, c'est la coutume la plus répandue, car dans ces matières, c'est la volonté du père qui fait loi, et s'il lui convenait d'avantager certains de ses enfants, ou bien de disposer entièrement de ses biens à l'exclusion de sa famille, la loi lui laisse à cet égard toute faculté.

Chez les mandarins, la femme est plus inférieure à son mari ; elle est tout aussi respectée, mais elle n'a guère sa place en dehors du cercle du foyer.

La femme annamite représente dans le ménage l'ordre et l'économie ; beaucoup plus que l'homme elle a le sentiment des affaires, et dans les villes, les boutiques sont presque toutes tenues par des femmes. Dans certains métiers, elles travaillent avec leur mari, mais ce sont elles qui traitent les opérations commerciales ; très âpres au gain, elles défendent bien mieux que les hommes les intérêts de la maison. Les maris sont plus insouciants, souvent dissipateurs et joueurs ; leurs épouses ont la mission de réparer les pertes subies dans les maisons de jeu. Elles sont fidèles ; l'adultère, assez rare, entraîne la peine du rotin et la répudiation, si l'époux la réclame.

Les rites du mariage. — Les rites du mariage sont assez compliqués. Ils comprennent plusieurs cérémonies. D'abord les fiançailles. Lorsqu'un jeune homme a fixé son choix, les parents, dont il lui faut obtenir le consentement, font la demande à la famille de la jeune fille, et l'on fixe les fiançailles. Le fiancé se rend à la maison de sa future femme et offre aux parents les cadeaux d'usage, consistant en étoffes, vètements de soie, quelquefois des animaux, souvent de l'argent, dans le peuple; puis il fait don à sa fiancée de bijoux, colliers, bracelets, boucles d'oreilles. Il apporte également sur un plateau des chiques de bétel que les futurs se mettent à mâcher ensemble, après que les offrandes ont été acceptées avec force cérémonies de part et d'autre. Les deux parties se considèrent dès lors comme engagées. Les ancêtres ne sont pas oubliés à cette occasion; les deux fiancés se prosternent ensemble plusieurs fois de suite devant l'autel, et le jeune homme y fait des offrandes de bétel et d'eau-de-vie de riz. On fixe ensuite le jour du mariage. Pour cette cérémonie on prépare de grands festins et les deux familles convoquent leurs parents, les amis et les notables. Le jeune homme, accompagné de ses ascendants, se rend au domicile de la fiancée. Là, l'un et l'autre recommencent les prosternations devant l'autel des ancêtres et devant les parents de la jeune fille; après quoi l'acte de mariage est signé en présence des notables. La jeune fille se prosterne alors quatre fois devant son époux en signe de soumission ; celui-ci à son tour se prosterne deux fois. Les mariés se dirigent ensuite vers la maison des parents de l'époux où les prosternations se font de nouveau, cette fois devant l'autel des ancêtres et devant les parents du marié.

Toute la noce peut alors banqueter. Vers le soir, un vieillard, choisi pour son bonheur et ses vertus, conduit les nouveaux époux dans la demeure qui leur a été préparée, et, en présence du vieillard seul, une nouvelle cérémonie a lieu, consistant encore en interminables prosternations et en sacrifices. Le vieux témoin a apporté un plateau contenant des chiques de bétel et deux tasses, avec un flacon d'eau-de-vie de riz ; il répand un peu de cette eau-de-vie en invoquant les divinités protectrices du mariage, puis il remplit les deux tasses. La jeune épouse offre la première à son mari, qui lui tend ensuite la deuxième, et tous deux boivent en souhaitant que leur union dure cent ans. Ils échangent également le bétel, puis le vieillard se retire, les abandonnant enfin au génie conjugal.

Les familles sont très nombreuses, la moyenne est de cinq à six enfants. Les parents, les mères surtout, ont pour leur progéniture une grande tendresse et les entourent de soins et de sollicitude. Les ménages sans enfant, ou seulement sans enfant mâle qui puisse continuer le culte des ancêtres, peuvent en adopter. La loi annamite a prescrit pour ce cas d'adoption des règles spéciales. L'adopté doit être choisi dans la famille, être un descendant de l'aïeul commun et, par son degré de parenté, tenir autant que possible la place qu'aurait occupée le fils de l'adoptant. Mais l'adoption ne se borne pas à ce cas particulier ; il arrive souvent que des Annamites adoptent des enfants, dans le seul but de rendre service à des parents pauvres ou simplement d'augmenter leur famille. Le besoin peut seul forcer les mères annamites à se séparer ainsi de leurs enfants et encore n'est-ce que momentanément et en vue d'assurer leur bonheur ; mais elles ne les abandonnent jamais entièrement. On voit ce que vaut la légende des petits malheureux jetés en pâture aux animaux. Nos petits Français n'ont pas à se préoccuper du rachat de leurs petits frères annamites qui n'ont jamais été menacés de la dent des porcs. De pareilles atrocités soulèveraient en Annam une réprobation universelle.

Il est impossible de trouver dans aucune nation une union plus parfaite de la famille, et plus de piété filiale ; c'est, en effet, un véritable amour religieux que les enfants professent pour leurs parents. Après avoir été des fils dévoués et soumis, ils honorent d'un culte touchant leurs parents défunts.

Le culte des morts. — Les Annamites ont pour dogme l'immortalité de l'âme; ils croient que l'âme des morts erre encore longtemps autour des lieux où le défunt a vécu, heureux s'il est encore entouré de l'affection des siens, plongé dans l'angoisse si, au contraire, il est laissé dans l'abandon.

C'est cette croyance qui a inspiré aux Annamites cette admirable religion des morts, dont les cérémonies sont si curieuses.

L'anniversaire de chaque ancêtre est l'occasion d'une fête commémorative; à de certaines époques, notamment au renouvellement de l'année, qu'ils appellent la fête du Tet, tous les ancêtres sont célébrés collectivement.

Le descendant de la branche aînée, le plus rapproché de l'ancêtre, convoque toute la famille ; la cérémonie dure toute la journée. Au matin, l'héritier du culte prépare l'autel de l'ancêtre qui doit être honoré, il l'orne et allume des parfums dans les vases de cuivre; puis, en présence de tous les parents, il fait son invitation à l'esprit du mort, en se prosternant à maintes reprises et en le priant de venir assister à la fête qui lui est offerte. Il invite également les ombres des autres parents à se joindre à celle qu'il honore.

Il fait alors les sacrifices d'eau-de-vie de riz, offre à l'ancêtre du bétel et du thé et prépare le festin auquel il convie ses hôtes invisibles. Toute la famille prend ensuite part à la fête.

Le soir, pour reconduire les ancêtres, nouvelle cérémonie qu'on accompagne toujours de force prosternations.

Pour les riches, ces anniversaires sont l'occasion de grandes dépenses; fréquemment une part d'héritage est attribuée en plus à l'aîné de la famille, pour subvenir aux dépenses de ce culte particulier. On voit des Annamites affecter par testament une grande partie de leur fortune aux honneurs qui devront leur être rendus après leur mort. Chez les pauvres, il est souvent impossible au chef de la famille de réunir et d'héberger ses parents; il n'en honore pas moins la mémoire des défunts, et rien n'est touchant comme de rencontrer, devant les pauvres demeures, ces

HANOÏ. — Dans la rue du cuivre.

autels faits d'une mauvaise table, sur lesquels brûlent les baguettes d'encens dans un vase de terre ou de bois et des offrandes en papier doré, tandis que l'homme, courbé sur une natte, accomplit ses prosternations dans le plus pieux recueillement.

Ces cérémonies anniversaires ne sont pas les seules; il est d'autres occasions de fêter les morts, par exemple les visites aux tombeaux. Ce culte est pratiqué jusqu'à la troisième génération au moins. Pendant ce temps, l'âme a pu prendre son vol et gagner l'empire des mondes. La mémoire des trépassés ne cesse pas pour cela d'être honorée, mais elle n'est plus l'objet d'un culte individuel.

Grâce à ces croyances et aux pratiques auxquelles elles donnent lieu, les Annamites envisagent la mort sans effroi et même avec une parfaite indifférence. Ils l'affrontent avec un calme qu'explique leur foi dans la vie future, foi qu'ils conservent jusqu'à la dernière heure. Ils sont au contraire assez faibles contre la douleur physique, et redoutent certainement plus la peine du rotin que la décapitation. La déportation hors de l'Annam, qui ne leur assure plus la sépulture de famille et les prive du culte des ancêtres, est pour eux plus effroyable encore.

Les vieillards préparent leur fin dans une sérénité parfaite; il leur arrive même d'en régler les détails. Ils choisissent l'emplacement de leur sépulture et quelquefois font construire leur tombeau avec grand soin. Un cercueil de luxe, offert par un fils à son père, est un cadeau qui n'a rien de lugubre. C'est même une attention très goûtée.

Un mandarin fort âgé montrait un jour à un résident avec bonhomie un de ces meubles en bois rare, offrande de ses petits-enfants, et il se montrait très touché de cette marque de pitié filiale. Il avait fait capitonner l'intérieur et agrémenter l'ornementation suivant son goût avec de belles soies de couleurs éclatantes; s'y étendant par avance, il disait avec une satisfaction parfaite : « Voyez comme je serai bien, mes enfants viendront souvent me voir, ils m'apporteront des friandises. » Et le bon vieux songeait avec attendrissement aux joies posthumes qui l'attendaient.

Les funérailles. — Les funérailles se font avec une grande pompe et durent plusieurs semaines. Le cadavre est conservé quelquefois plus d'un mois. Pendant ce temps, la famille fait les préparatifs, rassemble et invite les parents. Le cercueil, en bois dur et épais, hermétiquement fermé, est placé dans la pièce d'honneur, entouré de lumières et de baguettes d'encens, au milieu des offrandes apportées par les parents et les amis. Le jour de la cérémonie arrivé, on organise un superbe cortège, et le défunt est promené longuement dans les rues de la commune, avant d'être déposé dans le tombeau complètement terminé.

Tous les assistants sont vêtus de blanc en signe de deuil. En tête marchent des porteurs de banderoles de toile blanche sur lesquelles sont écrits les noms du mort, des louanges à son adresse et des sentences philosophiques; derrière ces bannières viennent d'autres serviteurs, portant, les uns un autel de bois laqué et couvert de dorures, les autres une petite pagode en papier représentant la maison du mort; puis enfin vient un palanquin superbement décoré, contenant le cercueil, entouré de la famille et de pleureuses qui poussent en conscience des hurlements déchirants.

Les parents sont revêtus d'habits de grossière étoffe en coton blanc, à peine cousus, dont les bords doivent être effilochés, et d'un aspect misérable; les cheveux sont dénoués. La veuve s'appuie sur un long bâton pour qu'il apparaisse bien que la douleur l'a abattue, au point de ne plus pouvoir se soutenir, Au lieu de la sépulture, le corps est descendu dans la fosse au milieu de démonstrations tout aussi théâtrales.

Pour toutes ces cérémonies aussi bien celles des mariages que celles des funérailles, les Annamites réclament les offices de sorciers qui, par leurs gestes et leurs cris, ont pour mission d'écarter les génies malfaisants en se démenant au son d'une musique barbare. Le moyen, qui au premier abord peut paraître puéril, doit être admis comme infaillible par celui qui a entendu cette cacophonie atroce. Il n'y a certainement pas de démon, aussi malicieux soit-il, capable de résister à un pareil charivari. Pendant que des forcenés tapent à tour de bras sur le cuir de buffle d'énormes tamtams, d'autres exécutants mettent en vibration une série de gongs et de plateaux de cuivre dont les timbres variés et discordants produisent un bruit zézayant et horrible de chaudronnerie; enfin un artiste, soufflant à éclater dans une trompette courte, réussit encore à faire entendre, par-dessus ce vacarme, un son suraïgu, assez semblable à celui de nos marchands de robinets à Paris, mais en modulant des airs moins variés et moins harmonieux. Aucun des artistes de cet orchestre ne paraît soumis à une mesure quelconque, chacun frappe pour son propre compte, sans autre préoccupation que celle de dominer la musique de ses collègues. Lorsqu'à cet ensemble discordant viennent s'ajouter, dans les enterrements riches, les cris des pleureuses et les hurlements des chiens affolés par ce tapage sur tout le parcours du cortège funèbre, il y a de quoi donner aux vivants un avant-goût des tortures infernales.

Les tombeaux. — Les tombeaux sont, en général, assez simples, ils sont, ou des stèles de granit avec des inscriptions en caractères, ou des dalles sur lesquelles des sculptures grossières représentent des animaux couchés, un cheval harnaché, un éléphant, une tortue. Les indigents font une simple levée de terre dans le champ familial. Chacun enterre ses morts comme il lui convient, dans son propre terrain; si la nécessité vient obliger un Annamite à vendre sa propriété, l'emplacement des sépultures est toujours réservé. C'est un endroit sacré pour tous, et même après la disparition des parents, le propriétaire nouveau ne toucherait certainement pas au tombeau laissé à l'abandon.

On conçoit aisément combien de dangers ces coutumes, celle surtout de conserver les cadavres un aussi long temps, peuvent faire courir en cas d'épidémie, au milieu d'une population aussi dense. Il y a de ce côté de sérieuses réformes à introduire, mais en pareille matière, chez les Annamites il faut agir prudemment, par persuasion, sans qu'ils puissent voir dans une réglementation nouvelle une atteinte au respect des morts.

Déjà, pendant les dernières épidémies de choléra à Hanoï, on a pu obtenir, sans trop de difficulté, la déclaration des décès, et grâce à la bonne volonté des mandarins, une inhumation plus rapide des cholériques a permis de diminuer l'extension du fléau. On parviendra sans trop de peine à faire adopter aux indigènes la création de cimetières. Ils ont l'esprit assez pratique pour en comprendre les avantages, et ils sauront certainement concilier les exigences de l'hygiène avec les pratiques du culte des morts.

LES MÉDECINS. — Il existe au Tonkin des médecins indigènes, possédant quelques notions

HANOÏ. — Chimères de la pagode royale.

expérimentales pour quelques maladies, connaissant les vertus de certaines plantes et sachant confectionner certains onguents efficaces dans quelques cas. Ils soignent à peu près la dyssenterie, ils guérissent les plaies, mais ils n'ont aucune connaissance scientifique du corps humain et sont impuissants dans la plupart des affections internes. Par contre, il se trouve une infinité de charlatans et de sorciers dont le métier est très lucratif, car les Annamites sont sur ce point d'une crédulité très grande. Il commencent cependant à reconnaître la supériorité de nos médecins et ceux qui sont à notre service viennent timidement réclamer leurs soins, sans se dispenser bien entendu d'assurer le traitement par la consultation du « talapoin » qui possède leur confiance.

Le village. — La législation communale de l'Annam a fait de chaque village une petite république, indépendante du reste de la masse. Ces petits États sont fort jaloux de leurs droits, et l'esprit local y est très développé. Les institutions communales et les nécessités de la sécurité ont amené les habitants à se grouper et à se fortifier dans une même enceinte. On ne voit pas dans le Delta des cases disséminées dans la campagne; les villages sont des agglomérations très compactes. Une épaisse ceinture de hauts bambous plantés sur un mur de terre leur fait une fortification impénétrable; les étangs et les cours d'eau sont aussi utilisés habilement, pour en rendre l'approche plus difficile; quelques rares portes étroites demeurent ouvertes pendant la journée; la nuit, ces ouvertures sont fermées par une sorte de herse, faite d'une forte claie en bambou qui, une fois baissée, est solidement fixée à l'intérieur. Un poste de garde, fourni par les hommes du village, à tour de rôle, se tient à proximité, sous un hangar; et des sentinelles détachées, perchées sur des miradors, veillent aux endroits qui pourraient être exposés à une surprise. Une légion de chiens, dont la vigilance est extraordinaire, contribue pour une bonne part à la garde des villages.

Lorsqu'on franchit une de ces portes, on s'engage, sous une voûte de verdure épaisse, sombre, dans un sentier étroit, semblable à une passée de dessous de bois; et l'on pourrait se croire dans quelque hallier bien plutôt que dans un lieu habité. Un dédale de ruelles tortueuses se déroule sans qu'on puisse voir une habitation. Les cases sont derrière ces clôtures impénétrables, enfouies sous une végétation touffue de bambous et d'arbres de toutes espèces, plantés confusément. Chaque maison a donc, tout comme le village même, sa fortification propre. Elle est construite en torchis ou en briques dans un enclos plus ou moins vaste suivant la fortune du propriétaire. Certains n'ont que la place de leur misérable « cagna » de feuilles, avec quelques arbres fruitiers : un oranger, un ou deux aréquiers, goyaviers et papayers, sous lesquels courent quelques cochons bas et ventrus, vivant dans la plus complète intimité avec le maître du logis. Chez d'autres, l'espace est beaucoup plus vaste ; des plantations assez considérables entourent la maison, mais toujours disposées sans ordre ; une mare, source de richesses, l'avoisine ; quelques animaux, de grands buffles et de petits bœufs à bosse proéminente, des poulets et des canards s'y promènent et barbotent en liberté. Chacun possède les légumes et les fruits nécessaires à son existence, à portée de sa main. Tandis qu'à l'extérieur du village on ne voit que la rizière unie, sans un arbre qui vienne y faire tache, à l'intérieur c'est un fouillis où toutes les espèces sont confondues. Derrière les hauts bambous de la fortification, qui seuls laissent voir, du dehors, leur verdure légère comme une dentelle, les arbres fruitiers poussent, peu élevés, en un massif ininterrompu, à peine troué par l'emplacement des cases. Ils font de leurs feuillages les plus divers un mélange pittoresque; les uns, minces et délicats comme ceux de nos arbres d'Europe, les autres, réunis en un bouquet de feuilles géantes, comme les bananiers. Surmontant la masse, les palmes courtes des aréquiers donnent, au bout de leur long tronc uni, exactement l'impression de gigantesques plumeaux verts.

En parcourant les ruelles d'un village annamite, il serait impossible de soupçonner la masse d'habitants qu'il renferme. Mais si, vers le soir, on s'arrête à l'une des portes, à l'heure où cessent les travaux des champs, on est étonné en voyant la foule des gens qui viennent s'engouffrer par l'étroite ouverture. Le spectacle est en même temps des plus curieux. De tous les points de la rizière viennent des files d'hommes et de femmes serpentant sur les talus. Les corps maigres et bronzés, presque nus, surmontés de larges plates-formes ou de cônes étranges, se découpent, sombres sur le ciel enflammé, ou se reflètent longuement dans l'eau qui inonde la plaine. Ces silhouettes sautillantes se rejoignent sur un chemin unique, puis disparaissent l'une après l'autre, comme dans le trou d'un terrier. Les uns, revenant de la pêche, rapportent un lot de grenouilles ligotées avec une liette de bambou; les autres passent avec leurs crocs de bois sur l'épaule; d'autres portant leur charrue conduisent des buffles, au moyen d'une ficelle en fil d'aloès, passée dans les naseaux; des femmes vont lourdement chargées, en suivant du corps le balancement de leurs paniers; et tout ce monde marche à petits pas pressés, apportant à cette rentrée le mouvement affairé d'une fourmilière. C'est bien une fourmilière, en effet, que ce village annamite, par le nombre, par la vie et surtout par le genre de travail de ses habitants, qui ont bien cependant un peu les mœurs de la cigale, car, s'ils travaillent, ils ne savent guère amasser.

Dans les villages éloignés de nos postes, la vue d'un Européen cause toujours un mouvement d'effarement; les passants se précipitent de côté et disparaissent comme par enchantement, par un trou de haies, ou bien battent en retraite, abandonnant paniers et chargement. Les plus braves s'arrêtent et, s'effaçant contre la muraille, retirent leurs grands chapeaux et livrent, en tremblant, toute la largeur de la voie.

En pénétrant dans l'enclos des cases on met généralement en fuite toute la maisonnée. Des chiens, aboyant furieusement, préviennent de l'invasion étrangère et les habitants, dont le premier mouvement est toujours la défiance, observent prudemment à l'écart. Enfin, rassurés par l'attitude pacifique du visiteur, ou par les paroles de son interprète, ils se risquent timidement l'un après l'autre. Les gestes brusques et le ton élevé de la voix ont pour effet de les effrayer si on ne prend pas le soin de les rassurer par quelques protestations amicales. Notre manière d'être, toutes nos habitudes sont, en effet, si différentes des leurs qu'il faut une attention constante de notre part, ou de la leur une pratique assez longue de l'Européen, pour faire disparaître l'effarouchement que nous leur causons.

Pour eux, dont les petits mouvements souples de singes et la petite taille leur permettent de se mouvoir à l'aise dans quelques mètres carrés; dont la petite voix chantonnante se maintient toujours dans un diapason peu élevé et s'abaisse lorsqu'ils s'adressent à un supérieur, au point de rendre le discours insaisissable; dont la nature indolente et cauteleuse se complaît dans des détours et des lenteurs interminables, notre maintien, dans leurs cases trop basses, que nous remplissons de nos mouvements, notre parole accentuée et notre habitude d'aller droit au fait sont autant de causes d'éloignement, dont nous devons tenir grand compte dans nos relations, si nous voulons éviter des méprises regrettables.

Entre eux, cette défiance s'exerce aussi très vivement. Il faut l'observer surtout dans leurs marchés. Pour le moindre achat ce sont des discussions sans fin, durant des journées entières; enfin lorsque l'objet a été cent fois retourné, que les deux parties sont tombées d'accord sur le prix, le vendeur passe un examen minutieux de l'argent; de nouveaux débats s'engagent sur la qualité de la pièce, il la frappe, la pèse, la perce souvent; les voisins, les passants prennent part à cet examen, donnent leur avis, ce sont des conversations interminables.

Dans les villages, les habitants vivent assez indépendants les uns des autres, pour tout ce qui ne se rapporte pas aux intérêts généraux de la commune; leur vie s'écoule entre les travaux de leurs rizières et les soins de la famille. L'homme est le plus souvent au dehors, travaillant à la terre, ou se livrant à la pêche; la femme aide aux travaux des champs, mais c'est à elle seule qu'incombe la charge de la maison. Chaque Annamite de la classe moyenne produit et fabrique à peu près tout ce dont il a besoin. Il construit sa case, il récolte sa nourriture, décortique son riz et confectionne la plupart de ses outils. En général il manufacture lui-même ses produits, il ne lui reste donc que fort peu de chose à acheter; avec quelques ligatures il est riche. Qu'on lui donne la sécurité, qu'il soit à l'abri des rapines des pirates, aussi bien que de celles de certains de ses fonctionnaires, et il sera parfaitement heureux; il supportera très aisément ses impôts et travaillera avec ardeur pour se donner un peu de luxe, se souciant fort peu des fluctuations de la politique si elle ne vient pas toucher à ses intérêts communaux et le troubler dans sa vie de famille.

La commune. — Le gouvernement n'intervient en effet presque jamais dans l'administration de la commune, laquelle est livrée au Conseil des notables qui gère souverainement toutes les affaires, avec l'aide d'un maire simple exécuteur de ses décisions et représentant accrédité auprès des mandarins. Aucun agent salarié ne grève le budget de la commune. Nulle part le fonctionnarisme n'est aussi peu en pratique. Les notables se répartissent les différentes charges suivant leurs aptitudes particulières et les simples habitants s'occupent des détails moindres: ils veillent à la police intérieure et à la garde du village sous la direction du maire et sous la conduite des chefs de quartiers, de telle sorte que chaque Annamite prend une part directe aux affaires de sa commune.

Il faudrait bien se garder de toucher à cette organisation, qui a pour objet de simplifier singulièrement le rôle et l'action du gouvernement. Les Annamites sont très jaloux de leurs franchises municipales, ils en usent d'ailleurs fort sagement et il ne peut y avoir que des avantages à les leur laisser exercer en toute liberté.

Chaque commune renferme dans son enceinte une pagode dédiée au génie protecteur du village, édifice qui, tout en ayant un caractère religieux, remplit l'office d'une maison de commune, et peut même servir à des usages profanes: on le transforme en théâtre à l'occasion, et en hôtellerie pour les personnages de distinction qui s'arrêtent dans la commune.

Ces monuments sont de grandes halles, constructions massives dont on n'aperçoit du dehors qu'une large toiture à grande pente, qui descend en s'évasant, presque jusqu'à terre. Les angles, qui se recourbent en pointes aiguës, sont originalement ornés de moulures à haut relief, représentant des animaux chimériques. La façade, entièrement ou-

Coulis portant une pièce de bois.

verte, mais masquée en grande partie par l'auvent, ne laisse pénétrer qu'un jour assombri dans le fond de la pagode. Dans cette lumière indécise les « bouddhas » prennent un caractère encore plus fantastique.

Plusieurs rangées d'énormes piliers de bois soutiennent l'édifice, et, sur les côtés, deux sortes d'estrades larges, basses, semblables à des lits de camp, servent de sièges. Là sont renfermées les archives et les fonds communaux dans de grands coffres épais fermés par d'énormes cadenas. Là encore les notables tiennent leurs délibérations. Une garde veille constamment, et lorsqu'il est besoin de réunir le Conseil du village ou même d'appeler la population, à la menace d'un danger, le signal part de la pagode au moyen d'un instrument singulier suspendu à l'entrée.

C'est une pièce de bois évidée, taillée comme un grelot, ou ayant la forme allongée d'un poisson, et sur laquelle on frappe avec une pierre d'une façon convenue. En cas d'alarme, le son puissant d'un gong de métal met la population sur pied.

C'est cette vie intérieure de la commune qu'il est surtout intéressant d'observer. Le voyageur à la recherche de l'étrangeté, en quête de sensations inconnues, n'a qu'à se plonger résolument en plein pays annamite, loin des centres européens, il recueillera des impressions, il éprouvera même des émotions qui satisferont sûrement sa curiosité.

Récit d'un fonctionnaire français. — Mais le récit complet d'une excursion fera mieux connaître la physionomie de ce curieux pays tonkinois; nous en empruntons les éléments aux souvenirs d'un de nos fonctionnaires :

« Depuis quelque temps, un des cantons de l'un des points extrêmes de la province manifestait de la résistance aux ordres des autorités annamites. Les villages n'avaient pas encore ouvertement fait acte d'hostilité, mais ils ne répondaient pas aux appels de leur « huyen », mandarin faible, que le chef du canton, riche et influent, voulait supplanter. Celui-ci, mandé au chef-lieu, s'était toujours refusé à y aller, et prudemment se tenait hors de son propre village, se disant retenu ailleurs par des affaires pressantes. Jusque-là, les communes n'avaient opposé que de l'inertie, une poursuite contre le « cai-tong » pouvait tout gâter; mieux valait temporiser un peu. Un matin, le chef d'une préfecture voisine me fit annoncer par un tram, que le chef de canton récalcitrant venait de rentrer dans sa maison et que si je jugeais à propos de me rendre sur les lieux, il me rejoindrait en route. Le moment était propice, je résolus de partir sans tarder davantage. Mon objectif se trouvait sur la Rivière-Noire à quelque distance de son embouchure, je n'avais pas de chaloupe, pas de canonnière sur le fleuve, je n'hésitai pas à prendre la voie de terre et formai immédiatement ma petite colonne, toute pacifique d'ailleurs : une dizaine de miliciens et le vieux « doï » de ma milice, dévoué et tellement empressé que, lorsqu'on veut le commander, il se met à courir avant de savoir au juste pourquoi. C'était au mois de juin, le soleil est tuant à cette époque, je pris un palanquin en même temps que j'emmenais mon petit cheval annamite, pour me porter pendant les heures moins chaudes de la soirée, car le palanquin est un moyen de locomotion des moins agréables. Suspendu en arc de cercle dans un hamac fixé à un support en bambou sans élasticité, on ressent, à chaque battue des porteurs, le choc de son propre poids; cette double inclinaison des jambes et du torse produit à chaque sécousse un tassèment vers le centre qui devient fort pénible; et pour peu que l'on dépasse la moyenne de la taille annamite, la tête logée dans l'angle trop étroit du filet avec le bambou est exposée à des contacts désastreux. L'avantage de ce véhicule charmant consiste dans une toiture bombée, comme une carapace de tortue et des rideaux de coton d'un beau bleu de ciel, agrémentés d'une bordure rouge, qui abritent du soleil et de la pluie.

« La route devait être longue, je pris deux relais de quatre coolies chaque, au lieu de deux qui forment d'habitude l'attelage annamite, car « mandarin français beaucoup lourd ». Mes légères provisions, un peu de pain et quelques bouteilles d'eau minérale et de vin, voyageaient sur les épaules disponibles à tour de rôle. Un lettré annamite qui parlait latin, et me tenait lieu d'interprète, plus un boy, complétaient ma caravane. Ce n'était heureusement pas dans la langue de Cicéron que je devais improviser mes discours; mon lettré, catholique qui tenait sa science de quelque bon missionnaire, peu ferré lui-même sur cette langue morte, se serait fort bien fait entendre des cuisinières. Quoi qu'il en soit, j'étais loin de me douter, lorsque je pâlissais sur les traités de Lhomond, que je me préparais les moyens de dicter mes volontés à des représentants de la race jaune. Nous sortimes vers 9 heures de la vieille citadelle de Son-Tay, et comme je désirais laisser mon monde dans l'ignorance de la destination finale, je me contentai d'indiquer la route de Hung-Hoa vers le « Phu » de Quang-Hoaï. J'allais, du pas rapide de mes porteurs poussés par la charge, regardant défiler les rizières dont nous empruntions souvent les talus pour couper au plus court. Ainsi étendu et balancé dans le filet au ras de la surface verte au-dessus de laquelle passent les aigrettes au plumage d'une blancheur éclatante, j'avais l'illusion d'une mer avec le vol des mouettes. La navigation est houleuse par exemple et malheureusement trop réelle.

« Le soleil est de feu à cette heure, la chaleur suffocante ; je m'abritais du premier autant que possible derrière mes rideaux et je suppléais au manque d'air en jouant énergiquement de l'éventail. Depuis une heure, trop secoué pour rêver à l'aise, je faisais entre le trot du cheval et les réactions humaines des comparaisons expérimentales qui ne tournaient pas à l'avantage de mes porteurs, quand mon interprète, dans un langage ampoulé en « us » et en « um » vint m'annoncer que les notables de Vat-Laï étaient venus me saluer. Je descendis, surpris de les trouver prévenus de mon arrivée, et je vis en effet une dizaine de notables qui avaient endossé leurs plus belles robes noires, rangés sur le bord de la route, derrière un petit autel surmonté d'un parasol d'étoffe rouge. Les baguettes d'encens fumaient dans les brûle-parfums, et des plateaux de fruits reposaient sur l'autel. A mon approche, ces braves gens se mirent en devoir d'exécuter les quatre grands « laï » suivis de trois petits. Avec un ensemble parfait ils élevèrent les poings réunis au-dessus de la tête et, s'agenouillant avec souplesse, ils placèrent les mains à terre et se courbèrent jusqu'à toucher le sol du front, puis toujours ensemble ils se relevèrent avec légèreté, pour recommencer trois fois encore cette prosternation que j'essayai d'interrompre ; mais ils me rendirent encore les trois petits « laï » qui consistent à élever les poings et à les descendre à la ceinture en pliant l'échine. Ces mouvements se répètent trois ou quatre fois, en les accentuant de moins en moins, de sorte que le dernier est à peine accusé ; puis alors l'étiquette veut que l'on reste figé dans cette position, les mains l'une dans l'autre et la tête courbée.

« Le chef des notables ou plutôt un délégué choisi pour son talent de parole me souhaite la bienvenue, il m'offre les vœux du village pour l'heureuse issue de mon voyage et me prie d'accepter leurs présents. Je le remercie, je cueille une banane, et je m'enquiers de la façon dont ils ont bien pu apprendre mon passage. Ils me racontent qu'un homme du village, venu à la province pour ses affaires, m'ayant vu passer dans la rue de l'Ouest, est accouru en toute hâte et les a prévenus de mon arrivée. Eux-mêmes viennent d'envoyer un messager au village voisin et aviser le « quan-phu » au chef-lieu. Il faut en prendre mon parti et renoncer à l'espoir d'arriver à l'improviste; partout je serai devancé, et en ce moment le tam-tam des communes voisines rassemble les notables et leur annonce ma visite. En effet, devant chaque village, je rencontre de petits autels rouges, tachant crûment la rizière, et les conseils communaux exécutant leurs sempiternelles salutations. Une députation de chacun d'eux m'accompagne quelque temps, de sorte que ma suite, modeste au départ, finit par former un cortège imposant. Un peu plus loin, voici venir une file d'étendards, de parasols, que précède une troupe nombreuse en armes. C'est le « quan-phu » qui accourt avec ses gens à ma rencontre. Le brave mandarin s'excuse de ne pas avoir été prévenu plus tôt et de m'avoir laissé pénétrer seul sur sa circonscription; il serait même venu me prendre à Son-Tay s'il avait été informé de mon projet. Nous repartons pour son chef-lieu, où se prépare une brillante réception. C'est l'heure du repas et de la sieste, mes hommes commencent à avoir besoin de repos, et la température, au grand soleil, est brûlante. Une chaleur lourde, humide, une buée presque tangible enveloppe le corps, qui fond littéralement; malgré le casque large et épais, le cerveau surchauffé bout, le sang en affluant bourdonne aux oreilles, et l'air embrasé, sans un souffle, irrespirable, fait trembloter la rizière devant les yeux, produisant une sorte de vertige. Ces heures du milieu du jour, déjà fatigantes à l'ombre et sous l'action rafraîchissante des « pankas », deviennent intolérables et dangereuses en pleine campagne, même sous la toiture du palanquin et malgré le secours des éventails à manche que les serviteurs annamites manœuvrent avec conscience et méthode.

« Nous nous arrêtons donc dans une pagode voisine. Le mandarin a fait porter des nattes, que les hommes disposent sur les grands lits de bois. Mes miliciens forment les faisceaux assez régulièrement; les grands étendards multicolores du « quan-phu » sont plantés devant la pagode; ses soldats déposent au hasard dans tous les coins leurs lances et toute une ferblanterie aussi effrayante que peu fourbie. Des femmes ont apporté des paniers de riz bouilli, une provision de tasses et de baguettes. Des cercles se forment autour de larges écuelles et tout ce monde accroupi sur les talons travaille de son mieux avec les petits bâtons.

« Pour moi le déjeuner est bientôt fait, quelques œufs à peu près frais choisis à grand'peine au milieu d'une quantité d'autres bien près de l'éclosion (ces derniers font les délices de mon lettré latiniste); une boite de conserve chaffoir et les fruits provenant des « laï » précédents. Le quan-phu se tient respectueusement sur un lit voisin et mâche son bétel, entouré de ses domestiques; il ne consent à prendre place près de moi que pour accepter un peu de la liqueur française et se retire presque aussitôt par discrétion. Mon repas s'étant effectué dans une position semi-horizontale, il ne me reste plus que fort peu de chose à faire pour le compléter et appeler ainsi une digestion qui s'accomplira sous la protection de Bouddha, dont les yeux demi-clos et le

LAO-KAY. — ENTRÉE DE LA CITADELLE.

doigt levé semblent recommander de ne pas troubler le sommeil qu'il m'envoie. Je feins de l'accepter, mais en réalité je préfère observer le tableau curieux de la pagode en ce moment. De l'ombre épaisse dans laquelle je suis plongé, j'aperçois, sous la ligne basse du toit, la rizière qui semble flamber, dans une lumière éblouissante; elle apparaît déserte en ces chaudes journées de juin, le riz n'a plus qu'à mûrir et le soleil est le seul ouvrier. De temps à autre cependant, quelques groupes de gens, allant ou revenant des marchés, s'approchent en jacassant, puis s'arrêtent surpris à la vue de notre campement et repartent silencieux, en enlevant leurs couvre-chefs. Tout autour de moi, sous cette haute toiture noire, entre ces piliers de bois peints, au milieu de ces drapeaux bariolés, de ces armes extraordinaires, c'est un amoncellement de corps presque nus, à la peau jaunâtre, aux longs cheveux pendants qui jonchent le sol dans des postures indescriptibles, formant un enchevêtrement bizarre de bras et de jambes confondus; c'est un grouillement de gens aux figures étranges, aux visages aplatis et aux yeux bridés ; les uns dorment dans des attitudes inimaginables, d'autres accroupis par paquets échangent leurs impressions à voix discrètes, en se repassant une pipe à eau dont le glou-glou se fait entendre sans interruption. Les serviteurs du quan-phu nous éventent sans relâche, et les notables, accomplissant leurs devoirs d'hospitalité, restent debout contre la muraille, immobiles comme des cariatides, les mains croisées et la tête inclinée dans une attitude de respect et d'humilité. Ce tableau fantastique, dans ce lieu mystérieux, m'apparaît comme une vision surnaturelle.

« Enfin la fournaise du dehors s'est un peu éteinte, il est possible de se remettre en route.

« Cette fois c'est le cortège annamite avec toute sa pompe, il faut s'y résoudre, le quan-phu m'accompagnera et ne me quittera que lorsqu'il m'aura remis aux mains de son collègue voisin, et encore, si je l'en prie.

« Un tam-tam ouvre la marche et ses coups espacés annoncent aux populations la venue des autorités. Les étendards se rangent sur deux files de chaque côté de l'étroit chemin; et derrière marchent les hommes d'armes avec leur surtout, curieux vêtement ayant la forme d'une chasuble étroite, percé d'un seul trou pour la tête; un tout petit chapeau conique, lié au chignon par deux rubans pendant dans le dos, complète un uniforme qui chez nous manquerait de prestige; les jambes nues, sous les bords évasés du vêtement, font un effet comique. Mes miliciens viennent ensuite me précédant, correctement habillés, tout en blanc, sous la haute direction du vieux Cao-ba-trinh qui marche avec dignité, étalant sur sa manche de larges galons mobiles de sergent-major; le quan-phu me suit dans son palanquin, son porte-sabre devant lui, tenant comme un cierge un sabre à poignée d'argent dans un fourreau de bois incrusté de nacre; ses parasols sont à ses côtés et les serviteurs trottinent autour, porteurs de toutes sortes d'objets, éventails, pipes, boîtes à bétel, paniers à thé, coussins, etc. Enfin des délégations de notables ferment la marche. Cette procession bizarre se déploie sur près de 200 mètres.

« J'ai abandonné mon palanquin pour enfourcher mon cheval. Nous avons laissé la route de Hung-Hoa pour prendre à travers la rizière un sentier capricieux, contournant les champs à angle droit. Monté sur mon petit animal, mes pieds traînant presque, coiffé de l'immense casque, lorsque à un coude du talus j'embrasse d'un coup d'œil la tête et la queue de cette bizarre colonne, j'ai peine à me croire dans la réalité.

« Les petits soldats du « quan-phu », si drôles pour nous, s'en vont la poitrine en avant, portant à leur guise leurs grandes lances et leurs énormes hallebardes, tout comme des instruments aratoires, sans allure réglée, moitié marchant, moitié courant, s'arrêtant, repartant, jasant sans cesse. Et le tam-tam en tête battait toujours, faisant ranger les paysans qui nous regardent d'un air effaré, en se découvrant.

« Vers le soir nous arrivons à la Rivière, et là, près de la berge, une troupe toute semblable à la nôtre apparaît; c'est le « quan-phu » de Lam-Tao qui m'attend. Il vient à ma rencontre et me salue militairement, en portant la main à son turban. Ce « quan-phu » est un vieux mandarin qui nous a donné de nombreuses preuves de dévouement. Il porte, à côté de sa plaquette de mandarin, en ivoire, une médaille d'honneur au ruban tricolore. Il a adopté vis-à-vis de nous une partie de nos usages, il fait le salut militaire et nous tend la main. Il a chaussé pour la circonstance une forte paire de souliers européens qui semblent l'embarrasser un peu et il a abandonné son palanquin pour un « pousse-pousse » (1) plus confortable, mais dont l'emploi est encore peu pratique sur les chemins que nous parcourons; ses gens étaient souvent obligés de l'enlever, lui et son véhicule, au-dessus des coupures du talus. A cette innovation près, il voyageait dans le même appareil que son collègue.

« Après quelques moments de repos, le quan-phu de Quang-Hoaï prit congé de nous et nous laissa continuer notre route le long de la rivière que nous remontions. Ici le pays change, la plaine commence à onduler un peu devant nous, et à une vingtaine de kilomètres, se dresse la masse énorme du mont Bavi vers lequel nous allons en ligne droite. Le soleil disparaît enfin derrière la montagne et la nuit tombe rapidement, nous plongeant dans une obscurité absolue. Nous avançons encore pendant une heure, sans y voir goutte, et je ne sais vraiment pas comment les hommes du quan-phu pouvaient diriger son pousse-pousse. Quant à moi, j'avais mis pied à terre et gagné la tête, lorsque longeant une haie, je suis arrêté par un « Hale-là ! qui-bib? » parti au-dessus de moi, du milieu des bambous. J'avais donné sans y voir dans la porte du poste de « Bat-Bac », et la sentinelle m'arrêtait du haut d'un mirador improvisé. « France ! » criai-je, et aussitôt, un bruit de poutres que l'on remuait m'annonça

(1) Voiture à homme à deux roues.

qu'on allait m'ouvrir. La porte massive tourna bruyamment sur ses gonds de bois et le sergent qui commandait me reçut à l'entrée avec empressement. Il était là, seul Européen, avec une trentaine de tirailleurs tonkinois, installé dans une petite fortification palissadée, à l'un des angles du village et surveillait la rivière.

« On ne saurait imaginer l'impression profonde que font éprouver ces rencontres entre compatriotes, dans les postes perdus en plein pays annamite, et la joie de celui qui, restant de longs mois isolé de tout contact européen, entend tout

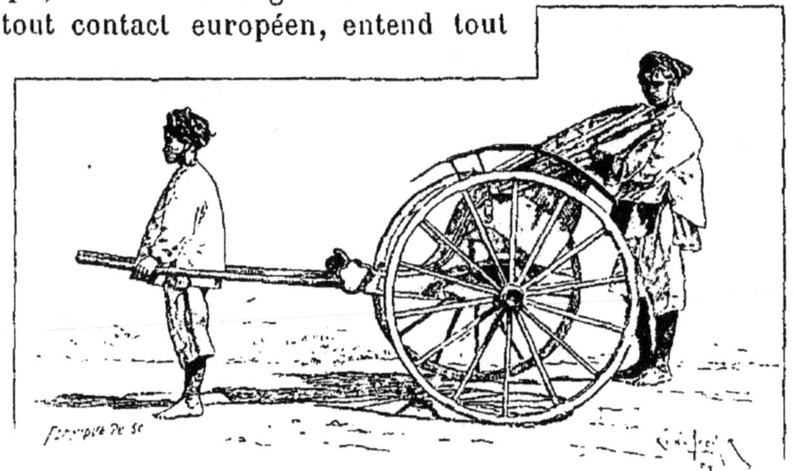

Le pousse-pousse.

à coup le son d'une voix française. Le petit poste de Bat-Bac n'est pas tout à fait dans ces conditions d'éloignement ; les canonnières passent fréquemment en vue, et d'autres postes sont établis à proximité, sur l'une et l'autre rive, mais les communications sont peu faciles et, quoi qu'il en soit, la venue d'un compatriote est toujours une bonne fortune. Le brave sous-officier me fit joyeusement les honneurs de son fortin, tandis que le quan-phu et ses hommes allaient demander l'hospitalité au « huyen » qui habite Bat-Bac. Le sergent m'offrit sa cuisine à laquelle mon boy ajouta quelques plats de sa composition et mon vin qui fut surtout goûté, et nous prîmes place dans la petite maison de briques qui sert aussi de réduit.

« Les mandarins ne tardèrent pas à venir m'y trouver, afin de tenir conseil pour le lendemain. Le vieux quan-phu déplorait comme moi le retentissement donné à mon voyage et qui avait dû donner l'éveil au « caï-tong », objet de notre déplacement. Il pensait cependant que si nous pouvions marcher de nuit, en nous tenant sur la rive droite de la rivière, que nous ne traverserions qu'en face du village, situé sur la rive gauche, nous avions chance de surprendre notre homme au nid. Cette promenade nocturne ne paraissait pas être du goût du « huyen », qui nous objecta que les chemins étaient envahis par les hautes herbes. Cela ne nous parut pas un obstacle. Alors il parla des ponts qui avaient été emportés par les grandes pluies. On lui répliqua que l'eau n'est ni profonde ni froide. Enfin il y eut le village de Luong-Ké, que tenait souvent le chef de bande Li-Dzi. Ici le sergent qui n'avait pas encore vu Li-Dzi, mais était tout naturellement disposé à y croire, appuya la motion du huyen ; mais je montrai une incrédulité qui fut partagée par le vieux mandarin, et il fut convenu que nous repartirions à 1 heure du matin ; il nous restait environ 16 kilomètres à parcourir, nous pouvions espérer être rendu vers 6 heures. Le huyen, voyant qu'il fallait en prendre son parti, donna des ordres. A l'heure convenue tout était prêt. — Le sergent nous accompagna jusqu'à la porte du village avec sa lanterne et en prenant congé me cria encore : « Ouvrez l'œil à Luong-Ké. — Merci ! » Et nous nous engageâmes entre des marais dans une obscurité noire. Il fallut allumer des torches pour pouvoir distinguer le sentier, à chaque crevasse un homme se tenait avec sa lumière pour me la faire franchir, et nous gagnâmes ainsi le bord du Song-Ma. A partir de cet endroit notre marche tint vraiment du merveilleux. A la lueur des torches, les soldats des mandarins, avec leur attirail, semblaient des fantômes effrayants ; la rivière, qui coulait sous nos pieds, apparaissait par flaques brillantes, et les herbes que nous traversions prenaient des aspects mystérieux. Le huyen avait mis le temps à profit : envoyant ses gens en avant dans les villages, il avait fait pratiquer dans ces herbes géantes, sous lesquelles nous disparaissions entièrement, un sentier que la population invisible fauchait presque sous nos pas. Aux portes des communes, les conseils rassemblés nous saluaient aux lumières de leurs éternels laï, derrière les inévitables autels. Des relais de torches étaient préparés et des coolies remplaçaient nos hommes fatigués. Nous arrivâmes ainsi devant Luong-Ké. Bien que je n'eusse pas grande appréhension, je fis rassembler ma colonne, et en fait de pirates je trouvai, devant un grand feu clair de bambous, les notables, plus nombreux, qui m'offrirent des fruits superbes : « Eh bien, mes bonnes gens, le pays est tranquille ? — Mais oui, grand mandarin : — Les récoltes sont bonnes? vous n'avez pas eu de maladies ? — Le riz est bien beau, grand mandarin, et nous avons tous la bonne santé. — Et Ly-Dzi ? — Nous avons bien entendu parler d'un chef de ce nom, mais nous ne le connaissons pas, il n'est pas de notre village, s'il y venait nous le chasserions, et s'il était trop fort, nous irions prévenir le poste. — Allons, bonnes gens ; tant mieux, continuez ! Merci de vous être dérangés. » Et moi aussi je continue, convaincu une fois de plus que les Ly-Dzi sont beaucoup moins nombreux que certains ne sont portés à le croire, qu'en exigeant des villages qu'ils les chassent, et qu'en punissant sévèrement les infractions, les coureurs de grand chemin, insaisissables pour nous, disparaîtraient entièrement.

« Nous avancions maintenant sous des herbes de plus en plus hautes, faisant voûte au-dessus de nos têtes, dans l'étroit conduit rapidement pratiqué sur l'ordre du huyen. Nous mettions en fuite des bandes de canards, de grands hérons et des marabouts qui s'envolaient lourdement en jetant un cri comme un couac de clarinette. Des bambous avaient été jetés en travers des torrents, de sorte que notre marche ne fut pas trop retardée et que, au petit jour, nous nous trouvions en face de Tinh-Laï, but de notre expédition. Un assez grand nombre de sampans étaient amarrés à la rive; toute notre troupe put s'y loger avec cette facilité qu'ont les Annamites de s'entasser et de se tenir sans bouger dans toutes les positions. On voit des sampans pleins à couler, de ces paniers instables que le moindre faux mouvement ferait chavirer, contenir une douzaine de passagers, et il est extrêmement rare qu'il arrive un accident, tandis que trois ou quatre Européens iraient infailliblement au fond de l'eau. Je prends place sur un sampan avec mon petit cheval qui saute adroitement dans l'embarcation, sans se faire prier, habitué qu'il est à ce genre de passage. Le quan-phu et ses parasols s'embarquent dans un autre, avec le huyen, et toute la flottille remonte le courant pour se laisser dériver sur le bord opposé. Le débarquement s'opère en une minute et nous nous dirigeons sur Tinh-Laï, qui est à quelque distance de la rivière, au milieu de marais. Nous y parvenons avant l'ouverture des portes, mais les chiens qui nous ont éventés font un vacarme effroyable dans tout le village, instantanément prévenu. Le quan-phu se fait ouvrir par la garde et nous pénétrons. Je demande aussitôt si le Caï-Tong est chez lui, on me répond qu'il est en effet au village. Déjà, au débarcadère, les sampaniers nous avaient dit que, durant la nuit, il avait fait tirer ses fusils. Le huyen lui fait donner l'ordre de venir à la pagode où nous nous rendons.

« Les gens ne se sont pas enfuis à notre approche, mais en nous regardant passer ils n'ont l'air ni aussi empressés, ni aussi respectueux que d'habitude. Nous nous installons à la pagode où l'on vient nous annoncer presque immédiatement que le Caï-tong va venir. Le huyen fait aussi mander les notables. — On les rassemble et dans quelques moments ils seront là. — Un assez long temps se passe et aucun d'eux n'a paru. — Le huyen renvoie aux informations. Cette fois le Caï-Tong n'était pas à sa maison, mais il était dans la commune. On avait répondu qu'il venait, parce qu'on le faisait chercher et qu'il ne pouvait tarder, mais on ne l'avait pas encore trouvé. Quant aux notables, beaucoup étaient absents, mais les autres se préparaient. — Une nouvelle attente, et rien encore. — Impatienté, je me fais conduire chez le Caï-Tong. Il habitait une belle maison à plusieurs corps de logis, proprette pour une

HANOÏ. — Pagode du grand bouddha.

demeure annamite. — Là une femme me fait savoir que son époux, qui avait été absent longtemps pour ses affaires et qui n'avait pu jusqu'alors aller à la province où on l'appelait, venait de s'y rendre ignorant ma venue. Nous avions pris la rive droite, lui la rive gauche, sans cela nous nous serions rencontrés. — Le vieux Quan-Phu me regarda, nous étions joués. — Que faire? arrêter la femme, fouiller la maison, prendre des gages? Le village paraissait mal disposé et je n'étais pas venu pour faire la guerre. C'était cependant l'avis du huyen, qui croyait ainsi rehausser son autorité, c'était aussi l'opinion de l'interprète qui, lui, voyait dans une bagarre l'occasion de s'adjuger quelque souvenir du Caï-Tong. Je jugeai qu'il valait mieux destituer le chef, le poursuivre légalement et si le village y faisait obstacle, laisser à qui de droit le soin des opérations militaires. Après quelques heures de repos, nous quittions le village, comme pour continuer une tournée commencée.

« A peine étions-nous embarqués, que le Caï-Tong, qui évidemment nous épiait à proximité, apparut en se présentant timidement. Il avait vu notre allure pacifique, mais redoutant les conséquences de sa fugue, il préférait venir se soumettre à une punition légère, que d'être contraint à tenir la brousse où l'eût jeté certainement une opération brutale, et le village avec lui.

« Après d'interminables explications, mêlées de nombreuses contradictions, je pus démêler que les procédés du huyen étaient bien pour quelque chose dans sa conduite, et que, s'il avait abusé de son influence sur la population, c'était un peu pour se soustraire à l'arbitraire démesuré du mandarin. Un colloque assez vif s'éleva même entre le huyen et le Caï-Tong qui, jouant son va-tout, abandonna un peu son maintien courbé vis-à-vis de son chef. Celui-ci sentant ma religion éclairée, une scène assez comique se produisit : après quelques dernières confidences échangées, d'un commun accord, ils me demandèrent à se réconcilier. J'exigeai du Caï-Tong la remise des armes qu'il possédait et un acte de soumission au huyen, que je me proposais de faire réprimander ensuite par les autorités supérieures.

« Nous retournâmes à la pagode et la livraison des armes se fit encore avec quelques difficultés. Plusieurs vieux fusils à mèche, hors d'usage, apparurent d'abord. Il n'en existait pas d'autres, du moins dans le village. Le Caï-Tong avait caché le reste assez loin, les tenant en réserve contre les pirates. Enfin devant mon insistance quelques fusils à piston en bon état, un fusil de chasse et plusieurs petits canons de cuivre, qu'on venait de tremper dans une mare pour justifier les allégations précédentes, furent apportés, non sans effort. Et à l'ombre d'un banian qui pouvait rappeler le chêne de saint Louis, les prosternations commencèrent devant moi d'abord, devant le huyen ensuite et enfin ce dernier me rendit lui-même des « laï », en présence de la population vivement intéressée.

« Et voilà, je crois, notre rôle à nous, représentants du protectorat dans les provinces. La plupart des conflits n'ont pas de causes sérieuses. Mais qu'un coup de fusil, imprudemment tiré provoqué, éclate à la suite d'un malentendu, et voilà la paix troublée pour longtemps. Garnier avait gagné la population tonkinoise en étudiant et débrouillant ses affaires. Il n'a succombé que sous les coups des Pavillons Noirs. A présent, les Chinois sont hors du Tonkin, il est donc impossible qu'en imitant sa conduite nous ne vivions pas en paix avec les Annamites.

« Il ne me restait plus qu'à regagner Son-Tay, mais je voulais, profitant de la proximité, faire visite aux villages Muong de la rive gauche et je me décidai à franchir la montagne, pour ne pas revenir simplement sur mes pas. Je constituai une nouvelle flottille et, après avoir abandonné le huyen, je partis, escorté de mon fidèle Quan-Phu. Nous gagnâmes Tu-Phap en bateau pour laisser reposer les porteurs, et bien que la distance soit peu considérable, le reste de cette journée s'acheva dans cette navigation, ralentie par le courant. Arrivés assez tard dans la soirée, il nous fallut passer la nuit même dans les sampans.

« Les Annamites eux s'accommodent fort bien de ces installations. Les miens avaient leur riz, des provisions fournies par le caï-tong; ils établirent un foyer avec quelques pierres, à l'avant de chaque sampan, et avec un matériel qu'ils découvrent toujours, qu'ils tirent on ne sait d'où, ils confectionnèrent du thé toute la nuit, fumant, buvant et dormant alternativement. Quant à moi, malgré la fatigue de la nuit précédente, il m'était difficile de prendre un repos sérieux. Mon boy me prépara à l'annamite un dîner tout spartiate, que partagea le vieux mandarin, puis j'essayai de m'endormir. Le sampan est recouvert d'une toiture basse, en demi-cercle, et ouverte aux deux extrémités. J'étais étendu sur les planches qui en forment le fond, recouvertes d'une natte; le peu de moelleux du lit ne m'aurait pas empêché de trouver le sommeil, mais des nuées de moustiques, qui entraient en toute liberté et me piquaient à travers mes vêtements, ne me laissèrent pas fermer l'œil. Cette insomnie forcée me donna le loisir d'observer le Quan-Phu, qui avait retiré sa robe de dessus en soie, dormait dans des vêtements blancs, en coton, et ne paraissait pas incommodé du tout par nos fâcheux visiteurs. Le boy, couché en dehors de la toiture, à l'avant du sampan trop étroit pour lui permettre de s'étendre, dormait replié sur lui-même, la tête en dehors du bordage et les cheveux dénoués pendant au-dessus de l'eau. Je n'ai jamais pu comprendre comment les Annamites peuvent se maintenir et se reposer dans des positions semblables. Des lucioles entraient aussi sous la toiture et tout en faisant la chasse aux autres insectes invisibles, je suivais leurs lueurs vacillantes. A côté dans les sampans voisins on entendait les conversations à voix basse de nos gens.

« Une clarté vague s'échappait du foyer où à tour de rôle ils allumaient la pipe dont le glou-glou venait jusqu'à moi; d'autres chantaient d'une voix tremblante et nazillarde qui invitait au sommeil. Au loin, des embarcations passaient, et leurs conducteurs, apercevant les lumières de notre campement, nous hêlaient avec de longues intonations bizarres auxquelles nos sampaniers répondaient.

« Vers le matin, je m'étais à peu près assoupi, lorsqu'une série de détonations ininterrompue me fit lever. C'était le chef Muông des tribus voisines, qui, venu à ma rencontre, me saluait en tirant des pétards. Il était là avec sa troupe de montagnards armés de fusils et d'arbalètes. Le fusil fabriqué par eux-mêmes est à mèche; c'est un long canon se terminant par une crosse courte, comme celle d'un pistolet, mais plus droite. La batterie, tout entière à l'extérieur, se compose d'un ressort et d'une pince dans les branches de laquelle passe le bout d'une mèche, enroulée autour du bras. Ils tirent cet engin, peu redoutable pour la guerre, en appuyant à la joue le bout de la crosse dont le recul leur laisse une marque sur la peau. Tous sont habillés d'une étoffe grossière, de coton gros bleu, teinté avec un indigo de leurs forêts; ils sont plus trapus que les Annamites et ils restent silencieux, avec un air plus farouche.

« Après m'avoir rendu les honneurs, le « Son-Phong » (c'est son titre) m'invite à visiter ses cases, et nous nous mettons à grimper par un sentier escarpé les pentes du Bavi.

« La troupe du Son-Phong ouvre la marche, celle du Quan-Phu forme l'arrière-garde. Ici les petits pas rapides des Annamites ne sont plus de mise et leur bande joyeuse reste bientôt en détresse, semant les grands étendards sur tout le parcours. Cette procession originale est d'un effet extraordinaire au milieu de cette nature sauvage. Les Muongs seuls marchent en groupe, gravissant la hauteur avec calme, d'un pas bien cadencé, au son d'un orchestre bizarre. Quatre timbres ou clochettes de tons différents sont frappés successivement sur un rythme lent et monotone en suivant une gamme descendante; un violon au son maigre et une flûte exécutent une musique douce, pas discordante comme celle des Annamites, mais d'une harmonie étrange, inconnue à notre oreille. Cette mélodie traînante et sans fin, entendue sous ces grands bois, pénètre l'esprit d'une mélancolie profonde.

« Tout ce qui nous entoure est d'une sauvagerie grandiose. Les grands banians multiplient leurs troncs, les lianes enlaçant les branches, en courant de l'une à l'autre, font en se croisant un filet inextricable, des herbes gigantesques et une brousse épaisse, épineuse, ne permettent guère d'attenter à la virginité de la forêt. Il règne sous cette voûte une atmosphère lourde, faite d'un air chaud et humide chargé d'odeurs pénétrantes, exhalées de toutes ces plantes et dégagées de la masse des matières végétales en décomposition. Ces gaz empoisonnés causent la fièvre des bois, dont les accès pernicieux emportent souvent le malade avec une extrême rapidité. Il est toujours prudent, en pénétrant dans ces parages, d'absorber une petite dose de quinine.

« En trois heures de marche nous arrivons à la demeure du Son-Phong. Sa maison en briques n'a aucun caractère particulier, tandis que les cases de ses administrés, disséminées sous les arbres d'une grande clairière sur une pente moins raide, sont bien plus pittoresques. Quelques plantations de riz de montagne les avoisinent. Accompagné du Son-Phong, j'entre dans quelques-unes de ces curieuses habitations aériennes. Les propriétaires nous accueillent sans manifestation d'aucune espèce, ils paraissent peu communicatifs, d'une humeur concentrée. Les femmes sont presque invisibles. Quelques-unes apparaissent sur l'invitation du Son-Phong, mais elles se retirent aussitôt. De même que les hommes, elles ont des proportions plus lourdes que les Annamites. Leur costume est fort original. Une tunique, ouverte sur un gilet à petits brandebourgs blancs et ornements de plomb, et une culotte courte rappellent d'un peu loin l'uniforme de garde française ; sur la tête une coiffure d'étoffe plate, comme celle des napolitaines.

« Le chef Muong nous fit chez lui une réception des plus cordiales, avec force pétards. Puis, toujours accompagné du vieux Quan-Phu, je me dirigeai sur Son-Tay.

« Après une absence de quatre jours des mieux remplis, je réintégrai ma vieille pagode qui, à chaque retour, me semble un palais luxueux. »

Hanoï. — La porte de France.

# CHAPITRE III

## Administration.

Administration française et indigène. — Impôt. — Recrutement. — Travaux publics. — Enseignement. — Les villes.

Administration. — Le Tonkin est divisé administrativement en 13 provinces, 5 « grandes » qui sont : Hanoï, Nam-Dinh, Haï-Duong, Bac-Ninh et Son-Tay ; 8 « petites » qui sont : Ninh-Binh, Hung-Yen, Quang-Yen, Lang-Son, Cao-Bang, Thaï-Nguyen, Tuyen-Quan et Hung-Hoa. Une province nouvelle dite province Müong a été créée à la fin de 1886, avec une partie des territoires montagneux des provinces de Son-Tay, Ninh-Binh et Hung-Hoa. Cette création a pour but de grouper les tribus de « Müongs » de cette région, soumises à une organisation différente de celle des Annamites, et de leur donner une administration propre. Le chef-lieu de cette province nouvelle a été placé à Phuong-Lam, sur la Rivière Noire.

Ces 14 provinces comprennent 8,000 villages et renferment une population d'environ 9,000,000 d'habitants.

Chaque province se subdivise en un certain nombre de préfectures et de sous-préfectures.

L'organisation administrative du Tonkin est la même que celle de l'Annam.

A la tête de chaque « grande » province est placé un tong-doc (gouverneur), relevant directement de la Cour, assisté d'un quan-bo ou bo-chanh (mandarin de l'administration et de l'impôt), d'un quan-an ou an-sat (mandarin de la justice).

A la tête de chaque « petite » province se trouve un tuan-phu, gouverneur de second ordre, placé sous le contrôle du tong-doc, et assisté d'un an-sat pour la justice.

Chaque préfecture ou phu est administrée par un préfet ou tri-phu, qui réunit dans ses mains les pouvoirs administratifs et judiciaires et relève directement du tong-doc.

Chaque sous-préfecture ou huyen est administrée par un tri-huyen dont les attributions sont les mêmes que celles du tri-phu, à peu de chose près.

Ces quelques fonctionnaires constituent tout le personnel administratif. Avec l'aide de quelques secrétaires et lettrés, qui n'ont souvent aucun titre officiel, ils pourvoient à tous les services de l'État dans la province.

Leur tâche se trouve à la vérité fort réduite, en raison de l'organisation communale et cantonale, qui permet aux représentants de l'État de se désintéresser des détails de l'administration des communes. Le gouvernement ne se préoccupe de l'individu que dans des cas exceptionnels. Les lois qui régissent la famille favorisent aussi beaucoup cette décentralisation.

La commune annamite. — Dans chaque commune un agent exécuteur des décisions du conseil de commune, accrédité auprès des autorités de la province, est responsable auprès d'elles, pour toutes les obligations de la commune envers l'État. C'est le li-truong, sorte de maire, mais qui au lieu d'être, comme chez nous, le chef de la municipalité, n'en est que le membre inférieur.

Les villages sont groupés entre eux pour toutes les affaires extérieures qui peuvent leur être communes, comme celles qui concernent les chemins, les digues, les canaux, et représentés également par un délégué choisi par eux et agréé par les mandarins auprès desquels il est responsable. C'est le caï-tong, chef de canton.

L'impôt se perçoit par commune, simplification énorme pour le mandarin des finances. Les affaires criminelles à peu près seules sont portées devant les fonctionnaires, les querelles privées et les contestations commerciales étant réglées par les chefs de famille ou par les anciens du village. Les décisions de ces tribunaux de conciliation sont sujettes à appel devant le mandarin, mais alors l'affaire se correctionnalise en changeant de juridiction et comporte pour le perdant un certain nombre de coups de rotin on une forte amende, circonstance qui refroidit l'ardeur des plaideurs.

C'est sur cette organisation de la commune et de la famille que repose tout le système, si simple, de l'administration annamite.

Le gouvernement levait autrefois au Tonkin un contingent de 35,000 hommes. Ces soldats étaient répartis dans les troupes régulières, dans les milices provinciales, et un certain nombre restait à la disposition des mandarins, pour leur garde personnelle et pour les différents services, tels que les trams et courriers. Les gardes des mandarins et les trams sont actuellement les seules levées faites par les autorités indigènes.

L'impot. — L'impôt du Tonkin est fixé par les mêmes lois que celui de l'Annam. Il se compose de contributions personnelles et de contributions foncières : les premières se payent en espèces, ligatures de zinc ou argent, la catégorie des inscrits seule y est soumise.

Les deuxièmes se versent en nature pour les rizières, lesquelles sont divisées en quatre classes pour la fixation de l'impôt. Les autres cultures et les terrains de pagodes sont assujettis à un tarif spécial et le versement est effectué en argent.

D'autres ressources en nature ou en argent alimentent encore le budget du Tonkin et proviennent de certaines industries, comme celle de la soie, de redevances pour les mines et de fermages.

La perception de l'impôt est faite en deux termes, après le cinquième mois et après le dixième, époques des récoltes de riz. Le contingent de chaque village est recueilli par les soins du maire et versé sous sa responsabilité entre les mains des mandarins.

Chaque province possédait de vastes magasins, dans lesquels était entassé le riz de l'impôt. Une part de ce riz était envoyée à Hué pour les besoins de la Cour et de l'Annam, une autre part servait au payement des fonctionnaires, qui recevaient, selon leur rang, un certain nombre de mesures en même temps qu'une somme en ligatures, et à la solde des troupes. Le reste était tenu en réserve, pour parer aux mauvaises récoltes, et distribué à la population, dans les années de disette.

Actuellement, la presque totalité de l'impôt est versée en espèces.

Les contribuables annamites devaient en outre à l'État un certain nombre de jours de corvée par an, pour les travaux publics.

Organisation générale du protectorat. — Le traité du 6 juin 1884 qui consacre l'établissement du protectorat de la France sur l'empire d'Annam établit une différence de traitement entre les provinces de l'Annam proprement dit et celles du Tonkin.

Au Tonkin l'action des représentants de la République et les droits de nos nationaux sont réglés de la manière suivante :

Art. 5. — Le résident général assurera l'exercice du protectorat sur les provinces à l'est de la frontière du Ninh-Binh avec le Thanh-Hoa.

Art. 6. — Des résidents seront placés par le gouvernement de la République dans les chefs-lieux où leur présence sera utile. Ils habiteront dans la citadelle et en tout cas dans l'enceinte même réservée au mandarin ; il leur sera donné, s'il y a lieu, une escorte française ou indigène.

Art. 7. — Les résidents éviteront de s'occuper des détails de l'administration intérieure des provinces. Les fonctionnaires indigènes de tout ordre continueront à gouverner et à administrer sous leur contrôle ; mais ils devront être révoqués sur la demande des autorités françaises.

Art. 10. — Les Français et étrangers seront placés sous la juridiction française.

L'autorité française statuera sur les contestations entre Annamites et Français et entre Annamites et étrangers.

Art. 11. — Les résidents centraliseront avec le concours du Quan-Bo le service de l'ancien impôt, dont ils surveilleront la perception et l'emploi.

Art. 12. — Les douanes, qui n'existeront que dans les ports et sur les frontières, seront confiées à des administrateurs français.

Art. 13. — Les citoyens français pourront, dans toute l'étendue du Tonkin, circuler librement, commercer, acquérir et disposer.

L'organisation administrative actuelle du Tonkin se trouve constituée par les décrets des 17 et 20 octobre 1887 qui, réalisant l'union des pays d'Indo-Chine, placent le résident général de l'Annam (1) sous l'autorité du gouverneur général de l'Indo-Chine française et rattachent les services du protectorat au ministère de la marine et des colonies. Ces décrets ont été complétés et modifiés par ceux des 12 novembre 1887 et 11 mai 1888, dont le premier fixe les attributions du gouverneur général, le deuxième sépare le budget de l'Annam et du Tonkin de celui des autres pays de l'U-

(1) Un décret intervenu pendant l'impression du présent ouvrage a supprimé la résidence générale et l'a remplacée par une résidence supérieure ayant son siège à Hué.

nion. Ce budget, préparé par le gouverneur général et délibéré par le conseil supérieur de l'Indo-Chine, est approuvé par un décret rendu en Conseil des ministres.

Les recettes qui le composent sont : 1° les ressources propres du Tonkin ; 2° une subvention de la métropole ; 3° un contingent fourni par la Cochinchine.

LES RÉSIDENTS. — Les services civils des résidences du Tonkin sont dirigés par un résident supérieur résidant à Hanoï, placé sous les ordres du résident général (1).

Ils comprennent cinq résidences, dont le siège est à Hanoï, Haï-Phong, Nam-Dinh, Son-Tay et Bac-Ninh, et des vice-résidences dans les autres provinces.

Les mandarins conservent toutes leurs anciennes attributions administratives et judiciaires, ils continuent à appliquer à l'égard des Annamites toutes les lois et traditions du pays, auxquelles l'établissement de notre protectorat n'a rien changé. Nos résidents ne prennent donc pas une part directe à l'administration des provinces; ils exercent seulement un contrôle, surveillent les mandarins, et sont les intermédiaires entre les autorités annamites et les fonctionnaires français de tout ordre, pour ce qui concerne les autres services civils et militaires.

A l'égard des Européens ils remplissent des attributions analogues à celles des consuls.

Des concessions de territoire, accordées tout récemment par S. M. le roi d'Annam, ont permis d'ériger les villes de Hanoï et de Haï-Phong en communes entièrement françaises, administrées en toute souveraineté par nos représentants.

Des municipalités ont été instituées dans ces deux villes. Les fonctions de maire sont remplies par le résident. Les conseillers sont nommés par le résident général.

Une ordonnance récente donne en outre une plus grande extension à l'article 13 du traité de 1884 en accordant le

(1) En vertu du décret dont il est parlé à la note de la page précédente le résident supérieur du Tonkin est désormais en rapports directs avec le gouverneur général.

bénéfice de la loi française à toutes les propriétés possédées par des Français en dehors de ces deux villes dans toute l'étendue du Tonkin.

La justice française. — Au point de vue judiciaire le Tonkin est partagé en deux circonscriptions ayant pour chef-lieux Hanoï et Haïphong. Deux tribunaux de première instance, institués dans ces villes et relevant de la Cour

Haï-Phong. — Le Cua-Cam.

d'appel de Saïgon, sont chargés de toutes les affaires de justice du Tonkin.

La trésorerie. — Le service de la trésorerie est dirigé par un trésorier payeur chef de service, chargé d'effectuer ou de faire effectuer les opérations concernant les services financiers du budget du Tonkin. Il opère les recouvrements, pourvoit à l'acquittement des dépenses et centralise toutes les opérations de ce budget.

Il effectue ou fait effectuer les recettes et les payements relatifs aux services métropolitains.

Des arrêtés en date du 26 décembre 1887 ont déterminé le détail des opérations de trésorerie et les rapports du caissier-payeur central du Trésor en France, avec le payeur chef de service du Tonkin.

Des payeurs adjoints et des commis de trésorerie détachés assurent le service dans les provinces.

La trésorerie du Tonkin négocie l'achat et la vente des titres de rente française et délivre des mandats sur le trésor.

LES DOUANES. — Le Tonkin fait partie de l'union douanière indo-chinoise. Les importations sont soumises au tarif général (1). Les services de la douane relèvent d'un directeur siégeant à Saïgon. Un inspecteur à Haï-Phong est chargé de la surveillance du Tonkin. Un réseau de postes douaniers est établi sur la frontière de Chine, dans les principaux centres de notre occupation, à l'entrée des routes du Yun-nan et du Quang-si.

POSTES ET TÉLÉGRAPHES. — Les correspondances postales, dans l'intérieur et avec l'étranger, et les communications télégraphiques sont assurées par un service régulier, fonctionnant sous les ordres d'un directeur résidant à Hanoï.

Des bureaux de poste et de télégraphie sont établis dans toutes les résidences et vice-résidences. Les distributions dans ces centres ont lieu de la façon la plus régulière. Un certain nombre d'autres bureaux ont été créés sur les autres points, partout où notre occupation le permet. On peut dire en somme que tous les lieux habités par des Européens sont desservis par la poste. Le transport des dépêches s'effectue, soit par les bateaux des messageries maritimes, soit par trams (porteurs) qui font un service régulier entre certains bureaux. Pour ceux où il n'existe encore qu'un échange peu actif ou même accidentel de correspondances, des trams spéciaux sont expédiés par les receveurs. Les

(1) Une commission instituée au sous-secrétariat d'État des colonies, dans le but d'apporter quelques modifications à ce tarif, vient de terminer ses travaux.

chaloupes de commerce sont utilisées également pour le service de la poste et des arrêtés du résident général autorisent leur réquisition, chaque fois que leur trajet peut offrir un avantage pour la rapidité du transport, ou un moyen nouveau de communication. Les taxes sont les mêmes que celles de la métropole, tant pour l'intérieur du Tonkin que pour les colonies françaises ou de l'étranger.

Le service des postes se charge également de l'envoi des petits colis et de ceux dits « colis postaux », dont le poids n'excède pas 3 kilogrammes.

Les courriers pour la France et l'étranger partent et arrivent régulièrement tous les quinze jours, par les bateaux des messageries maritimes. La voie anglaise de Hong-Kong sert aussi aux correspondances du Tonkin; mais les relations entre Hong-Kong et Haï-Phong n'étant pas assurées par une ligne régulière, les lettres qui suivent cette voie ne parviennent pas aussi régulièrement que par les voies françaises. Cependant les bateaux de commerce font actuellement des voyages assez fréquents entre ces deux ports, pour qu'il n'y ait pas à redouter dans les renvois de lettre de Hong-Kong une grande perte de temps.

En combinant les deux services français et anglais on obtient un courrier par semaine environ.

Travaux publics. — Un service des travaux publics est institué au Tonkin. Il comprend un ingénieur en chef, deux ingénieurs-adjoints et un certain nombre de voyers-architectes et d'agents des travaux dans les provinces.

Un service de voirie municipale existe en outre dans les villes de Hanoï et de Haï-Phong.

Écoles. — Les services de l'enseignement, placés sous les ordres d'un inspecteur, comprennent : 1° des écoles françaises de garçons et de filles à Hanoï, Haï-Phong, Nam-Dinh et Bac-Ninh. Chaque maître français et chaque maîtresse française a sous ses ordres un ou plusieurs adjoints ou adjointes indigènes, pour les classes des petits Annamites; 2° des écoles indigènes pour l'enseignement du quoc-ngeu, ou représentation de la langue annamite au moyen de l'écriture française; 3° des écoles libres de quoc-ngeu, tenues par des maîtres indigènes brevetés par notre administration.

Garde civile indigène. — Les résidents et vice-résidents, qui ont la délicate mission d'assurer la tranquillité des provinces, avec le concours des autorités annamites, disposent, dans ce but, d'une force de police importante, constituée sur un pied militaire, et qui rappelle avec avantage les anciennes milices provinciales des mandarins.

Cette troupe, dont le rôle est complètement distinct de celui de l'armée, et qui prend le nom de « garde civile indigène », est recrutée, comme l'ancienne milice, parmi les inscrits de chaque village. Ces gardes indigènes sont encadrés par des agents européens de divers grades et répartis par fractions, placées dans toutes les provinces, auprès des mandarins dont ils appuient l'autorité. Une portion importante de cette force est placée au chef-lieu de chaque province, à la disposition du résident.

Corps d'occupation. — Le corps d'occupation du Tonkin comprend deux brigades sous les ordres d'un général de division, commandant en chef les troupes de l'Indo-Chine. Le siège de la division est à Hanoï. Ce corps se compose : 1° de troupes européennes; infanterie de marine, infanterie légère d'Afrique, légion étrangère, artillerie de marine, génie, train des équipages, remonte, services administratifs et sanitaires et gendarmerie, formant un effectif de dix mille hommes environ; 2° de troupes indigènes se composant de deux régiments de tirailleurs tonkinois et d'auxiliaires annamites dans le corps d'artillerie et du train, représentant un effectif approximatif de quinze mille hommes.

Les tirailleurs tonkinois sont recrutés parmi les hommes fournis par les villages et reconnus bons au service par un conseil de revision. La durée du service est de six ans et peut être portée à vingt ans par des réengagements successifs. Les villages sont responsables des hommes qu'ils envoient. ces régiments sont constitués sur le modèle des régiments d'infanterie de ligne, ils sont encadrés d'officiers et de sous-officiers européens, ils possèdent en outre un cadre de sous-officiers et de caporaux indigènes.

Une flottille de canonnières de rivières, commandées par des lieutenants de vaisseau et montées par des matelots français et des auxiliaires annamites, concourt puissamment à la défense de terre. Quelques canonnières de haute mer surveillent les côtes. Ces bâtiments sont placés sous les ordres du contre-amiral, chef des forces navales de l'Indo-Chine.

Hanoï. — Autour de chaque citadelle, où siègent les

Hanoï. — Quartier des bambous.

autorités supérieures de chaque province, il s'est créé des centres populeux formés par le groupement compacte d'un certain nombre de villages. C'est à ces agglomérations que l'on donne généralement, au Tonkin, le nom de ville, mais cette appellation, à la prendre dans le sens qu'on y attache en Europe, serait bien inexacte; à l'exception de Hanoï et de Nam-Dinh, les autres localités ne sont pas à proprement parler des villes.

Hanoï, la capitale du Tonkin, est une grande cité, formée par la réunion d'une infinité de villages (ayant comme les autres communes leur administration communale particulière) et divisée en cantons. Sa population, qui ne saurait être déterminée exactement, peut être évaluée à cent cinquante mille habitants environ. Située sur la rive droite du fleuve rouge, à peu près au centre du Delta, et en relation, soit par terre, soit par eau, avec tous les points du Tonkin, elle constitue un centre commercial et industriel important, sa prospérité ne peut que s'accroître rapidement. La ville s'étend le long du fleuve sur plus de 3 kilomètres, protégée par une haute digue contre les crues du Song-Coï. Elle affecte la forme d'un triangle au sommet duquel se trouve la citadelle, éloignée de la rivière de 1,800 mètres environ. Les rues sont bien percées, quelques-unes assez larges. Chaque rue est affectée spécialement à un genre de commerce qui lui donne un caractère pittoresque. Ici la rue des *Brodeurs*, là-bas la rue du *Chanvre*, plus loin la rue de la *Soie*, une des plus cossues, bordée de belles maisons de briques. Devant chacune d'elles, une marchande accroupie sur un lit bas attend les clients en mâchant son bétel. L'approvisionnement n'est pas considérable : quelques pièces de soie, un peu de calicot, quelques mètres de cretonne à ramage, produits de l'Europe, et quelquefois, chez les grandes commerçantes, quelques rouleaux de crépons de Chine brochés, enfermés précieusement dans une boîte, composent tout le magasin. L'acheteur n'est pas riche et l'acquisition du plus petit morceau d'étoffe est l'objet de discussions et d'examens interminables.

En sortant de cette rue, on entre dans le *quartier chinois*, occupé par des bazars où les Célestes vendent de tout, depuis le bibelot de la Chine et du Japon, jusqu'à la bimbeloterie d'Europe. Au delà, c'est le quartier annamite : on trouve d'abord un emplacement couvert où se tient le marché de la soie, cocons filés, etc..., puis la rue du Cuivre, bruyante et toute résonnante du choc des marteaux. C'est là que se fabriquent les gongs, les cloches, les vases de cuivre des pagodes et une quantité de récipients pour tous les usages.

L'installation de ces industriels est des plus élémentaires

et l'on est étonné de la perfection de leurs produits, réalisés avec un outillage aussi primitif : deux tubes de bambou, dans lesquels se meuvent deux tampons manœuvrés par un enfant, forment une machine aspirante et foulante qui est le soufflet, et l'artisan, assis par terre, façonne ses plaques de cuivre à coups de marteau, tandis que la femme vaque aux soins du ménage, le tout dans un espace de quelques mètres carrés. Des rues entières sont occupées par des marchands de médecines, de plantes séchées, de graines, de poissons conservés : la rue du *Nuoc-Mam*, bordée de ses jarres puantes, la rue des *Cercueils*, qui renferme l'industrie du meuble d'une manière plus générale, et, près du fleuve, la rue des *Bambous*, toute pleine d'un bruit particulier, produit par le choc de ces longs tubes creux; d'autres enfin sont consacrées à la poterie, au commerce des nattes. Dans toutes ces rues on respire une odeur particulière, indéfinissable, qui n'est pas nauséabonde, mais qui n'est pas non plus un parfum agréable. Elle s'échappe de toutes ces maisons basses, mal aérées, où de nombreux habitants grouillent à l'étroit. C'est un mélange impossible à analyser, odeurs fortes des victuailles, des pipes, du bétel, dont l'Annamite est imprégné tout entier.

Les habitations de Hanoï sont en grande partie construites en briques, à façades étroites, mesurant deux ou trois mètres, quatre au plus de large et tout en profondeur, sans fenêtres et prenant jour sur des cours intérieures. Elles forment une succession de trois ou quatre compartiments séparés, éclairés d'une lumière douteuse. Le soleil n'y pénètre pas et l'air, difficile à renouveler, y reste imprégné d'une humidité âcre. Ces demeures sont tristes et malsaines. Fermant mal, elles sont froides l'hiver. Certains quartiers extrêmes sont construits en paillottes d'un effet misérable. On trouve encore de nombreuses mares dans l'intérieur de la ville et le défaut d'eaux courantes, bien plus, l'excès d'eaux stagnantes, rendent l'entretien de la voirie difficile. En somme la ville indigène n'est pas riante, l'humidité de l'atmosphère, l'insouciance et la négligence des Annamites lui donnent un aspect peu flatteur à l'œil.

Mais, en dépit de la laideur du détail, le visiteur est émerveillé par la vie extraordinairement intense de cette cité. Malgré certains côtés qui choquent ses habitudes, comme le défaut de propreté et de confortable, il est vivement impressionné par le mouvement de cette population laborieuse et intéressé à la fois par l'originalité des scènes dont il est le témoin. De quelque côté qu'il porte ses regards, il n'aperçoit que des gens travaillant dans des postures invraisemblables, la plupart par terre, accroupis ou assis, et s'aidant adroitement de leurs pieds. Les ouvriers en bois, en particulier, sont étonnants; ils se servent de leurs extrémités, comme d'un étau; assis sur le sol, les jambes écartées et repliées, ils maintiennent entre les pieds une pièce de bois qu'ils rabottent des deux mains, avec autant d'aisance que s'ils étaient derrière un établi de menuisier.

Les porteurs marchent avec activité dans les rues, en se dandinant d'une façon toute particulière. Tout, absolument tout, passe sur leurs épaules, depuis les colis les plus usuels jusqu'aux plus imprévus : les animaux viennent au marché portés par leurs propriétaires; les poulets, les chiens dans de légers paniers à claire-voie ; les cochons même, ficelés par avance comme des saucissons et protestant énergiquement contre ce mode de locomotion. Ces derniers voyagent aussi souvent empilés sur de hautes brouettes, dont la large roue de bois mêle encore son grincement aux cris des voyageurs.

De temps à autre le cortège d'un mandarin fend cette cohue qu'un coureur ouvre à coups de rotin.

Une nuée de pousse-pousse (petites voitures à deux roues poussées par deux hommes, un devant, un derrière) circulent en tous sens. Les coulis, lancés à toute vitesse, crient pour se faire faire place, renversant sans beaucoup de scrupules ceux qui ne se rangent pas assez vite. Ce véhicule, imité des Japonais, est le seul pratiquement employé jusqu'à présent par les Européens. Les coureurs annamites n'ont pas les jarrets des « djin » de Nippon, ils font cependant un bon service. Beaucoup de nos compatriotes de Hanoï ont leur pousse-pousse particulier et il existe une compagnie de ces petites voitures, dont le tarif est peu élevé. Il n'est guère possible, dans les journées chaudes, de sortir autrement qu'en pousse-pousse.

HANOÏ. — Rue Jean-Dupuis.

On commence à voir quelques voitures attelées de petits chevaux annamites pleins de feu, mais elles ne sont utilisables que pour la promenade, sur les routes des environs d'Hanoï. Dans les rues de la ville, au milieu de cette cohue, le « pousse-pousse » est bien plus pratique. Cette idée d'un attelage humain n'a rien qui puisse paraître choquant dans un pays où tous les transports se font par hommes. Le pousse-pousse réalise même un réel progrès, car son emploi est beaucoup moins pénible que le palanquin, aussi bien pour les porteurs que pour le promeneur. Il est d'ailleurs usité dans tout l'extrême Orient.

L'ancienne rue des Incrusteurs, dépossédée à présent de son industrie spéciale, forme la limite de la ville indigène. Elle porte maintenant le nom de « Paul Bert » et elle constitue le centre de la ville française, elle part du fleuve, se dirigeant vers la citadelle, bordée sur toute sa longueur de constructions européennes; elle longe, vers les deux tiers de son parcours, un petit lac d'environ 700 mètres de long. Cet immense bassin, enclavé dans la ville, fait une décoration charmante. Deux boulevards sont amorcés sur ses bords, et lorsque ceux-ci seront dégagés des cases qui les entourent encore, et ombragés de beaux arbres, la ville d'Hanoï possédera une promenade incomparable. Les établissements européens s'étendent encore le long du lac vers la ville annamite, mais c'est surtout de l'autre côté qu'Hanoï tend à se développer. Dans les premiers temps de l'occupation française, des Européens, faute d'habitations confortables, se sont éparpillés en assez grand nombre au milieu de la population indigène, dans les maisons chinoises, mais ce sont là des installations provisoires, qu'ils ne tarderont pas à abandonner pour rallier les quartiers européens.

Sur le bord du fleuve, entre la digue et la rive droite, s'étend le terrain concédé à la France par la convention du 6 février 1874. C'était alors un terrain bas et marécageux, qu'on entoura hâtivement d'une fortification en bois. Cet emplacement, que l'on continue à appeler encore la concession, contient la plus grande partie des services du protectorat. Autour de la première maison, construite pour notre résident, se sont groupées d'autres habitations, occupées par les différents chefs de services, civils et militaires. Les anciennes paillottes ont toutes disparu, pour faire place à des bâtiments à étages aérés et commodes, entourés de jardins. L'ancienne palanque crénelée qui abrita la concession du temps du commandant Rivière, contre les coups de main des Pavillons-Noirs, a été enlevée en 1886 et les mares qui la baignaient ont été comblées. Cet emplacement rafraichi par la brise du fleuve, est l'endroit le plus agréable à habiter et le plus sain actuellement. L'extension prise par les différentes administrations a contraint quelques-unes à sortir de la concession. La trésorerie, les postes sont installées dans de grands bâtiments, élevés en face du lac, à côté de la résidence de Hanoï, au milieu d'un immense emplacement, dont les plantations ajouteront encore en croissant à la beauté de la promenade.

Dès à présent Hanoï offre à peu près toutes les ressources d'une ville européenne : des hôtels confortables, des fournisseurs de toutes sortes et un marché bien approvisionné y assurent la vie matérielle, dans des conditions peu différentes de celles de France. Le développement de la ville complètera certainement avant peu cet état de choses, déjà satisfaisant, par des distractions mondaines ; le séjour de notre capitale tonkinoise deviendra, ainsi, tout à fait agréable.

La citadelle, qui est située à l'extrémité nord de la ville, est un immense carré de plus de 1 kilomètre de côté, flanqué de bastions. Elle a été construite sur les plans des officiers français venus en mission vers 1788. Le rempart est formé de murs de briques, surmontés d'un parapet ; un fossé large et profond, plein d'eau, l'entoure complètement. Quatre portes défendues par des ouvrages avancés y donnent accès. Une tour en briques, qui s'élève au centre, permet de surveiller les alentours. La citadelle renferme la grande pagode royale, fort belle, et un des modèles les plus complets de l'architecture annamite. De superbes dragons en grès noir en décorent l'entrée. Les logements du gouverneur et des mandarins et les casernements des troupes annamites ont été en grande partie détruits. C'est cette mposante forteresse que Francis Garnier a attaquée audacieusement et enlevée avec une soixantaine d'hommes, le 19 novembre 1873, et que le commandant Rivière fut obligé de reprendre, le 25 avril 1882. Depuis, elle n'a plus été occupée par les Annamites. Les anciens bâtiments ont été utilisés pour les magasins de notre corps d'occupation, et de magnifiques casernes ont été construites pour nos soldats, ainsi que de coquets pavillons pour les officiers.

Au delà de la citadelle, à proximité du fleuve, on rencontre un lac assez étendu, dont les bords servent de promenade habituelle sur 12 kilomètres de tour. C'est là que vers le soir les voitures de Hanoï et les cavaliers se donnent rendez-vous.

La route, pratiquée sur de larges digues, est très carrossable, et la vitesse des petits chevaux annamites, qui peuvent s'y lancer à toute allure, procure un air salutaire, à la fin des journées brûlantes. Le paysage est des plus attrayants.

En sortant de Hanoï, on rencontre, à la pointe même du lac, la jolie pagode dite du « Grand Bouddha », qui renferme une statue colossale en bronze. Cette statue est malheureusement placée dans une salle obscure de la pagode et ne peut être admirée qu'en détail, à la lueur de bougies de cire, offertes par un gardien qui ne doit pas désirer que son dieu sorte d'une ombre aussi profitable pour lui. A la pagode même du grand Bouddha, la route bifurque, elle va enlacer le lac, dont elle coupe une extrémité par une digue, et court ensuite s'enfouir sous les bambous, se dégageant parfois dans la rizière avec des échappées de vue sur l'eau.

La route de Son-Tay, de l'autre côté de la citadelle, offre aussi une promenade assez belle. En la suivant sur une longueur de 6 kilomètres environ on rencontre successivement la place où fut tué Balny, un peu plus loin celle où dans le même moment tombait Francis Garnier et, presque au même endroit, l'emplacement du pont de papier, où fut frappé Rivière. Cette promenade, toute semée des souvenirs des premiers héros du Tonkin, constitue un véritable pèlerinage que l'on ne peut visiter sans émotion.

HUNG-YEN. — Hung-Yen, chef-lieu de la petite province du

même nom, n'a rien qui attire particulièrement l'attention. Elle est le siège d'une vice-résidence. Sa situation, à l'entrée du canal des Bambous, au point de bifurcation des lignes de bateaux de Haï-Phong et de Nam-Dinh, ne pourra qu'accroître son importance qui, actuellement, est modeste comme ville indigène. Celle-ci possède une industrie locale

HANOÏ. — Porte de la citadelle.

toute spéciale, qui consiste dans la fabrication des éventails en plumes. Certains sont d'une taille gigantesque; montés sur des manches en bois laqué, ils dépassent 2 mètres en hauteur; le corps de l'éventail, fait de longues plumes blanches ou noires, est orné de dessins compliqués, tout en plumes de couleurs variées, d'un travail assez fin.

C'est à Hung-Yen que les Hollandais établirent autrefois des comptoirs, lorsqu'ils pénétrèrent au Tonkin vers 1630.

SON-TAY. — Au nord-ouest de Hanoï, sur la rive droite du fleuve et à environ 40 kilomètres, est Son-Tay, chef-lieu de la province du même nom. Une bonne route, praticable pour toutes les espèces de voitures, y conduit par terre, en traversant le Day, dont le passage s'effectue au moyen d'un bac. Le trajet, plus court que par le fleuve, se fait en quatre ou cinq heures, en voiture ou à cheval, et en six ou sept heures avec les petites voitures à hommes; mais ce chemin est aussi beaucoup plus dur et n'offre, au point de vue pittoresque, rien qui compense les cahots du pousse-pousse et la chaleur du soleil pendant l'été. La véritable voie de communication est le fleuve, sur lequel un service de bateaux est établi par la compagnie des messageries fluviales. La durée du trajet est de six à huit heures suivant le courant.

Son-Tay était, avant l'arrivée des colonnes françaises, une ville ou plutôt une agglomération de 30,000 habitants environ, pressés autour de la citadelle. C'était un centre commercial assez important et surtout un point militaire de premier ordre. L'amiral Courbet y trouva de grands approvisionnements. Son-Tay était le principal boulevard des Pavillons-Noirs. Luu-Vinh-Phuoc y avait son quartier général et c'était de là que partaient les bandes de Pavillons qui inquiétèrent Hanoï. La citadelle, à 1,800 mètres du fleuve, forme un carré de 300 mètres de côté, percé de quatre portes et entouré d'un fossé large et profond, rempli d'eau. Elle n'offre pas par elle-même une forteresse bien redoutable, mais les Chinois, utilisant avec intelligence ces ouvrages et appropriant les obstacles naturels, avaient accumulé, autour de la place et au loin, des défenses formidables, couvertes de nombreuses pièces d'artillerie. Il fallut tout l'héroïsme de nos soldats pour l'enlever, en trois jours de combats opiniâtres et après une résistance acharnée des Chinois.

Actuellement, il ne reste plus que la citadelle; l'enceinte extérieure est en grande partie détruite. Le fouillis inextricable de bambous qui obstruait les abords a disparu, avec les cases qui s'y abritaient.

La population actuelle est de 4,000 à 5,000 Annamites environ, répartis dans quatre rues en croix terminées par un blockhaus, et partant des quatre portes de la citadelle, pour se diriger vers les points cardinaux, l'une vers le fleuve, l'autre, à l'ouest, vers Hung-Hoa, la troisième à l'est vers Hanoï ; la quatrième, n'est qu'une réunion de quelques misérables paillottes. La citadelle renferme les bâtiments de la résidence, établie dans la pagode, ceux du gouverneur annamite, d'immenses magasins transformés en casernes et quelques petites maisons chinoises qui servent d'habitations aux officiers. Un mirador élevé est situé au centre et a servi à relier Son-Tay à Hanoï par un télégraphe optique. Deux immenses bassins, très profonds, servaient de réservoir d'eau pour la garnison. En dehors de la citadelle et près du fleuve, un fort bel hôpital, très vaste, a été construit récemment, ainsi que des casernements pour les soldats et des pavillons pour les officiers. Il n'existe pas d'autres maisons de commerce européennes que celles de quelques cantiniers. Son-Tay ne paraît pas devoir reconquérir l'ancienne splendeur qu'elle ne possédait d'ailleurs que comme place de guerre. Son commerce, tout local, n'est pas susceptible d'un grand développement. Le mouvement commercial semble devoir se transporter sur un point mieux favorisé par sa situation géographique, à la jonction de la rivière Claire avec le fleuve Rouge, et non éloigné de l'embouchure de la rivière Noire : Viet-Tri, qui est placé au point de croisement de ces trois fleuves, ne pourra manquer de prendre une importance croissante et devenir le grand marché de cette région.

Son-Tay marque le sommet du triangle du Delta. A l'ouest, tout contre la citadelle, commencent les premières collines du grand massif montagneux qui borde la rivière Noire et, à peu de distance, se dresse le mont Bavi, qui en est le point culminant.

Au delà de Son-Tay, la route de terre se continue encore jusqu'à Hung-Hoa, séparée en deux tronçons par la rivière Noire, qu'il faut traverser en bateau. Une distance de 25 kilomètres sépare les deux villes par cette voie, beaucoup plus courte que celle du fleuve. Les bateaux des Messageries fluviales ne remontent pas plus loin que Viet-Tri; au delà il n'existe plus de service régulier et les communications ne se font plus que par les chaloupes et par les jonques des particuliers.

HUNG-HOA. — Hung-Hoa, chef-lieu de petite province, est aussi le siège d'une vice-résidence. La citadelle, bâtie près du fleuve, rappelle celle de Son-Tay, mais plus petite. Elle contient un hôpital et des casernements pour les troupes. Elle est entourée de quelques faubourgs, presque entièrement construits en paillottes. C'est une bourgade de quelques milliers d'habitants, qui ne se distingue en rien des villages annamites ordinaires.

TUYEN-QUAN. — Tuyen-Quan, sur la rive droite de la rivière Claire, dans la région montagneuse, n'a pas plus d'importance que Hung-Hoa et n'offre qu'un médiocre intérêt. Seul, le souvenir de la défense héroïque du commandant Dominé entoure sa citadelle d'une auréole impérissable. Tuyen-Quan n'est relié par aucun service régulier avec le Delta. Il faut environ deux jours, en chaloupe, pour remonter la rivière, depuis le point où s'arrêtent sur le fleuve Rouge les bateaux des Messageries maritimes. Tuyen-Quan est le chef-lieu d'une petite province, et, comme Hung-Hoa, satellite de Son-Tay. Elle a été aussi érigée en vice-résidence.

LAO-KAY. — Lao-Kay est le point terminus du Tonkin sur le fleuve Rouge. Sa citadelle, située à une portée de fusil du territoire chinois, fut longtemps la résidence de Luu-Vinh-Phuoc. Elle est occupée par nos troupes depuis le commencement de 1887. Quelques commerçants français y sont actuellement installés. D'autres maisons y entretiennent des compradors chinois, et un commerce assez actif d'échanges s'est établi avec le Yun-nan. Le trafic n'a pu jusqu'à présent s'opérer que par jonques, mais on peut espérer qu'à

NAM-DINH. — Porte du quartier chinois.

l'aide de chaloupes d'un modèle spécial et grâce à une amélioration du lit du fleuve, il sera possible de rendre plus rapide la navigation, aujourd'hui fort retardée par le passage des rapides. Lao-Kay prendra alors sûrement un développement considérable et deviendra le lieu de transit des produits d'Europe avec une des plus riches provinces chinoises. L'établissement du consulat français à Mong-Tze va d'ailleurs faciliter les relations de nos nationaux avec cette partie du Céleste-Empire. Lao-Kay est relié télégraphiquement avec Hanoï, et le raccordement de notre ligne avec le réseau chinois ne tardera pas à s'opérer.

Bac-Ninh. — Bac-Ninh, dont le nom sonne glorieusement à nos oreilles après celui de Son-Tay, est le chef-lieu d'une des cinq grandes provinces, néanmoins la ville n'a qu'une importance très secondaire. De même que Son-Tay, elle n'existait guère que comme citadelle et elle ne doit son rang qu'à la présence des mandarins provinciaux : la forteresse date de la même époque et a été construite sur les mêmes plans que celles que nous avons déjà décrites. Elle abrite actuellement presque tous les services publics, la résidence, les postes et télégraphes, le Trésor. Les troupes y sont également logées, dans des bâtiments nouvellement construits et dans les anciens magasins à riz des Annamites. La ville se compose d'agglomérations semées sur les faces de la citadelle et qui ne comprennent que quelques milliers d'habitants. Bac-Ninh se distingue cependant par une très grande propreté. Les cases en paillottes ont toutes disparu, et les rues, bien entretenues, bordées de maisonnettes en briques, ont un aspect plus riant que dans les autres villes. Dans certains vieux quartiers, les maisons ont été construites avec les débris de poteries ou les produits de rebut de Tho-Ha dont les fours approvisionnent tout le Tonkin. Et l'on voit des murailles, faites de rangées de jarres en terre rouge superposées et surmontées de ces petits cercueils en terre rectangulaires, qui servent à recueillir les ossements; l'effet est tout à fait original. Aucune pagode, aucun monument ne mérite d'être mentionné.

Dap-Cau. — Comme Son-Tay, Bac-Ninh ne semble pas appelé à s'accroître : le mouvement doit se porter tout naturellement à Dap-Cau, point situé sur le Song-Cau, à 4 kilomètres de Bac-Ninh et qui en est comme le port. Dap-Cau est déjà actuellement plus peuplée que Bac-Ninh et forme avec Ti-Cau (localité qu'on rencontre un peu avant Dap-Cau et reliée avec ce petit port par une suite non interrompue de maisons) un centre assez important. Ti-Cau s'étale sur le flanc des collines, dans un site assez riant, c'est là que se trouve l'hôpital militaire. Dap-Cau possède des établissements militaires, et un certain nombre de commerçants y ont élevé des maisons. Toutes ces constructions lui donnent un air de petite ville européenne. Dap-Cau est ainsi devenu un lieu assez agréable qui se développera au détriment de Bac-Ninh, où il ne restera que la vieille citadelle attestant la bravoure de notre armée et la défaite des Chinois. Le commerce de Dap-Cau porte surtout sur les bois, les bambous, les matériaux de construction, les poteries et la soie.

Les voyageurs européens peuvent trouver à se loger dans les hôtelleries de Dap-Cau et à Bac-Ninh. La distance d'Hanoï, qui est de 27 kilomètres, peut être franchie facilement, sur une belle route qui part de la rive gauche du fleuve Rouge, en face de la ville, et qui court presque en ligne droite au travers des rizières jusqu'à Bac-Ninh, sans d'autres obstacles que le canal des Rapides, dont le passage s'effectue sur un bac. Trois heures de cheval ou de voiture, ou cinq heures de pousse-pousse, suffisent pour effectuer ce trajet. Au delà de Dap-Cau, la route continue vers Lang-Son. De Bac-Ninh, part une autre route qui prend vers le nord la direction de Thaï-Nguyen ; une autre gagne Son-Tay ; enfin Dap-Cau est relié à Haï-Duong et à Haï-Phong par voie fluviale. Les bateaux des messageries font ce service régulièrement trois fois par semaine. Le trajet est d'environ douze heures.

Thaï-Nguyen. — Thaï-Nguyen, à 135 kilomètres de Bac-Ninh environ, est comme importance et comme aspect un bourg assez florissant. C'est le chef-lieu d'une des provinces frontières du Tonkin et plutôt un point stratégique qu'un centre de commerce. Sa citadelle avait été créée pour barrer le cours du Song-Cau. Elle est occupée actuellement par une petite garnison et elle abrite le service des postes et télégraphes et une ambulance. Un vice-résident est, en outre, placé auprès des autorités indigènes.

La province est riche en forêts et en mines. Thaï-Nguyen approvisionne en bois, de toutes les essences, la région entière de Bac-Ninh et de Haï-Duong. Le Song-Cau est navigable toute l'année pour les jonques, mais ce trajet est long. Une route relie Thaï-Nguyen à Bac-Ninh, elle est suivie par les convois militaires, qui opèrent le ravitaillement à ces époques périodiques.

LANG-SON. — Lang-Son, à la frontière de Chine, est située sur le versant chinois, dans une région montagneuse. C'est une position stratégique importante, à la jonction des deux routes venant de Quang-Si, l'une de Lang-Chéou, l'autre du nord. La ville, qui ne se compose guère actuellement que d'une seule rue, située sur une des faces de la citadelle, est bâtie sur le Song-Ki-Cung, un des affluents du Si-Kiang.

Des travaux considérables, qui ont amélioré l'ancienne citadelle, construite d'après le système de Vauban, et des ouvrages nouvellement créés, font de Lang-Son une forte place militaire. La population se compose surtout de Chinois et de métis; les Annamites sont peu nombreux. La langue et le costume diffèrent légèrement de l'idiome et du vêtement tonkinois: on commence à sentir l'influence de la Chine.

Lang-Son ne tardera pas à se développer au point de vue commercial: les plaines et les collines qui l'environnent, bien cultivées en riz, en coton et plantées d'arbres à badiane, peuvent alimenter un commerce important, qui s'accroîtra à mesure que la Chine lui ouvrira sa frontière. Une ligne ferrée va prochainement relier Lang-Son à Hanoï et réduire à quelques heures le trajet entre ces deux points,

HANOÏ. — SUR LA DIGUE.

séparés jusqu'à présent par cinq journées de marche. Il est certain qu'alors Lang-Son deviendra une place d'échanges considérable. Nous y entretenons un vice-résident.

A quelques kilomètres de Lang-Son, se trouve le gros village de Ki-Lua, où se tient régulièrement un marché important. Une population de 1,500 à 2,000 habitants, presque tous Chinois, s'y livre au commerce et à la petite industrie.

CAO-BANG. — Cao-Bang, chef-lieu de petite province, n'est qu'un village situé à la frontière, dans l'angle des provinces du Quang-Si et du Yunnan, à 130 kilomètres dans le nord-ouest de Lang-Son, et, comme cette dernière ville, sur le versant chinois. C'est un des points extrêmes du territoire occupé par nous. La population de Cao-Bang, composée de métis, en grande partie, est douce et hospitalière. Elle cultive les mêmes produits qu'aux environs de Lang-Son.

NAM-DINH. — Nam-Dinh occupe le second rang parmi les villes du Tonkin, et après Hanoï, c'est le seul centre populeux offrant véritablement le caractère d'une ville. Située dans la partie sud-ouest du delta, sur le canal qui relie le fleuve Rouge au Day, Nam-Dinh se trouve en dehors de la grande artère fluviale que fréquentent d'ordinaire les Européens, et elle a, jusqu'à présent, conservé, sans mélange, son cachet asiatique. C'est une grande cité d'environ 50,000 habitants, resserrée en profondeur, par sa citadelle, et qui s'étale le long de son canal, sur une étendue de 4 kilomètres.

Sa forteresse, enlevée par Garnier en 1873, n'a plus été depuis cette époque le théâtre d'aucune action de guerre. Les événements qui ont suivi ont porté toute l'attention du côté de l'est; aussi le nom de Nam-Dinh est-il moins connu que celui des autres citadelles moins importantes. Les fortifications, très vastes, ont été construites à la Vauban; actuellement elles n'ont plus qu'une utilité très secondaire. Elles renferment un grand nombre de bâtiments militaires récemment élevés par le génie.

La résidence et les administrations civiles sont au dehors;

leur installation dans les maisons chinoises a plus d'originalité que de confortable.

Presque entièrement construite en briques, la ville se distingue par sa propreté. Elle ne possède aucun monument d'architecture digne d'être signalé. Les rues assez bien alignées sont convenablement entretenues. Elles sont divisées, comme à Hanoï, par catégories d'industries et il y règne une très grande activité. Nam-Dinh est, en effet, une importante place de commerce, elle a été la première du Tonkin au point de vue du commerce indigène. Son marché était le rendez-vous des jonques de l'Annam et de la Chine et l'entrepôt des produits du Thanh-Hoa, principalement du coton; mais à présent, le port de Haï-Phong, d'où partent des services de vapeurs pour l'Annam et la Chine, a détourné le mouvement à son profit et l'on peut prévoir que, sous peu, les opérations de la place de Nam-Dinh ne seront plus que celles d'un commerce local. Quoi qu'il en soit, son port encombré d'embarcations et ses quais embarrassés d'estacades, d'appontements primitifs et fourmillant de gens bizarrement accoutrés, donnent encore un tableau fort curieux de l'animation annamite.

Nam-Dinh possède spécialement l'industrie artistique de l'incrustation de nacre. Ses ouvriers ont produit des ouvrages d'une finesse fort remarquable. Malheureusement, les commandes nombreuses des Européens ont beaucoup nui à la perfection du travail, en même temps qu'elles ont amené une grande élévation dans les prix. Autrefois, les ouvriers s'ingéniaient à découper les différents détails des dessins, dans des nacres différentes, pour obtenir des jeux de lumière chatoyants et les assemblaient ensuite avec une justesse parfaite : maintenant, ils se contentent de découper des dessins plus larges et d'indiquer les lignes extérieures par des traits de laque, puis ils les encastrent dans des entailles grossières, d'où ils ne tardent pas à s'échapper. Un beau bahut demandait plusieurs années de travail; ils le confectionnent actuellement en un mois et le vendent quatre fois plus cher. Cette industrie s'est beaucoup transportée à Hanoï depuis notre occupation, mais Nam-Dinh conserve toujours sa réputation.

Nam-Dinh est aussi une ville universitaire, un centre d'examens pour les lettrés. Elle doit à cette situation un cachet de distinction que n'ont pas les autres villes du Tonkin; son séjour est très goûté et il existe à Nam-Dinh, en dehors des commerçants et des lettrés, une sorte de bourgeoisie instruite qu'on ne rencontre nulle part ailleurs.

Ninh-Binh. — Au sud-ouest de Nam-Dinh, se trouve Ninh-Binh, chef-lieu de province, au croisement du Day et de la rivière de Phu-Nho, petite ville pittoresque, célèbre par le rocher énorme de sa citadelle, accessible seulement par un escalier étroit. La petite province de Ninh-Binh est faite de rizières et de montagnes escarpées. Celles-ci marquent à l'ouest la frontière du Tonkin et de l'Annam. Au nord une partie de son territoire lui a été enlevée pour constituer la province Muong.

Phuong-Lam. — Le chef-lieu de celle-ci est établi à Phuong-Lam sur la rivière Noire. Ce n'est encore à présent qu'un village, dans une petite vallée au pied de hautes montagnes et où le chef Muong de la région est venu se placer auprès de notre résident.

Haï-Duong. — Haï-Duong est la capitale de la grande province du même nom, une des plus riches du Tonkin; sa citadelle, qui est bâtie sur les bords du Thaï-Binh, était une des forteresses de premier ordre du Delta. Elle n'a plus actuellement qu'une utilité secondaire. La ville a été en grande partie détruite et sa population est descendue à 7 ou 8,000 habitants. Haï-Duong est une vice-résidence et un centre militaire important.

Quang-Yen. — Quang-Yen, sa dépendance, n'est qu'une bourgade de quelques centaines d'habitants, sur le Cua-nam-Trieu.

Sa situation, sur des collines à proximité de la mer, en fait un lieu très salubre qui a été choisi pour sanatorium.

Mon-Kay. — A l'extrémité de la province, sur la frontière du Quang-Tong, se trouve Haï-Ninh ou Mon-Ka, préfecture annamite, où il a été créé un poste administratif relevant de la vice-résidence de Quang-Yen. C'est à Mon-Kay que fut traîtreusement attaqué et tué par les Chinois M. Haïtce, membre de la commission de délimitation des frontières.

Haï-Phong. — Haï-Phong, le port du Tonkin, est une ville récemment créée. Il y a quelques années, son emplacement était occupé par un simple village annamite, au milieu des marais, à l'entrée du Cua-Cam. A présent, Haï-Phong se présente sous l'aspect d'une ville presque entièrement européenne, qui s'étend dans un triangle formé par le Cua-Cam et le canal du Song-Tam-Bac, que suivent les bateaux remontant à Hanoï. De belles rues ont été ouvertes, des maisons confortables y ont été bâties.

Un acteur annamite.

Le long de la rive droite du Cua-Cam et du Song-Tam-Bac se succèdent une série de docks, de magasins de la douane, de magasins pour la marine, établissements de la Compagnie des Messageries maritimes, des Messageries fluviales et d'armateurs faisant la navigation des côtes de l'Annam et de la Cochinchine d'une part et de celles de Chine avec Hong-Kong. L'intérieur de la ville est occupé par de nombreuses maisons de commerce, françaises et chinoises. Un très bel hôtel répond à toutes les exigences d'une vie confortable.

A peu de distance de la ville, la presqu'île de Do-Son offre aux habitants de Haï-Phong une station balnéaire rafraîchie par la brise de mer.

Haï-Phong, dont le territoire faisait partie de la province de Haï-Duong, a été détachée avec une banlieue assez étendue et érigée en une commune que S. M. le roi d'Annam a reconnue terre française. Une municipalité ayant pour chef le résident a été instituée comme à Hanoï. Haï-Phong possède un tribunal de première instance.

Le port présente un aspect déjà très animé, malheureusement la barre du Cua-Cam limite le tonnage des bateaux qui le fréquentent et les grands transports de l'État vont s'abriter dans l'excellent mouillage de la baie d'Along, d'où leur chargement, transbordé sur des chalands, gagne ensuite Haï-Phong par le Cua-Nam-Trieu.

Une Annamite.

Village sur pilotis.

## CHAPITRE IV

Climatologie. — Hygiène des Européens. — Voyage de France. — Logement. — Costume. — Alimentation. — Serviteurs. — Main-d'œuvre indigène. — Géographie commerciale. — Delta. — Riz. — Canne à sucre. — Mûrier. — Coton. — Ricin, maïs, légumes, fleurs. — Aréquier. — Différents arbres fruitiers. — Le bambou. — Région montagneuse. — Thé. — Tabac. — Café. Forêts. — Mines. — Animaux. — Industrie. — Soie. — Etoffes. — Sucre. — Huiles. — Poteries. — Monnaie. — Banque de l'Indo-Chine. — Mesures de poids. — Recensement de la population. — Avenir du Tonkin.

Climatologie. — Le climat du Tonkin est chaud et humide. L'année peut, à la rigueur, se diviser en quatre saisons, comme en Europe, mais fort inégales : l'été, de mai à octobre; l'automne, d'octobre à novembre; l'hiver, de décembre à mars; et le printemps, de mars à mai. Ces deux saisons intermédiaires ne sont pas très tranchées, la température demeure encore très élevée dans la journée, les nuits seules sont fraîches et agréables.

Le tableau ci-joint, établi sur les observations de plusieurs années, donne la moyenne de la température correspondante à chacun des mois et la hauteur mensuelle des pluies :

| | | |
|---|---|---|
| Janvier | 16°,5 | 8,0 |
| Février | 18° | 13,0 |
| Mars | 19° | 105,4 |
| Avril | 22°,7 | 250,7 |
| Mai | 25° | 325,3 |
| Juin | 28°,1 | 203,2 |
| Juillet | 28°,9 | 189,2 |
| Août | 28°,8 | 100,3 |
| Septembre | 27°,8 | 326,1 |
| Octobre | 25°,8 | 205,7 |
| Novembre | 22°,5 | 62,3 |
| Décembre | 20°,2 | 16,0 |

Ces observations, faites à Hanoï, donnent la moyenne des chaleurs que les Européens ont à supporter, dans des locaux appropriés, bien aérés et abrités par de larges vérandas. Mais ces résultats subissent des modifications notables suivant les régions. La température moyenne est plus élevée dans celles où la brise de mer ne parvient pas.

Les écarts thermométriques entre les différentes heures du jour sont assez considérables pendant les mois de l'automne et de l'hiver, mais pendant les mois de l'été le thermomètre varie peu et tend presque, dans les mois de juillet et août, à rester stationnaire. C'est ainsi que dans les mois d'hiver la température descend parfois jusqu'à + 8° pendant la nuit, pour remonter à + 25° dans le milieu du jour, et que, durant l'été au contraire, le thermomètre n'oscille que très peu et se maintient entre 30° et 32°, la nuit et le jour; quelquefois il elteint 38°.

Décembre, janvier, février et mars permettent aux Européens de se reposer des fatigues de l'été et de faire une nouvelle provision de forces. Le ciel pendant ces mois est presque constamment couvert d'une brume épaisse et la température devient assez fraîche pour nécessiter l'usage des vêtements chauds et du feu dans les appartements. Cette saison correspond assez bien à celle de novembre dans le centre de la France, avec un temps couvert et humide.

En avril, la température monte rapidement, les nuits sont encore bonnes. C'est le commencement de la période des orages, le ciel est souvent couvert, mais le soleil déjà ardent répand, au travers de cette brume, une chaleur humide désagréable. La végétation, qui s'est réveillée en mars, est alors splendide.

Avec mai arrivent les fortes chaleurs, accompagnées d'orages violents. Le soleil surchauffe un air saturé d'humidité, qui devient étouffant; les nuits surtout sont pénibles. Les Annamites disent alors que le « ciel déverse du feu ». C'est à ce moment que le fleuve commence à monter. En juin, la température s'élève encore et se maintient égale durant le mois de juillet. Les orages se multiplient, les averses s'abattent en déluge avec une violence extrême, accompagnées d'éclats formidables de tonnerre, poussées par un vent de tempête, écrasant les plantes, couchant les bambous et les arbustes, brisant les arbres, les déracinant quelquefois, enlevant des toitures et des paillottes entières qui sont portées au loin. Cette atmosphère, chargée d'humidité et d'électricité, lourde et énervante, est extrêmement pénible. Entre chaque ondée, un soleil de feu vaporise toute cette eau répandue sur la terre, on se sent pénétré d'humidité. Il se produit alors une réverbération très dangereuse et il ne faut pas se considérer comme à l'abri, lorsque l'on s'est simplement retiré à l'ombre, en dehors des effets directs des rayons solaires; il serait imprudent de retirer le casque même à l'intérieur des habitations, sans être protégé par des écrans et des persiennes. La plupart des cas d'insolation ne se produisent pas autrement. Il faut craindre le soleil au Tonkin; le ciel légèrement nuageux est surtout perfide.

Le mois d'août ressemble encore beaucoup aux deux précédents, les nuits seules sont un peu moins chaudes, bien qu'encore fatigantes. C'est le mois des plus fortes averses. Il se produit souvent, à cette époque, une forte crue des fleuves, toujours suivie d'inondations.

En septembre la chaleur baisse un peu. Bien qu'elle soit encore brûlante dans les heures du milieu du jour, elle est moins humide et par conséquent plus supportable. Les nuits procurent un peu de repos. Les orages sont encore fréquents, mais les averses diminuent d'intensité. C'est aussi l'époque des grands coups de vent. Les typhons qui soufflent à cette époque sur les mers de Chine causent leurs ravages jusque dans le delta, où ils rasent tout sur leur passage. On a vu parfois les eaux du fleuve Rouge, qui descendent cependant avec une vitesse de plus de 3 milles, ramenées vers leur source par la force du vent, déborder de leur lit et submerger des villages entiers. Dans le port de Haï-Phong, mal abrités, les navires sont peu en sûreté contre ces violentes tempêtes.

La fraîcheur commence à se faire sentir en octobre, surtout la nuit ; il ne pleut plus guère et l'humidité diminuant, les chaleurs sont souvent plus faciles à supporter. En novembre, il pleut encore plus rarement, l'air devient plus léger et plus sec; la température est très agréable et même, après les chaleurs précédentes, elle semble parfois froide.

Hygiène des Européens. — On peut dire que le climat n'a pas de suites fâcheuses, en général, pour la santé des Européens, lorsqu'ils ne s'écartent pas des règles de l'hygiène. Un séjour prolongé ne peut produire sur les individus bien constitués qu'une anémie passagère, qui disparaît rapidement, par un retour dans un climat tempéré. Les missionnaires, qui ne quittent pas le Tonkin, vivent néanmoins de longues années sans que la mortalité parmi eux ait sensiblement augmenté. La maladie a fait de nombreuses victimes dans le corps expéditionnaire, mais il est trop clair que nos soldats n'étaient pas dans des conditions de vie normales. Les excès de fatigue, les privations de toute nature, le défaut d'habitations confortables, exposent les armées en campagne, même en Europe, à une mortalité exceptionnelle : il paraît certain que les pertes au Tonkin n'ont pas dépassé celles qui ont été constatées dans d'autres expéditions coloniales.

Dans la population civile, le climat ne frappe le plus souvent que les personnes arrivées dans de mauvaises conditions de santé ou d'âge, celles qui commettent des imprudences ou se livrent à des excès.

Pour fonder un établissement au Tonkin il faut être d'une santé bien éprouvée, avoir dépassé vingt-cinq ans au moins. L'époque la plus favorable pour entreprendre le voyage est la fin d'octobre; l'immigrant arrive ainsi au commencement de l'hiver et peut, pendant quatre mois, procéder à son installation tranquillement, sans avoir à se préoccuper du climat.

Le voyage de France. — Les bateaux des Messageries maritimes qui partent de Marseille toutes les deux semaines, le dimanche, offrent toute facilité au choix du voyageur. La traversée est de 28 jours jusqu'à Saïgon, d'où une ligne annexe se dirige vers Haï-Phong, faisant escale à Nha-Trang, Qui-Nhon, et Tourane sur la côte d'Annam et s'arrête à Thuan-An à l'entrée de la rivière de Hué, lorsque la mousson le permet. La durée totale du voyage est d'environ 35 jours et le trajet parcouru de 8,095 milles marins. Les prix du passage sont de 1,859 francs en première classe, de 1,217 francs en seconde classe, et de 777 francs en troisième classe.

Le logement. — La question du logement prend une importance capitale, par l'influence que ses différentes conditions peuvent exercer sur la santé. Les habitations annamites ou chinoises ne répondant nullement aux besoins des Européens, il est indispensable de rechercher ou de construire une maison à l'européenne. Les meilleures dispositions à adopter sont les suivantes : orientation est-ouest afin d'offrir une surface moindre au soleil et de recevoir le vent du sud-ouest. Les murs seront en briques ou en pierres, assez épais. Une véranda, d'au moins 2 mètres et demi de largeur, devra entourer l'habitation et préserver complètement l'intérieur des rayons du soleil. La toiture, à grande pente, sera couverte en tuiles et il est nécessaire de ménager un matelas d'air facilement renouvelable entre elle et les appartements. Ceux-ci doivent être élevés au-dessus du sol d'au moins 1 mètre et le soubassement traversé de canaux voûtés. Les maisons à un étage offrent les meilleures conditions de salubrité, en réservant les pièces supérieures aux chambres à coucher. Partout où cela est possible, des pièces de fer remplaceront le bois, qui est attaqué trop aisément par les tarets et les fourmis blanches. De larges ouvertures laisseront pénétrer l'air dans tous les sens. Les fenêtres et les portes seront vitrées et devront pouvoir être fermées hermétiquement, contre le froid et le « crachin » de l'hiver. Une cheminée est nécessaire. Des persiennes sont aussi indispensables afin de s'abriter de la réverbération, dont les effets sont si dangereux. La maison sera parfaite si elle s'élève dans un jardin, mais du côté du sud la végétation ne devra pas dépasser les soubassements, et les communs séparés seront placés à l'est, c'est-à-dire sous le vent.

On doit choisir le mobilier et la décoration intérieure d'après certaines règles dont on ne peut guère s'écarter. Peu ou point de tentures et d'étoffes, parce qu'elles gardent l'humidité. Le lit en fer est préférable à tout autre ; le meilleur modèle est large, avec fond en lames métalliques entre-croisées, et garni d'un matelas de crin, un peu dur. Des colonnes et un châssis métalliques soutiennent la moustiquaire. Celle-ci doit être relevée durant la journée. Il ne faut jamais manquer d'aérer. Pendant l'été, toutes les issues peuvent être laissées ouvertes, même dans la nuit, à la condition de mettre une ceinture pour se protéger contre les courants d'air ; le mieux serait évidemment de supporter une couverture.

Le costume. — Il faut veiller attentivement aux changements de température et se vêtir en conséquence. Durant les chaleurs et à l'intérieur des maisons, on porte généralement de légers vêtements en toile mince ou en soie, de forme très ample, moresque ou blouse chinoise. Au dehors, un pantalon et un veston de toile blanche, larges, sans col ni cravate, constituent le seul vêtement pratique. Beaucoup portent, en dessous, un simple filet de coton à mailles larges. On fait bien, le soir, quoique les variations thermométriques soient très faibles, de se vêtir d'une légère flanelle. Ces vêtements sont fabriqués dans le pays par des tailleurs chinois ou annamites, à des prix extrêmes de bon marché. Le costume complet en toile se paye de 4 à 6 piastres (16 à 24 francs) suivant la qualité de la toile. Le costume en flanelle coûte 12 piastres (48 francs). Les indigènes confectionnent aussi des chaussures de toile à 1 piastre (4 francs) la paire.

Tirailleur tonkinois (tenue de route).

Pendant l'hiver tous les vêtements d'Europe peuvent être employés.

En été la coiffure a une importance exceptionnelle, il serait mortel de sortir sans casque au soleil, il est dangereux de demeurer au dehors à l'ombre sans cette coiffure; la prudence conseille aussi de ne pas se découvrir dans les appartements recevant directement le jour de l'extérieur. Le casque doit être large, profond et léger, il doit reposer sur la tête sans l'opprimer. On peut en porter de différentes tailles suivant les heures du jour. Mais de 9 heures à 4 heures, il est nécessaire de ne faire usage que d'un couvre-chef épais descendant sur les épaules et abritant complètement les yeux.

L'ALIMENTATION. — Une bonne alimentation est nécessaire pour réparer la grande déperdition des forces causée par la période de chaleurs. Les aliments doivent être légers et de facile digestion.

Le Tonkin offre d'ailleurs à l'Européen des ressources alimentaires abondantes et variées. Les bœufs donnent une viande de bonne qualité. Le porc est commun, sa chair se digère assez bien. Le mouton, qui vient d'Australie ou de Chang-Haï, est encore rare et cher, mais les volailles et les œufs sont en abondance et se vendent à un prix peu élevé sur le marché d'Hanoï. Les beaux poulets coûtent 1 fr. 25 ou 1 fr. 50; on a de magnifiques chapons pour 2 francs. Les indigènes ne connaissaient pas ces prix avant l'occupation française. Le gibier d'eau et les poissons foisonnent. Les légumes seuls font quelquefois défaut pendant la saison chaude, mais de novembre à avril toutes les plantes potagères d'Europe viennent aisément. Avec de grands soins il est même possible d'obtenir toute l'année de certaines espèces.

Il est très salutaire de se servir d'un bon vin rouge, mais il faut proscrire d'une manière absolue les liqueurs alcooliques. Les bières également, qui contiennent beaucoup d'alcool, ne doivent être absorbées qu'avec modération. Les boissons glacées, qu'il est assez facile de se procurer, ne seraient nuisibles que par l'abus qu'on en ferait.

Le lait qui constitue une ressource précieuse pour la cure des maladies intestinales, si fréquentes, fait presque complètement défaut. On est arrivé à grand'peine à en obtenir quelques litres pour les hôpitaux, dans certains centres. Il est remplacé par des conserves de lait concentré, venant d'Europe, et qu'on trouve en grande quantité au Tonkin à des prix très modérés, ainsi que toutes les autres conserves de viandes et de légumes, qui entrent pour une grande part dans le commerce européen.

Les fruits indigènes ne sont pas très variés; la banane qui pousse toute l'année, le letchi vers juin et juillet, la goyave en août et septembre, la pomme-cannelle, fruit semblable à une pomme de pin, contenant une crème blanche appréciée ou dédaignée suivant les goûts, des kakis, quelques oranges et de bonnes mandarines en automne, constituent les desserts annamites. Mais aucun de ces fruits ne vaut, pour un Européen, une pêche, une poire ou un raisin d'Europe. L'ananas seul est véritablement exquis. Les indigènes mangent d'un certain nombre d'autres fruits qu'on ne voit pas figurer sur la table des Européens, tels que les papayes, d'énormes pamplemousses fades et des jaquiers, dont l'odeur est des plus désagréables.

Presque toujours l'eau est de qualité douteuse, celle de certaines rivières est malsaine. Il convient de la faire bouillir après avoir précipité, à l'aide de l'alum, les matières étrangères qu'elle tient en suspension. Une infusion légère de thé est une excellente boisson, qui peut être mélangée au vin sans en altérer le goût.

Les écarts de régime, les imprudences et les fatigues ont toujours, sous le climat du Tonkin, des conséquences plus graves que dans les pays tempérés et peuvent entraîner rapidement la dyssenterie et les accès pernicieux. Il faut donc être attentif aux fonctions de l'estomac et des intestins. Dans les cas d'embarras gastrique ou de simple diarrhée il ne faut pas hésiter à s'imposer la diète ou à adopter, pour quelques jours, le régime lacté. Les débuts de la dyssenterie sont souvent victorieusement combattus par le sulfate de soude qu'on absorbe par dose de 20 grammes, pour commencer, en diminuant de jour en jour, et en ajoutant au purgatif de 20 à 30 gouttes de teinture d'opium à prendre dans la même journée. La dose d'opium doit être maintenue jusqu'à cessation des accidents dyssentériques. Mais la maladie étant toujours grave, il est indispensable d'appeler le médecin chaque fois qu'on le peut.

Une instruction médicale (1) publiée au Tonkin par le

(1) Instruction médicale à l'usage des postes militaires dépourvus de médecin (Imprimerie Schneider à Hanoï, 1886).

service de santé militaire contient des indications très précises sur les maladies les plus fréquentes du Tonkin et le traitement immédiat à leur appliquer. Cette publication est précieuse pour ceux qui sont trop éloignés des postes pourvus de médecin.

Il serait dangereux de s'obstiner à lutter contre le climat lorsque la santé générale s'en trouve affectée. Dans ce cas, le retour en France est impérieusement exigé.

Les serviteurs. — Les travaux domestiques ne peuvent être faits que par les indigènes qui sont, ainsi, indispensables à tout Européen. Les Annamites rendent dans ces emplois d'excellents services et l'on se pourvoit très aisément de cuisiniers, de serviteurs de toutes sortes capables d'être stylés comme des domestiques européens.

D'ordinaire le personnel d'une maison comprend un cuisinier, un ou deux boys pour le service des appartements et un ou deux coulis pour les gros travaux, pour le pousse-pousse, pour tirer le panka (1), etc... Une voiture exige l'emploi d'un domestique malais, les Annamites n'ayant aucune aptitude pour conduire les chevaux.

Dans les centres comme Hanoï ou Haï-Phong, où il existe de bons restaurants européens, beaucoup de personnes se contentent d'un boy. D'autres se réunissent et font table commune, organisant ainsi de petits « mess » civils que le plus expert ou chacun à tour de rôle administre pour la communauté. Dans ce dernier cas, le système le plus généralement employé est une sorte de traité à forfait avec un cuisinier annamite, auquel on alloue 1 fr. 50 à 2 francs par jour et par tête. Pour cette somme il doit fournir tout ce qui s'achète au marché annamite, viandes, volailles, poissons, graisse, quelques légumes et des fruits; tout le reste, vin, pain, conserves, etc., demeure à la charge des pensionnaires. Le salaire du cuisinier est d'ordinaire dans ces conditions de 12 piastres (48 francs) par mois. Un boy

(1) Panneau suspendu au plafond des appartements et qu'un homme met en mouvement pour agiter l'air.

se paye 6 à 10 piastres; un saïs malais, 15 piastres; un coolie, 4 à 6 piastres suivant qu'il est chargé du « pousse-pousse ». Le prix d'une pension dans un restaurant est presque invariablement de 35 piastres par mois. Le logement est d'un prix assez élevé, 10 à 15 piastres pour un logement de garçon ; une petite maison européenne se loue de 300 à 400 piastres par an. La vie ordinaire est, comme on le voit, relativement chère, mais elle serait impossible, sans ces conditions de bien-être.

Fondeurs de barres d'argent.

La main-d'œuvre indigène. — Les Européens ne peuvent se livrer aux travaux fatigants ; les affaires, le commerce, la surveillance dans l'industrie sont les seules occupations qui leur conviennent. Les indigènes conservent le monopole des ouvrages pénibles et de la main-d'œuvre; en général la culture du sol leur est exclusivement réservée. Il n'y a pas de place au Tonkin pour l'ouvrier européen, qui ne résisterait pas au climat et qui succomberait aussi devant la concurrence des ouvriers indigènes. Ceux-ci, intelligents et adroits, se forment rapidement et répondent à tous les besoins de l'industrie; ils sont aptes à conduire des machines; les chaloupes de commerce et celles de certains services du Protectorat sont très convenablement dirigées par des mécaniciens annamites. Le prix de la journée pour les ouvriers agricoles et terrassiers est de 60 à 75 centimes, et pour les ouvriers d'art il ne dépasse pas 2 francs dans les ateliers de la guerre et de la marine.

Nous devons ajouter, aussi, que le petit commerce de détail n'offre pas en perspective de grands profits aux négociants européens, ayant à lutter contre le commerçant chinois qui se contente d'un bénéfice minime et pour lequel les frais généraux sont presque nuls, avec des conditions d'approvisionnement identiques à celles de nos nationaux.

L'émigration ne doit donc se composer que d'un état-major d'industriels et de commerçants rompus aux affaires et pourvus de capitaux. Ils ont devant eux un large champ d'opérations. Le Tonkin, riche en gisements miniers de toutes sortes, d'une fertilité extraordinaire, est propre à la production d'un grand nombre de matières pour l'industrie. Il offre, par la nature de son sol merveilleux, mille richesses exploitables aux hommes d'initiative et, par sa situation géographique privilégiée, des débouchés commerciaux d'un accès facile.

Géographie commerciale. — La carte commerciale du Tonkin présente deux divisions bien distinctes, les mêmes que celles de la carte géographique : le delta et la région montagneuse.

Le delta est presque entièrement consacré à la culture du riz. Sa production suffit, d'une manière générale, à la consommation des habitants. Les bonnes récoltes permettent d'en exporter jusqu'à 25 millions de kilogrammes, mais certaines années, au contraire, il a fallu en importer de Cochinchine et de Hong-Kong pour près de 5 millions de francs. Les Annamites excellent dans la culture de cette céréale et les rizières offrent un aspect merveilleux. Les terrains du delta donnent généralement deux récoltes par an. La première a lieu au cinquième mois, c'est-à-dire vers juin, et la seconde au dixième mois, en novembre. Il y a des terrains qui donnent jusqu'à trois récoltes. Le riz, semé dans des champs spéciaux, est arraché en mars et repiqué dans des rizières inondées. Le deuxième semis se fait au mois de juillet. Parmi les nombreuses variétés de riz on distingue deux familles principales : le riz sec, qui entre dans l'alimentation, et le riz gluant, avec lequel les indigènes font de l'alcool. Le prix varie souvent d'une manière assez sensible avec les saisons et suivant l'état des récoltes. En moyenne le picul de riz décortiqué se vend : celui de Haï-Duong, le plus apprécié, 3 piastres ; celui de Nam-Dinh 2 piastres 20; celui de Bac-Ninh 2 piastres 40. Le paddy, qui est le riz non décortiqué, se paye 1 piastre ou 1 piastre 10 en moins (1). Il n'existe pas au Tonkin de décortiquerie mécanique. C'est là une des industries qui doivent attirer l'attention de nos colons.

Canne a sucre. — Parmi les cultures les plus importantes du delta, la canne à sucre vient en second lieu. La canne récoltée a besoin d'être beaucoup améliorée, mais, telle qu'elle se présente, elle donne lieu à une industrie assez productive et qui se développera certainement avec le perfectionnement de l'outillage industriel.

Murier. — Le mûrier vient bien dans les terrains un peu élevés du delta. Il est cultivé surtout dans les provinces de Son-Tay, de Nam-Dinh et de Bac-Ninh. Il existe plusieurs variétés de plantes, mais ce sont toujours des arbustes bas et de peu de durée. Les terrains du delta ne paraissent pas propres à produire le grand mûrier de la Chine et du Japon, lequel ne se prêterait pas au mode d'exploitation des Annamites par cueillettes incessantes, mais, quoi qu'il en soit, il serait possible d'améliorer les cultures existantes.

Coton. — Peu cultivé actuellement, le coton est certainement appelé à tenir une grande place sur les marchés

(1) Le cours de la piastre est de 3 fr. 85.

du Tonkin. Sa culture doit attirer tout particulièrement l'attention de nos compatriotes. Il peut être planté dans la plupart des terrains du delta; c'est surtout vers la Rivière-Noire, vers Tuyen-Quan, Thaï-Nguyen, dans la province de Bac-Ninh et une partie du Bay-Saï que les plantations seraient le mieux placées.

En un an, le port de Haï-Phong a exporté 526,000 kilogrammes de coton, vendu sur place au prix moyen de 60 à 65 francs le picul (63 kil.). La plus grande partie de ce coton vient de Thanh-Hoa. Il est à souhaiter que la filature et le tissage mécaniques viennent s'implanter au Tonkin. La production actuelle pourrait alimenter 6 à 7,000 broches. C'est là une des industries sur lesquelles on doit fonder le plus d'espérances.

Ricin, maïs, légumes, fleurs. — Le ricin pousse partout et avec une vigueur remarquable. Les arachides sont rares. La culture du sésame est plus développée. Celle du maïs est un peu plus importante, mais elle n'existe que pour la consommation d'une partie de la population.

Le delta fournit aussi des plantes légumineuses en assez grande quantité, des patates de plusieurs sortes, des navets particuliers, une espèce de courge, des chicorées, des pastèques, des ananas, des épinards, des choux indigènes, du céleri, des raves de Chine, des haricots et des pois. Tous nos légumes de France viennent très bien avec un peu de soin; beaucoup de nos fleurs se sont aussi acclimatées; celles du pays sont données par des arbres ou des arbustes, comme le flamboyant, le camélia, l'oranger, un petit rosier, le grenadier, le tamarinier, le gardénia, le mauvier, l'hibiscus rouge, rose et blanc, le frangipanier dont la fleur a un parfum des plus pénétrants, et quelques autres variétés.

Aréquier. — Le delta produit encore la noix d'arec. L'aréquier est répandu dans tout le pays. Chaque famille en possède quelques arbres, mais ces plantations ne suffisent pas pour la consommation. L'importation de la noix d'arec a été de 520,000 kilogrammes représentant une valeur de

495,000 francs ; la plus grande quantité est fournie par la Cochinchine. L'arbre à bétel est rare, ses feuilles, quand elles sont fraîches, sont d'un prix élevé.

Différents arbres fruitiers. — Quelques provinces ont aussi des cocotiers, mais c'est là une exception et les noix ne sont pas destinées à l'industrie. Le cocotier est plutôt classé parmi les arbres à fruits. Ceux-ci ne sont pas très

Annamite arrosant une rizière.

nombreux. Voici les principaux : le letchi gros et petit, dont les fruits sont très savoureux et abondants ; le goyavier très répandu, l'anona squamosa, qui donne un fruit appelé pomme-cannelle, semblable à une pomme de pin et contenant une crème blanche d'un goût discuté ; le manguier, assez rare et ne portant que des fruits médiocres ; le pamplemoussier ; plusieurs variétés d'orangers ; le mandarinier ; le figuier d'Inde ; un prunier sauvage produisant de petites prunes amères ; le grenadier, qui produit peu ; le carambolier assez rare; le plaqueminier caki; le jacquier et le papayer. Il faut aussi placer ici le bananier dont il existe des variétés nombreuses et en grande quantité. Certaines bananes, très grosses, sont plutôt, à vrai dire, un légume pour les indigènes, tandis que d'autres, courtes et à la peau d'un beau jaune, constituent un dessert estimé. Tous les arbres fruitiers d'Europe dont on a tenté l'acclimatement ont poussé avec vigueur, mais il ne faut pas fonder un grand espoir sur leurs productions : jusqu'à présent ces fruits ne sont pas venus à maturité ou ont été d'une qualité médiocre.

Le bambou. — Enfin sur toute l'étendue du delta, poussent de superbes bambous qui font d'épaisses clôtures aux demeures particulières. Les tiges servent à des usages divers. Le bambou s'élance d'une souche souterraine, par jets d'autant plus gros que la racine est plus ancienne. Son diamètre n'augmente pas, la tige se développe en hauteur seulement. On voit, au printemps, de larges pousses, ayant parfois plus de 20 centimètres de diamètre, percer la terre et s'élever à vue d'œil. En quelques semaines elles atteignent toute leur hauteur (plus de 30 mètres pour certaines grandes espèces). La tige, d'abord extrêmement fragile, devient résistante, présentant des nœuds régulièrement espacés d'où partent des rameaux feuillus.

La région montagneuse. — La région montagneuse, dans les parties qui ne sont pas couvertes par les forêts, produit du thé, qui est inférieur à celui de la Chine, mais dont la qualité serait relevée par une meilleure préparation. Le meilleur vient de la région de Lao-Kay. L'indigo croît en petite quantité du côté de la Rivière-Noire. Le cunao est récolté dans les forêts. C'est un tubercule qui donne une teinture brune très employée par les Annamites. Cette plante, qui vaut environ 3 piastres le picul, figure à l'exportation pour 714,770 francs.

Le tabac. — Le tabac vient bien dans les provinces de Son-Tay, de Hung-Hoa et de Tuyen-Quan; il est d'assez bonne qualité. Ces mêmes provinces possèdent l'arbre à laque et le cay-gio, dont l'écorce sert à fabriquer le papier. La région de Lang-Son est cultivée en coton et en maïs. Les collines sont aussi couvertes de l'arbre à badiane. La badiane ou anis étoilé donne une essence recherchée pour la parfumerie. Elle est exploitée par une maison de commerce française, qui en est fermière, et vaut environ 330 piastres le picul, soit 20 francs environ le kilogramme. Cette exploitation toute récente a fourni, à l'origine, 4,447 kilogrammes d'huile, qui ont été exportés en France.

Café. — Des essais de culture du caféier, tentés sur plusieurs points, notamment à Ké-So, chez les missionnaires, et sur les pentes du mont Bavi, ont donné d'excellents résultats. Les essais de culture du quinquina n'ont pas aussi bien réussi.

Forêts. — Les forêts, qui occupent une superficie considérable, renferment une grande variété d'essences de bois, mais elles sont difficilement accessibles et n'ont guère été exploitées que dans les parties qui avoisinent les fleuves. Aussi le plus souvent les bois de construction sont-ils importés d'Annam, et il en sera forcément ainsi tant que des voies de communication ne permettront pas d'atteindre aisément aux endroits où sont les essences les plus utiles.

Mines. — La région des montagnes est riche en mines de toutes sortes. On trouve de l'or dans toutes ses provinces et de l'argent dans celles de Thaï-Nguyen et de Tuyen-Quan. Les minerais ne sont pas à la vérité d'une grande richesse.

Des mines de cuivre étaient exploitées dans les provinces de Tuyen-Quan et de Son-Tay. Celles-ci semblent prospérer beaucoup.

Lang-Son, Thaï-Nguyen et Cao-Bang possèdent du fer. On fabrique, dans cette dernière province, des fontes d'une qualité exceptionnelle. Le gouvernement annamite avait autrefois affermé toutes ces mines pour de faibles redevances que les Chinois adjudicataires négligeaient le plus souvent d'acquitter. Les territoires sur lesquels elles se trouvent ont été à peine explorés. On ne connaît pas les ressources qui peuvent y être renfermées.

Des gisements de fer ont été reconnus dernièrement dans la province de Quang-Yen. Ils paraissent devoir fixer l'attention de nos industriels, en raison surtout de leur proximité avec les mines de charbon de Hon-Gay. L'exploitation de celles-ci est, en effet, entrée dans le domaine pratique. Deux compagnies concessionnaires ont commencé leurs travaux, l'une à Hon-Gay et l'autre dans l'île de Ké-Bao. On peut espérer, d'après les échantillons extraits jusqu'à présent, que le charbon du Tonkin égalera en qualité le cardiff ou tout au moins le charbon du Japon.

Animaux. — Le delta n'est pas un pays d'élevage, — les pâturages y font totalement défaut; il nourrit à peine le nombre d'animaux indispensables à l'agriculture, beaucoup de ce bétail d'ailleurs vient de Thanh-Hoa et de la région des plateaux de l'Est.

Presque tous les chevaux proviennent de l'Annam et quelques-uns des provinces de Thaï-Nguyen, de Tuyen-Quan et Cao-Bang. Le cheval annamite est excellent, et malgré sa petite taille ($1^{m},25$ au maximum), il fait un bon service comme cheval de selle; très vigoureux et très sobre, il n'exige que peu de soins, un peu d'herbe coupée sur les talus des rizières, quelques poignées de paddy lui suffisent. C'est la seule race qui puisse résister au Tonkin. Les chevaux d'Europe et ceux d'Afrique dépérissent rapidement. Le cheval tartare s'acclimate assez bien, il a un peu plus de taille que le cheval annamite, mais il lui est bien inférieur pour l'ardeur et pour l'élégance des formes.

Les bœufs sont de très petite taille, ils viennent en grande partie de la région montagneuse. Les vaches ne fournissent presque pas de lait et les Annamites n'en font d'ailleurs pas usage. Les essais, tentés pour augmenter la production d'une substance aussi utile aux Européens dans ce pays, n'ont donné que des résultats médiocres. Ce n'est qu'à

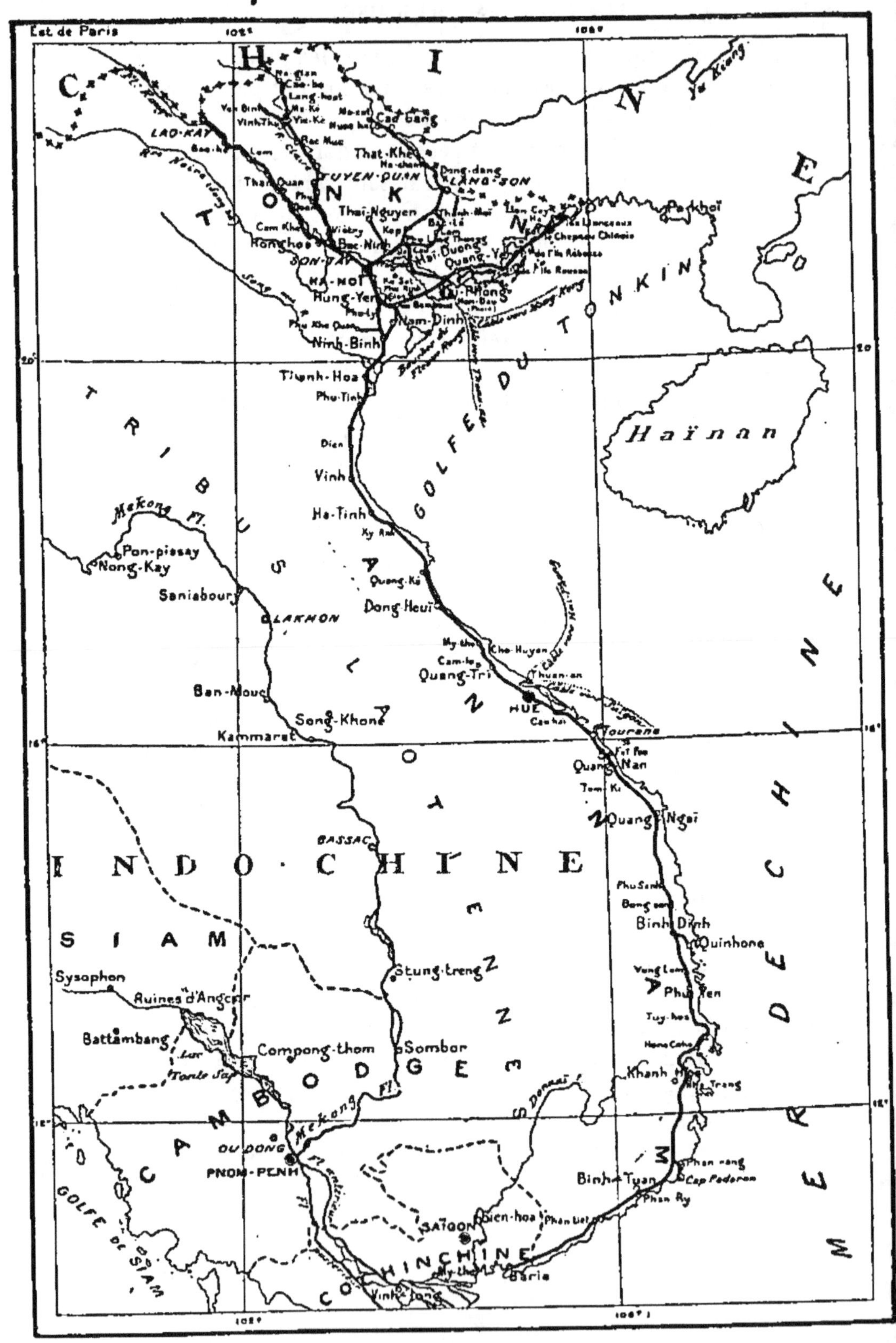

CARTE TÉLÉGRAPHIQUE DE L'INDO-CHINE.

grand'peine qu'on a pu obtenir quelques litres de lait pour les hôpitaux.

Les buffles sont par excellence les animaux de labour de la rizière, ils vivent dans la vase. Leur élevage est plus répandu dans le delta que celui du bœuf. Ils sont grands et forts, un peu farouches, ils s'habituent difficilement à la vue des Européens.

Dans les villages tonkinois les porcs pullulent; ils sont d'une race petite, à pattes très courtes et à peau noire. Il en est exporté une très grande quantité sur Hong-Kong.

Il existe une espèce de chèvre, petite, qu'on élève surtout dans la partie montagneuse. Le mouton n'est connu au Tonkin que depuis notre occupation. Il n'est importé que pour la consommation européenne. Son élevage réussirait sans doute sur les plateaux du Nord ou sur les collines qui bordent la mer dans la province de Quang-Yen.

Les poules, canards, oies, pigeons, etc., toute la volaille en général se trouve à foison au Tonkin. Il existe de nombreuses espèces de poules et de canards. Les oies sont plus rares, les dindons font exception dans les villages.

En fait d'animaux sauvages, le delta ne possède que des oiseaux. Les plaines presque toujours inondées ne peuvent donner asile aux quadrupèdes. Mais les canards et les oies sauvages, les bécassines, les poules d'eau, abondent. On voit aussi des cailles à certaines époques. Les étangs et les bords des cours d'eau sont couverts d'une quantité d'oiseaux pêcheurs, des hérons, de magnifiques grues cendrées, de grands marabouts, des pélicans, des aigrettes d'un blanc éclatant, des crabiers de plusieurs espèces, des martins-pêcheurs, semblables à ceux d'Europe et d'autres beaucoup plus gros. Il y a aussi des tourterelles, des pigeons verts, des corbeaux, des pies, des merles, des geais et des moineaux. Sur les collines qui entourent les rizières, on rencontre des perdrix et des bécasses; dans les forêts, des paons, des coqs sauvages et des faisans, des perroquets, des singes de plusieurs tailles, des cerfs, des chevreuils et des daims; de petits ours, des sangliers, des bœufs sauvages et aussi des panthères et des tigres, et quelques éléphants au delà de Tuyen-Quan et dans les forêts comprises entre le fleuve Rouge et le Laos.

Les reptiles dangereux sont relativement peu nombreux, mais en revanche il existe une infinité de couleuvres, de lézards, d'insectes et de rongeurs inoffensifs, avec lesquels il faut s'habituer à vivre.

Les rivières renferment d'innombrables variétés de poissons. On trouve des tortues dans la Rivière-Claire.

Industrie. Soie. — Parmi les industries indigènes, celle de la soie vient en première ligne. Elle est répandue dans tout le Tonkin, mais plus particulièrement dans les provinces de Nam-Dinh, de Hanoï et de Son-Tay. Les fileuses annamites sont très habiles, avec un outillage fort imparfait elles parviennent à produire un fil suffisamment régulier. L'étoffe est fabriquée avec la soie écrue par pièces de 20 mesures annamites, environ $7^{m},40$. La largeur est ordinairement de 37 ou 38 centimètres, cependant quelques pièces vont jusqu'à 70 centimètres.

Les métiers sont à peu près semblables à ceux de nos anciens tisserands. Il en existe de deux sortes, l'une pour la fabrication de l'étoffe unie et l'autre pour les tissus comportant un dessin, une disposition particulière dans le tissage. L'étoffe est presque toujours vendue écrue, l'acheteur lui-même la fait décreuser et teindre à son goût. Ces pièces de 20 mètres annamites valent de 8 à 9 francs sur le marché de Haï-Phong.

Il est difficile d'apprécier la quantité de soie employée dans le pays, mais on peut admettre aisément que plus d'un tiers de la population s'habille avec ces étoffes. L'exportation en prend encore cependant pour une valeur considérable; plus de 500,000 francs en étoffes, plus de 2 millions de soie grège, 230,000 francs de soie filée, 600,000 francs de soie redévidée et 85,000 francs de déchets.

Étoffes. — Les étoffes de coton sont fabriquées en très

grande proportion dans le pays. Les statistiques de la douane accusent une diminution très sensible dans l'importation et dans l'exportation du coton indigène. Il faut en conclure que les Annamites trouvent plus avantageux de fabriquer eux-mêmes les étoffes de coton dont ils ont besoin.

Ceci est la conséquence de l'application du tarif général à ces deux articles, les plus importants du commerce d'importation qui, de 6 millions pour les filés, est tombé au-dessous de 5 millions, et pour les cotonnades s'est abaissé de 3 millions à 1,800,000 francs. Dans ce dernier chiffre la France et ses colonies entrent pour 107,000 francs. Les filés viennent tous de Bombay et de Manchester.

SUCRE. — L'industrie du sucre est assez développée, et bien que les procédés de fabrication indigènes soient des plus primitifs, elle donne encore pour plus de 300,000 francs de produits à l'exportation. Certainement, des industriels européens, apportant un bon outillage, pourraient encore beaucoup faire dans la production de cette industrie.

PAPIER. — Assez curieuse est la fabrication du papier. Avec l'écorce d'un arbre qui pousse dans les provinces du nord-est, on fait une pâte qui est ensuite délayée dans une cuve avec de l'eau et une certaine colle. Puis au moyen d'un tamis passé dans le liquide, on ramène une couche mince de matières en suspension, qui forme en séchant une feuille de papier. Ce papier est filamenteux, souple et assez résistant. Cette industrie existe surtout aux portes de Hanoï, dans un village généralement désigné sous le nom de village de papier.

HUILES. — Les Annamites fabriquent en assez grande quantité des huiles de sésame, d'arachides, de ricin et d'huile à laquer. Le moyen d'extraction est encore très rudimentaire. Il consiste simplement dans une presse composée d'un tronc d'arbre creux, où la graine est écrasée par une pièce de bois enfoncée à coups de maillet. Les huiles de ricin et de sésame sont consommées dans le pays, une partie de l'huile d'arachide, environ pour 260,000 francs, est livrée à l'exportation ainsi que de l'huile à laquer représentant une valeur de 230,000 francs.

Il a été exporté aussi pour 42,000 francs de gomme laque. Celle-ci est d'une excellente qualité.

Les Annamites font un grand usage de la laque. Ils l'appliquent sur les objets de bois dans un but de préservation

Un métier à tisser la soie.

et de décoration. A ce dernier point de vue ils sont très inférieurs aux Chinois et aux Japonais. Le côté artistique de cette industrie a été assez négligé, mais il pourrait certainement être beaucoup développé.

Le Tonkin produit une certaine quantité d'alcool de riz fabriqué un peu partout par les particuliers. L'importation de l'alcool chinois s'élève à 25,000 francs par an. L'établissement de distilleries européennes réussirait certainement fort bien.

On fabrique de la chaux dans plusieurs régions, et notamment aux environs d'Hanoï. Cette ville possède une rue spécialement affectée au commerce de cette matière, dont elle porte d'ailleurs le nom. Des fours à chaux et une fabrique de ciments ont été établis par des Français sur le bord de la mer à Hon-Gay, leur tentative a donné les meilleurs résultats.

POTERIES. — Dans certaines localités les indigènes confectionnent des poteries excellentes. Les plus renommées sont celles de Tho-Ha dans la province de Bac-Ninh. Certaines jarres sont remarquables par leurs énormes proportions. Les briqueteries sont assez nombreuses. Celles de Ba-Tang, sur le fleuve Rouge tout près de Hanoï fournissent des carreaux d'une dureté exceptionnelle. Les Annamites travaillent assez habilement le fer, et surtout le cuivre. Avec des moyens primitifs ils fabriquent très convenablement toutes sortes d'ustensiles et des pièces d'ornement qui ont assez bonne tournure, entre autres des vases, des brûle-parfums et des gongs sonores. Ils fondent aussi divers objets de bronze. On trouve dans certaines pagodes des cloches presque cylindriques, d'un son très pur et qui sont ornementées avec un goût original.

Les menuisiers et les charpentiers sont un peu inférieurs. Assurément, s'ils étaient dirigés par des contre-maitres européens, ils atteindraient bientôt à la perfection. Les sculpteurs fouillent le bois avec art. Les panneaux décoratifs de quelques pagodes sont réellement très beaux.

Nous ne mentionnerons ici que pour mémoire les petites industries telles que l'incrustation, la broderie et les petits métiers dont il a été parlé ailleurs, dans la description des rues de Hanoï et de Nam-Dinh.

IMPORTATIONS. — EXPORTATIONS. — CHIFFRES. — Les dernières statistiques du service des douanes estiment à 38,368,000 francs la valeur des marchandises importées au Tonkin, accusant une augmentation de près de 10 millions sur les importations de 1886 et de 17 millions sur celles de 1885. En 1883 et 1884 elles n'avaient pas dépassé 10 millions.

Dans ces 38 millions les produits de la France ou de ses colonies entrent pour près de 9 millions, 2 millions de plus que l'année précédente. Les trois quarts de ces marchandises sont entrés par le port de Haï-Phong, qui a reçu, dans l'année, 418 navires ou grandes jonques se divisant, par nationalités, de la manière suivante : français 58; anglais 42; allemands 52; danois 50; américain 1; hollandais 1; Norvégiens 2; jonques chinoises et annamites, 212. Les vapeurs de l'État et les navires affrétés pour le transport des troupes ne sont pas compris dans ce dénombrement.

A Hanoï le chiffre des importations a décuplé en un an. Il est monté de 130,000 à 1,400,000. Cet accroissement provient de l'importance des transactions par la frontière du Yun-Nan à Lao-Kay.

En outre des marchandises qui ont été énumérées au cours de ce chapitre, les principaux produits d'importation sont :

Les allumettes (pour 450,000 francs) venant principalement du Japon et vendues à Haï-Phong 18 à 19 piastres la caisse de 50 grosses;

Les conserves alimentaires (pour plus d'un million). La France en fournit pour environ 500,000 francs;

Le lait concentré (pour 150,000 francs), venant d'Angleterre ou de Suisse, valant de 7 piastres 50 à 8 piastres la caisse; le lait frais de Normandie se vend à Haï-Phong 16 piastres 50 la caisse de 100 boîtes de 1 demi-kilo;

La farine (pour 840,000 francs) qui est expédiée d'Amérique ou d'Australie;

Les vins (pour 2,300,000 francs) provenant exclusivement de France; les vins ordinaires de table valent à Haï-Phong de 33 piastres à 40 piastres la barrique, et les vins supérieurs depuis 45 piastres jusqu'à 70 piastres la barrique;

Les liqueurs (pour 530,000 fr.) presque exclusivement françaises;

La bière (pour 230,000 fr.), dont moitié porte la marque française et vaut 6 piastres par caisse de 25 bouteilles ou 50 demi-bouteilles;

La bimbeloterie (pour 151,000 fr.); l'importation de ces marchandises a subi un abaissement de près de 450,000 francs par suite de la diminution des effectifs du corps expéditionnaire et des approvisionnements considérables des années précédentes;

Le tabac à fumer (pour 179,000 fr.), avec un abaissement de 400,000 francs sur les quantités importées antérieurement; les tabacs étrangers valent de 48 piastres à 90 piastres les 100 kilos, le scaferlati ordinaire de 190 piastres à 200 piastres et le scaferlati supérieur de 260 piastres à 285 piastres les 100 kilos;

Le sucre européen (pour 110,000 fr.), cassé et en boîtes valant de 27 piastres à 30 piastres les 100 kilos, ou le sucre en pains valant de 22 piastres à 24 piastres les 100 kilos;

Les huiles comestibles (pour 100,000 fr.), toutes françaises, vendues à Haï-Phong 10 piastres la caisse;

Les eaux minérales (pour 67,000 fr.), Saint-Galmier, de 7 piastres à 8 piastres les 60 bouteilles;

La quincaillerie (pour 600,000 francs) venant de France en grande partie;

Le fer en barres (pour 120,000 francs) fourni également par la France et valant 5 piastres 50 à 7 piastres les 100 kilos;

Le cuivre du Japon (pour 180,000 fr.);

L'acier (pour 113,000 fr.) envoyé par la France.

Les importations de la Chine par les frontières de terre, par Lao-Kay pour le Yun-Nan et pour Mon-Cay pour la province de Canton, ont atteint près de 1,300,000 francs. Elles étaient de 220,000 en 1886. Elles portent principalement sur la cire végétale, le cunao, les écorces tinctoriales, l'étain, les médecines chinoises, le thé qui entre au Tonkin pour une somme totale de 1,230,000 francs dont 346,000 venant du Yun-Nan, et enfin l'opium, brut et préparé, pour 800,000 fr. Cette quantité représente le tiers de l'opium consommé au

Tonkin. L'Inde fournit les deux autres tiers. L'opium chinois vaut à Haï-Phong 19 piastres la boule de 40 taëls, soit 1,504 grammes; celui de Benarès 35 francs la boule de 100 taëls, soit 3,760 grammes.

Monnaie. — L'unité monétaire des indigènes est la ligature de zinc, formée par la réunion de 600 pièces ou sapèques. Elle se subdivise en dix parties appelées « tien », de

Porteurs d'huile.

60 sapèques chacun. La monnaie effective des Européens, celle qui est répandue dans tout l'Extrême-Orient, est la piastre mexicaine pesant 25 grammes.

On a frappé une certaine quantité de piastres françaises, dites piastres de commerce, pour l'Indo-Chine. Ces piastres ont cours dans nos possessions seules. On a créé aussi une monnaie divisionnaire correspondant aux divisions de la pièce de 5 francs et une monnaie de billon appelée « cent ». Cent pièces de cette dernière font une piastre.

Banque de l'Indo-Chine. — La Banque de l'Indo-Chine dont le siège est à Saïgon, privilégiée par décret du 21 janvier 1875, a émis des billets de banque de 5 piastres, de 20 piastres, de 100 piastres et de 1000 piastres, qui ont cours en Indo-Chine et sont acceptés par les banques étrangères de l'Extrême-Orient moyennant un faible change. Les indigènes commencent à accepter ce papier.

Par rapport à la piastre la valeur de la ligature n'est pas fixe, son cours varie suivant la situation des marchés. La piastre a valu jusqu'à 8 ligatures, elle oscille plus généralement entre 5 et 6 ligatures. La valeur de la piastre par rapport au franc est également variable. Dans nos possessions le change du Trésor est fixé officiellement par arrêté du gouverneur général en suivant d'aussi près que possible le change commercial. Le cours de la piastre qui a dépassé 6 francs il y a quelques années varie actuellement entre 3 fr. 80 et 4 francs.

La Banque de l'Indo-Chine qui a établi deux succursales au Tonkin, à Hanoï et à Haï-Phong, facilite beaucoup les transactions des commerçants avec la France et l'étranger par l'achat et la vente de traites sur l'Europe, la Chine, l'Inde, l'Amérique et l'Australie. Elle délivre des lettres de crédit, encaisse et recouvre, reçoit les dépôts et fait des avances en compte courant, sur marchandises, sur warrants et sur titres.

Mesures, poids. — Dans les relations du commerce avec les indigènes les principales mesures en usage sont :

Pour les longueurs le « Thuoc moc » qui équivaut à $0^{m},424$ ; — la mesure des étoffes est d'ordinaire de $0^{m},37$.

Pour les poids : le picul, qui doit représenter le poids de 42 ligatures de zinc et correspond à $63^{k},750$, mais qui en réalité varie suivant qu'il s'applique aux céréales ou aux matières lourdes ; le poids adopté par les Européens est de $60^{k},400$ ;

Le « can » de 604 grammes ;

Le « taël » qui pèse $37^{gr},750$.

Les mesures de capacité sont :

Le « hoc » qui contient $76^l,22$ ;

Le « vuong » la moitié du hoc, $38^l,113$ ;

Le « thang » qui équivaut à $2^l,932$ ;

Le « bat » $1^l,270$, qui représente la ration de riz pour un homme par jour.

Les mesures de surfaces sont :

Le « mau » qui représente $62^a,25$ ;

Le « sao » ou $6^a,22$ ;

Le « thuoc » $41^{cent},15$ ;

Le « tac », dixième partie du thuoc, $4^{cent},15$ et le « phan », dixième partie du tac.

La mesure des itinéraires est le « ly », qui est de $444^m,44$.

Population. — D'après le dernier recensement la population européenne civile est de 1150 individus, se décomposant de la façon suivante : 510 à Haï-Phong, 411 hommes et 99 femmes dont 456 de nationalité française ; 439 à Hanoï, 352 hommes et 87 femmes dont 401 d'origine française; le reste de la population se répartit par petits groupes dans toutes les provinces. Les missions catholiques apportent dans ce dénombrement un contingent de 52 prêtres dont 41 Français et 11 Espagnols. Un évêque français dirige la mission du Tonkin occidental dont le siège est à Ké-So (Ké-Cheu). Un évêque espagnol est le vicaire apostolique du Tonkin oriental; Bac-Ninh est le siège de cette mission.

Les immigrants chinois, dont le recensement ne saurait être fait d'une manière bien rigoureuse, peuvent représenter une population de 10 000 âmes. Les colonies les plus nombreuses sont : celle de Haï-Phong, qui est d'environ 5000 Chinois, celles de Hanoï, de Lang-Son et de Nam-Dinh avec 800 ou 900 individus chacune.

Avenir du Tonkin. — En résumé, le Tonkin est un immense territoire de 90,000 kilomètres carrés, aux portes de l'empire chinois, couvert de terres fertiles et peuplé d'au moins 9 millions d'habitants. La population est intelligente, laborieuse, elle aime la tranquillité. Voilà le pays qui a été ouvert par nos armes et dont il faut achever la conquête sur le terrain commercial. Cette dernière est déjà commencée et les efforts tentés ne sont pas stériles, puisque le mouvement d'affaires qui s'est développé pendant ces dernières années a dépassé le chiffre de 48 millions de francs en 1887. Cependant le pays était épuisé par la guerre, mais le sol est si riche et la population si active qu'il suffira d'une ou deux années de tranquillité et de bonnes récoltes pour qu'il devienne tout à fait prospère. Sans trop préjuger de l'avenir, on peut espérer une extension rapide du commerce. Toutefois il est nécessaire pour cela que nos compatriotes se gardent de certaines erreurs, qui les conduiraient à des échecs inévitables.

Il a été dit déjà, ce que l'expérience de quelques années a démontré, que le Français ne doit pas venir au Tonkin pour cultiver lui-même la terre. Le climat ne lui permet pas de se livrer à des travaux pénibles. Il peut s'occuper d'exploitations en dirigeant les ouvriers indigènes, et mieux encore, d'industries agricoles, en intéressant l'indigène à développer et améliorer la culture de certains produits. Il a devant lui le coton, le café, le sucre, le riz, pour sa manipulation et ses transformations, la soie et enfin les bois.

Il y a beaucoup à faire au Tonkin pour le colon capitaliste et industriel; rien pour le colon ouvrier. Celui-ci, en outre du danger qu'il y a pour l'Européen de se livrer à un travail fatigant, aurait en face de lui l'ouvrier indigène dont la main-d'œuvre est infiniment moins chère, et qui, très habile et très industrieux, peut suffire aux besoins de toutes les industries européennes. Ce qu'il faut, ce sont des contremaîtres pour former et diriger les ouvriers du pays.

Au point de vue commercial il y a place pour le commerçant européen. Beaucoup de produits français pourront trouver un écoulement au Tonkin qui doit surtout nous mettre en relations avec la Chine par ses provinces du Sud. Sur ce terrain nos négociants rencontreront la concurrence étrangère; mais à ce point de vue la protection qui est donnée aux produits français assure à nos nationaux l'avantage dans la lutte. Toutefois pour l'emporter d'une manière certaine, il faut qu'ils se pénètrent bien de la nécessité de modifier, d'une part leur fabrication, de l'autre leurs procédés commerciaux. Ils ne feront accepter leurs marchandises par les Annamites et les Chinois qu'en les adaptant aux habitudes et aux besoins du pays. Il faut donc que des agents étudient sur place les conditions à remplir et que les industriels n'hésitent pas à fabriquer sur les indications qu'ils recevront.

Il faut encore, en second lieu, à l'exemple des Anglais dans tout l'Extrême-Orient, créer au Tonkin d'importantes maisons, des dépôts abondamment pourvus de marchandises de toutes sortes. C'est là que le détaillant indigène ou chinois viendra s'approvisionner. L'Asiatique seul, par sa facilité à correspondre et à pénétrer dans le pays, peut entreprendre le commerce de détail. Jusqu'à présent le mouvement d'affaires concernant les importations d'Europe a surtout porté sur les objets de consommation et autres à l'usage des Européens. Ce trafic ne peut avoir qu'un champ limité, puisqu'il est soumis directement aux variations des effectifs du corps d'occupation. Les dernières statistiques ont constaté un abaissement considérable dans les importations de cette nature. Le rapatriement des troupes et les approvisionnements antérieurs ont amené une certaine gène de ce côté. Il est indispensable que les négociants qui se livrent à ce commerce, devenus trop nombreux, portent leurs efforts ailleurs. Déjà la presse locale a signalé ce danger en indiquant qu'il y avait une autre voie plus large à suivre.

Un syndicat industriel s'est formé récemment en vue de fournir à l'Indo-Chine des variétés de tissus français préparés spécialement pour le pays. Que nos commerçants imitent cet exemple, que les maisons de commerce françaises se réunissent par groupes, qu'elles choisissent pour les représenter des agents honnêtes et intelligents, qui viendront au Tonkin fonder des comptoirs bien approvisionnés de marchandises, dans lesquels les marchands chinois et annamites, qui n'achètent pas sans voir, viendront puiser à mesure de leurs besoins.

C'est là le secret de la force de nos rivaux de Singapour et de Hong-Kong. Adoptons donc cette organisation dont les résultats sont certains, et le Tonkin, dont nous n'hésitons pas à affirmer l'avenir, justifiera tous les sacrifices que sa conquête a imposés.

Petit dévidoir à soie.

## Bibliographie.

*L'affaire du Tonkin. Documents diplomatiques.* Paris, 1888.

ALAVAILLE. *Richesses agricoles et forestières du Tonkin.* Paris, 1888.

*Annales de l'Extrême-Orient*, 1878 *à* 1882.

*Annuaire de l'Annam et du Tonkin.*

AUBARET. *Code annamite.* Paris, 1865.

— *Vocabulaire français-annamite et annamite-français.* Bangkok, 1881.

*Au Tonkin occidental.* Lons-le-Saulnier, 1886.

BAUDENS. *Deux années au Tonkin*, 1884-1886. Paris, 1888.

— *La Commission technique des chemins de fer au Tonkin.*

BARBIÉ DU BOCAGE. *Bibliographie annamite.* Paris, 1867.

LEMOSOFF. *Liste des travaux relatifs au Tonkin de* 1867 *à* 1873.

BONNETAIN (Paul). *L'Extrême-Orient.* Paris, maison Quantin, 1887.

CAMÉ (de). *Voyage dans l'Indo-Chine et dans l'Empire chinois.* Paris, 1872.

CASTONNET-DESFOSSES. *Les relations de la France avec le Tong-King et la Cochinchine.*

DECLERCQ. *Recueil de traités.*

*Dictionnaire annamite-latin Ninh-Phu*, 1877, *latin-annamite Ninh-Phu*, 1880.

LEGRAND DE LIRAY (Abbé). *Dictionnaire annamite français.* Paris, 1874.

DUMOUTIER. *Essai sur la pharmacie annamite.* Hanoï, 1887.

DUPUIS (J.). *L'ouverture du fleuve Rouge au commerce et les événements du Tonkin*, 1872-1873. Paris, 1880.

GAUTIER. *Les Français au Tonkin*, 1787-1884. Paris, 1884.

*Grammaire annamite.* Saïgon, 1867.

IMBERT (Calixte). *Le Tonkin industriel et commercial.* Paris, 1885.

LEJEUNE (Dr). *Hygiène du Français au Tonkin.* Paris, 1886.

NORMAND (René). *Lettres sur le Tonkin.* Paris, 1886.

PHILASTRE. *Code annamite.* Paris, 1876.

*Collections photographiques de l'Exposition permanente des colonies.*

*Collections photographiques de la Société de géographie.*

*Collections photographiques de M. Meissier de Saint-James, éditées à Hanoï.*

*Collections photographiques de M. Dieulefils, Hanoï.*

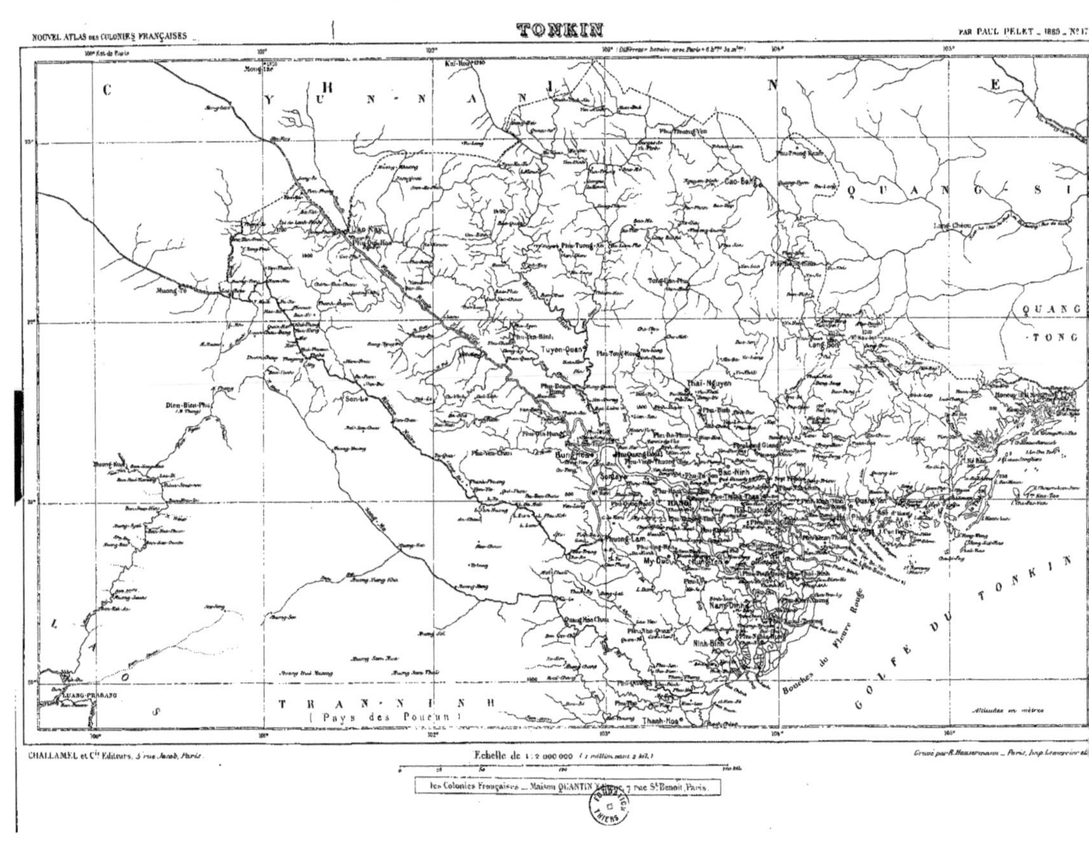
NOUVEL ATLAS des COLONIES FRANÇAISES
TONKIN
PAR PAUL PELET _ 1889 _ N° 17
CHINE
YUN-NAN
QUANG-SI
QUANG-TONG
LAOS
TRAN-NINH
( Pays des Poueun )
GOLFE DU TONKIN
Bouches du Fleuve Rouge
Cao-Bang
Lang-Son
Tuyen-Quan
Thai-Nguyen
Bac-Ninh
Son-Tay
Hanoi
Hai-Duong
Quang-Yen
Nam-Dinh
Ninh-Binh
Thanh-Hoa
Son-La
Dien-Bien-Phu
Luang-Prabang
Lao-Kay
Altitudes en mètres
CHALLAMEL et Cie Editeurs, 5 rue Jacob, Paris.
Echelle de 1 : 2 000 000
Les Colonies Françaises _ Maison QUANTIN Éditeur, 7 rue St Benoit, Paris.

www.ingramcontent.com/pod-product-compliance
Lightning Source LLC
LaVergne TN
LVHW010531100826
845148LV00001B/153